… **정치학 강의**

편저자

정주신은 정치학박사로, 현재 한국정치사회연구소장, 한국국회학회장, 사단법인 10·18민주항쟁연구소 대표로 있다

핵심 정치학 강의

1판 1쇄 발행 2021년 8월 27일

편   저_ 정주신
펴낸이_ 한국정치사회연구소 편집부
펴낸곳_ 프리마북스
출판등록_ 제2010-21호
주소_ (우 302-859) 대전광역시 서구 둔산중로 14번길, 308호
대표전화_ 042-823-8282
FAX_ 042-472-0023
이메일_ primabooks@daum.net

ⓒ한국정치사회연구소, 2021
ISBN 978-89-94947-24-2 13340
값 25,000원

※ 이 책 내용의 전부 또는 일부를 사용하려면 반드시 프리마북스의 서면 동의를 받아야 합니다.
※ 잘못 만들어진 책은 구입하신 서점에서 교환해 드립니다.

핵심 정치학 강의

정주신 편저

core Politics Lecture

Edited by

Korea Institute of Politics and Society

primabooks

머 리 말

　인간은 정치적 동물이고 사회적 동물이다. 모든 사람들에게 정치학이 공통으로 이해되어야 하는 학문 중의 하나이기에 더욱 그렇다. 특히 정치학은 정치학자의 숫자만큼이나 입장을 달리하며 논쟁을 즐기는 학문임에 틀림없다. 그래서 정치학 개념이나 용어는 비판의 학문으로서 정치학도나 일반 국민들에게 보다 더 논쟁적인 학문의 대상일 수도 있다.
　정치학은 학문으로서의 정치뿐만 아니라 직업으로서의 정치가 되게끔 많은 사람들에게, 특히 정치학도나 젊은이들의 정치에 대한 매력을 느끼게 할 원동력이 되어야 한다. 필자는 정치학이 운용과 기법 등 정치공학적인 측면은 물론 직업을 갖고자 하는 젊은이들에게 미래를 디자인할 수 있는 필수과목 이상의 역할을 해낼 수 있으리라 생각한다. 이 '핵심 정치학 강의'가 학문이나 직업을 찾아 나서는 정치학도나 젊은이들에게 하나의 밑알이 되었으면 하는 바램을 가진다.
　이 작업은 그동안 정치학 개론 관련 선행연구자들의 연구업적을 손질하여 묶어 내는데 지나지 않은 것이다. 기존 선구적인 학자들의 정치학 개론서뿐만 아니라 정치학 사전 등에서 많은 부분을 인용해 왔음을 부인할 수가 없다. 그러나 정치학도로서 국민 누구나 정치학이 무엇이고 왜 정치가 국민들 삶에 필요한 지를 나름 고민해왔다. 핵심적인 정치학 강의를 펴낼 수 있다면 하는 과제는 정치학을 공부하는 입장에서 늘 부담으로 작용해 오던 터였다.
　정치가 일반 국민의 중심 언어임에도 불구하고 기존의 정치학 개론서는 그 내용이나 용어의 활용면이 정치학도나 사회과학 학자들의 전유물로 여겨 상당히 난해한 것이었다. 일상적인 국민을 위한 측면에서 그 눈높이가 맞지 않은 것이었고, 그러다보니 정치와 정치학을 국민 모두가 피부로 느낌으로 담아내기에는 불편함이 있었다. 이는 어쩌면 정치학이 국민과 유리된 정적인 학문으로 인식돼 온 것뿐만 아니라, 실사회 생활이나 직업적인 개론서로 정치학이 인간의 학문으로나 직업의 학문으로나 정치적 인간을 창조하는 데 일조하지 못했다는 반성의 의미이기도 하다.

그렇다면 핵심 정치학 강의 작업이 다소 부족함이 있지만 그 나름대로 펴낼 수 있었던 동기나 특성은 다음과 같다.

첫째, 일반 국민들의 정치학에 대한 이해를 돕고 개념을 정확히 사용하여 지적 욕구의 충족은 물론 정치적 관심과 참여를 통해 손쉽게 생활화 하는데 기여하고자 했다.

둘째, 기존의 개론서를 토대로 포맷을 취한 만큼 개론서에 버금가게끔 독자들의 관심사항을 일목요연하게 찾을 수 있도록 배열함은 물론 주요 시험을 대비하는 수험생들의 학습서로서 핵심적인 내용의 활용도를 높이고자 했다.

셋째, 정치학 개론서로서의 대양한 콘텐츠를 담아낸 만큼, 학문으로서 정치학을 전공하는 정치학도나 사회과학 전공자는 물론 실사회의 정치적 공간에서 직업으로서의 정치가 필요한 모든 사람들이 활용할 수 있도록 펴내고자 했다.

넷째, 정치학의 주된 시장논리가 정치과정에 있다 했을 때, 정당·선거·의회 등 정치과정의 발전을 고대하며 정치의 현장에서 노력하는 전문가나 정치인들에게도 정치학에 대한 이해를 정리할 수 있도록 쉬운 용어와 간편한 내용정리를 반영하고자 했다.

아무쪼록 이 '핵심 정치학 강의'를 펴냄과 동시에 국민 누구나 정치학을 이해하고 더 나아가 분석할 수 있는 역량이 쌓일 수 있기를 개인적으로 희망해 본다. 아울러 정치를 이해하고자 하는 일반 국민들과 수험생들에게 정치학 활용서 혹은 학습서로 유익한 반려가 되었으면 하는 일말의 기대를 가져본다. 그것만이 모든 사람들이 손쉽게 활용할 수 있는 기재로서 뿐만 아니라 정치과정의 필요에 의해서도 더욱 정치학 분야의 관심과 기대가 더욱 확산되는 계기가 될 것임을 믿고 싶다.

2021년 8월 1일

편 저 자 識

목 차

머리말 ------------------------------------5

제 1 장   정치학 일반론

제1절 정치의 개념 ------------------------23

1. 정치의 다의성 / 23
2. 시대적으로 본 정치개념 / 24
3. 행위 주체로 본 정치개념 / 27
4. 정치란 무엇인가 / 30
5. 정치의 기능 / 30

제2절 정치학의 의미 ----------------------31

1. 정치학의 어의 / 31
2. 고전적 정치학 / 31
3. 근대 정치학 / 32
4. 미시적 정치학 / 32
5. 거시적 정치학 / 33
6. 비교정치학 / 33
7. 국제정치학 / 34

제3절 정치학의 책무와 전통 ---------------- 35

1. 현대정치학의 임무 / 35
2. 사회과학 및 정치학도의 몫(문제의식) / 35
3. 왜 정치학을 공부하는가? / 36
4. 정치학의 목적 / 36
5. 정치학의 지적관심 / 37
6. 정치학이 매진해 온 과제 / 37
7. 정치학의 학문적 전통 / 39

제4절 정치학의 역사 -------------------- 40

1. 고전시기 / 40
2. 법·제도적 연구 시기 / 42
3. 과도시기 / 43
4. 행태주의시기 / 45
5. 후기행태주의시기 / 47
6. 후기 행태주의 이후의 정치학 / 48

제5절 제도주의 ----------------------- 49

1. 제도주의 이론의 발전과정 / 50
2. 구제도주의와 신제도주의 비교 / 52
3. 신제도주의 이론 / 52
4. 신제도주의에 대한 비판 / 53

제6절 정치학의 주요접근 ----------------- 54

1. 정치학 연구의 곤란성 / 54
2. 주요 접근 방법 / 54

제 2 장   정치권력론

제1절 권력의 개념-----------------------63

1. 정치권력의 개념 / 63
2. 권력의 3가지 양태 / 65
3. 정치권력의 특성 / 68
4. 권력설의 구분 / 68

제2절 정치권력의 발동--------------------70

1. 권력의 발생조건과 근거 / 70
2. 권력과 지배 / 71
3. 소수지배의 원칙 / 72
4. 지배의 제 수단 / 73
5. 권력(지배)의 상징조작 / 75
6. 권력의「미란다」와「크레덴다」/ 76

제3절 정치적 리더십과 정치 엘리트-----------78

1. 정치적 리더십 / 78
2. 정치 엘리트와 대중 / 84
3. 엘리트 권력논쟁 / 85

제4절 정치권력의 변동--------------------87

1. 정치권력 변동의 의미 / 87
2. 정치권력의 기능화 과정 / 88
3. 정치권력 변동의 제 양식 / 89

제5절 권력의 억제와 순화------------------91

1. 정치권력 억제의 필요성 / 91
2. 정치권력 억제의 방안 / 91

제 3 장   국가론

제1절 국가의 개념-----------------------93

1. 국가의 어의 / 93
2. 국가의 요소와 특징 / 94
3. 국가의 본질과 기능 / 94

제2절 국가의 역사-----------------------97

1. 고대국가 / 97
2. 봉건국가 / 97
3. 근대국가 / 97
4. 절대주의국가 / 98

제3절 전통적 국가론---------------------98

1. Aristotle / 98
2. T. Hobbes / 99
3. J. Locke / 99
4. J.J. Reausseau / 100
5. I. Kant / 100
6. Hegel / 100
7. K. Marx / 101
8. Lenin / 101

제4절 현대의 주요 국가론-----------------102

1. 국가론 부활의 이유 / 102
2. 현대의 국가론 / 102

제5절 국가와 사회계약----------------------106

1. 사회계약설의 의의 / 106
2. 사회계약설의 내용 / 106
3. 결론 / 109

제6절 정부론----------------------------109

1. 정부의 의미 / 109
2. 정부와 국가, 사회와의 관계 / 110
3. 정부의 도구 / 111
4. 정부의 기능 / 112

제 4 장   정치사상

제1절 정치사상--------------------------115

1. 정치사상의 기본성격 / 115
2. 정치철학, 정치이론, 이데올로기 / 116
3. 정치사상의 중심과제 / 117

제2절 서양정치사상의 본질과 흐름-----------117

1. 인간 이성과 정치공동체 / 117
2. 제국, 교회, 법 / 118

3. 개인, 국가, 계급 / 119

제3절 이데올로기의 이론체계---------------120

1. 현대와 이데올로기 / 120
2. 이데올로기의 의의와 특징 / 121

3. 정치이데올로기의 구조와 기능 / 126
4. 정치이념 부류의 특징 / 127
5. 이데올로기의 종언 / 133

제 5 장   정치문화, 정치사회화, 정치적 인간

제1절 정치문화 --------------------------- 135

1. 일반문화와 정치문화 / 135
2. 정치문화의 내용 / 137
3. 합의의 정치문화와 갈등의 정치문화 / 141
4. 정치문화연구의 2가지 흐름 / 142

제2절 정치사회화 -------------------------- 143

1. 정치사회화의 의미와 특징 / 143
2. 정치사회화 대두요인 / 144
3. 정치사회화의 기능 / 145
4. 정치사회화 이론 / 146
5. 정치사회화의 기구(매체) / 147
6. 정치사회화의 단계 / 148
7. 정치사회화의 비연속성 문제 / 149
8. 정치사회화의 동질성 위기 / 150

제3절 사회적 인간의 유형과 정치의식 -------- 151

1. 전근대적 전통사회 / 152
2. 근대생산사회 / 153
3. 현대대중소비사회 / 154
4. 정치적 성격형 / 155
5. 정치적 인간 / 157

제4절 정치적 무관심----------------------159

1. 정치적 무관심의 의미 / 159
2. 정치적 무관심의 분류 / 159
3. 정치적 무관심 조장의 제요인 / 161
4. 정치적 무관심이 초래요인 / 162
5. 정치적 무관심의 결과(영향) / 164
6. 정치적 무관심에 대한 찬반론 / 164

제 6 장   헌법과 입헌주의

제1절 헌법의 역사적 배경----------------167

1. 헌법(constitution)의 연원 / 167
2. 헌법의 내용 발전 4단계 / 168
3. 주요 국가의 헌법제정과 개정 연도 / 169

제2절 헌법의 기본 성격------------------170

1. 헌법의 원칙과 규정 / 170
2. 헌법 규정의 실제 / 171
3. 헌법의 존재 의의 / 172
4. 헌법의 권리 부여 여부 / 172
5. 헌법 용어의 3가지 의미 / 173

제3절 헌법의 형식과 내용----------------174

1. 헌법의 형식 / 174
2. 주요 헌법 내용 / 175
3. 헌법의 내용: 정부조직 / 176

제4절 헌법과 입헌주의 --------------------178

1. 입헌주의(constitutionalism) / 178
2. 입헌주의의 전통 / 178

제5절 헌법의 종류 --------------------------179

1. 성문헌법 / 179
2. 불문헌법 / 179

제6절 위헌심사권과 헌법재판소 --------------180

1. 위헌심사권 / 181
2. 헌법재판소 / 181

제 7 장   권력구조

제1절 대통령제 ----------------------------183

1. 대통령제의 특성 / 183
2. 대통령제의 장점 / 185
3. 대통령제의 문제점 / 185
4. 대통령의 권한 / 186

제2절 내각제 ------------------------------189

1. 내각제의 역사 / 189
2. 내각제의 특징 / 191
3. 내각제의 종류 / 193
4. 내각제의 장·단점 / 197
5. 내각제와 민주주의 간의 관계 / 198

제3절 이원집정제------------------------199

1. 이원집정제의 의미 / 199
2. 이원집정제 국가들 / 201
3. 이원집정제의 장점 / 203
4. 이원집정제의 문제점 / 204

제 8 장   정치과정론

제1절 정치과정의 의미와 특성---------------205

1. 정치과정의 의미 / 205
2. 정치과정 분석의 개념 틀 / 206
3. 투입과정의 차원 / 208
4. 현대 정치과정의 특성 / 208
5. 정치과정에 대한 여러 관점(접근방법) / 209
6. 현대 정치과정의 주역과 특질 / 210
7. 정치과정론의 중요성과 비판 / 211
8. 정치과정의 특질과 문제점 / 212

제2절 개인과 정치참여, 대중운동-------------213

1. 일반인과 엘리트 / 213
2. 정치참여의 형태 / 213
3. 대중운동 / 214

제3절 이익집단--------------------------218

1. 이익집단의 개념 / 218
2. 이익집단의 발생과 참여 동기 / 220
3. 이익집단의 분류 / 221

4. 이익집단 체계에 관한 이론 / 222
5. 이익집단의 효율성 / 225
6. 압력행사의 방법과 활동의 대상 / 226
7. 이익집단 정치의 평가 / 227

제4절 정당 ----------------------------228

1. 정당의 기원과 개념 / 228
2. 정당에 대한 인식의 변화 / 230
3. 정당발생의 근원 / 232
4. 정당의 분립 / 232
5. 정당의 종류 / 234
6. 정당의 구조 / 238
7. 정당제도의 유형 / 239
8. 정당의 기능 / 242
9. 정당자원 / 244
10. 탈정당화 현상 / 244
11. 집권당 / 245
12. 야당 / 246

제5절 의회 ----------------------------250

1. 의회의 존재이유 / 250
2. 의회정치의 발달과정 / 251
3. 의회의 정치적 기능 / 252
4. 의회제 민주정치의 특징 / 253
5. 의회제도의 위기 / 254
6. 의회제도의 위기에 대한 대응 / 256

제6절 선거제도 ----------------------------258

1. 선거제도의 의미와 연혁 / 258
2. 선거제도의 기본원리 / 259
3. 선거제도의 유형 / 260
4. 선거의 문제 / 262

제7절 여론과 매스미디어------------------264

1. 공중과 여론의 형성 / 264
2. 매스컴과 정치 / 265
3. 정치선전 / 266

제 9 장   정책론과 관료제론

제1절 정책론--------------------------269

1. 정책론의 의의 / 269
2. 정책의 의의와 유형 / 269
3. 정책과정 개관 / 271
4. 정책형성의 이론 / 272
5. 정책형성 과정 / 275
6. 정책결정자 / 276
7. 정책집행 과정 / 278
8. 정책평가 과정 / 279

제2절 관료제론------------------------281

1. 행정국가 / 281
2. 현대행정의 특징 / 282
3. 현대행정의 기능 / 282
4. 관료제 / 283
5. 관료제와 민주주의 / 284
6. 관료제의 문제점 / 287
7. Weber의 관료제 / 289
8. Marx의 계급국가론적 관료제 이론 / 291
9. 관료제와 애드-호크라시 / 291

제 10 장   정치체제론

제1절 정치체제 ──────────────── 293

1. 정치체제의 개념 / 293
2. 정치제도와 정치체제 / 294
3. 지배체제와 정치체제 / 295

제2절 체제에 대한 제 이론 ─────────── 295

1. 대이론 / 295
2. 구조기능주의 / 296

제3절 정치체제의 유형 ──────────── 298

1. Aristotle의 분류 / 298
2. R. Dahl의 분류 / 298

제4절 자유민주주의 체제 ─────────── 300

1. 민주주의의 의미 / 300
2. 미주주의의 본질과 조건 / 300
3. 자유주의와 민주주의 / 301
4. 민주주의의 제도적 장치 / 302
5. 민주주의의 저해요인 / 308
6. 민주주의의 위기와 다양한 민주주의 / 309
7. 민주주의의 기능화 요건 / 313

제5절 권위주의 체제 ──────────── 314

1. 개념 / 314
2. 권위주의 체제의 유형 / 314

3. 권위주의 체제와 전체주의 체제의 비교 / 315
4. 권위주의의 등장 / 316
5. 권위주의의 제도적 특징 / 317
6. 권위주의의 현실적 유형 / 317
7. 관료적 권위주의와 연성 권위주의 / 318

제6절 전체주의------------------------319

1. 전체주의의 의미 / 319
2. 전체주의의 등장 / 320
3. 현대 전체주의 체제의 성격 / 321

제7절 탈권위주의와 민주화 과정------------322

1. 민주주의 정치체제의 붕괴 / 322
2. 군부권위주의 체제의 몰락배경 / 323
3. 권위주의의 몰락과정 / 324
4. 민주화의 과정과 내용 / 324
5. 민주주의 이행론 / 325
6. 민주화 이행과정(학자들의 견해) / 326
7. 재민주화 경로 / 327
8. 민주화의 전개양식 / 328

제 11 장   정치변동과 제3세계 정치론

제1절 정치변동론----------------------331

1. 정치변동의 주요이론 / 331
2. 정치변동의 유형 / 333
3. 현대 정치변동의 특징 / 333

제2절 정치발전론----------------------334

1. 정치발전 연구의 배경 / 334
2. 정치발전의 개념 / 334
3. 정치발전 연구의 접근방법 / 335
4. 정치발전의 위기와 담당세력 / 336
5. 정치발전의 제도화 / 337
6. 정치발전의 여러 단계 / 338
7. 정치발전의 추진세력 / 338

제3절 혁명론--------------------------340

1. 정치변동과 혁명 / 340
2. 혁명의 발생배경 / 341
3. 혁명의 전개과정 / 343
4. 혁명의 순황과 순환과정 / 345

제4절 제3세계 정치론------------------346

1. 제3세계의 정치 /346
2. 제3세계의 정치경제학 / 347
3. 제3세계의 정치 / 348

제5절 종속이론------------------------351

1. 종속이론의 개괄 / 351
2. 종속이론의 등장 배경 / 354
3. 종속이론의 가설 / 356
4. 종속의 다양한 이론 / 360

제6절 근대화와 제3세계----------------364

1. 근대화의 의미 / 364
2. 근대화의 성격 / 365

3. 근대화의 양면성 / 365
4. 제3세계의 근대화 / 366

제7절 제3세계란 무엇인가----------------367

제8절 제3세계의 구조적 특성-------------371

1. 정치적 특징 / 371
2. 경제적 특징 / 374
3. 사회적 특징 / 377

제9절 관료적 권위주의체제(BA체제)---------379

1. 개요 / 379
2. BA체제의 등장배경 / 379
3. BA체제의 특징 / 383
4. BA체제의 비판 / 384
5. BA체제의 한국에 대한 대응 / 386

제10절 군(軍)--------------------------386

1. 군의 분류 / 386
2. 집정관적 군의 정치개입 형태 / 387
3. 군이 정치에 관여하는 이유 / 387
4. 군부의 정치화 과정 / 388

제 12 장   국제정치론

제1절 국제정치의 이해------------------391

1. 정치변동의 본질 / 391
2. 국제정치 연구방법 및 이론 / 392

제2절 국제관계의 변화 — 395

1. 국내정치와 국제정치 / 395
2. 국제정치체제의 변화 / 396

제3절 국제정치의 주체 — 397

1. 국제정치의 행위자 / 397
2. 국제정치와 외교 / 398

제4절 국력 — 399

1. 국력의 의미 / 399
2. 국력의 구성요소 / 400
3. 국력 평가의 난점 / 401

제5절 국제정치의 주요 쟁점 — 401

1. 국제정치와 안보 / 401
2. 국제정치와 경제 / 402
3. 남북문제 / 403

제6절 통합의 국제정치 — 404

1. 통합이론 / 404
2. 통합이론의 유형 / 405
3. 통합이론과 남북통일 / 407
4. 독일의 통일방법 / 407
5. 베트남의 통일방법 / 408
6. 예멘의 통일방법 / 410

참고문헌 / 411

제 1 장 정치학 일반론

제1절 정치의 개념

1. 정치의 다의성

(1) 정치의 의미

정치란 권력의 획득·유지를 둘러싼 대립과정 혹은 권력을 행사하는 활동과 그 행동양상

i) 정치활동이 전개되고 있는 환경이나 정치활동을 전개하도록 하는 조건 → '정치적 상황'이며

ii) 정치적 상황에서 정치적 가치를 추구하고 있는 것 → '정치적 인간'이며

iii) 정치가 일상화하는 것 → '정치조직'이고

iv) 정치가 순환 또는 변화하고 있는 양상 → '정치과정'이며

v) 전체적인 정치과정에서 영향력을 가지고 있는 인물 → '정치가'임

(2) 권력적 의미

- 권력현상은 국가에만 특유한 것이 아니라, 모든 사회집단 또는 집단상호관계에서도 찾아볼 수 있음

* 학자들의 관점

i) 베버(Max Weber)는 "국가 상호 간에서건 또한 한 국가에서의 인간관계 상호 간에건, 권력의 세계에 참여하려고 하는, 또는 권력의 분배에 영향을 미치려고 하는 노력"으로 봄
- 즉 권력 그 자체를 목적으로 하는 사회적인 행동

ii) 뢰벤슈타인(K. Lowenstein)는 권력을 둘러싼, 즉 권력을 장악하기 위한 투쟁에 지나지 않는 것으로 봄

iii) 모겐소(H. Morgenthau)는 모든 정치현상은 주로 국제정치를 전제로 하는 것이지만 권력보유, 권력확대, 권력과시 등 3개의 기본적인 형 어느 것에 귀착되는 것이라고 주장

2. 시대적으로 본 정치개념

(1) 고대 그리스 정치관

- 고대 그리스인들은 정치를 국가에 관계되는 모든 것으로

보는 광범한 의미로 이해

- 그들은 도시국가인 폴리스(Polis)에 모여 살았는데, 정치란 말 자체도 이 폴리스에서 기원한 것

- 폴리스는 소규모의 자연적이고 동질적인 공동체로서
  정치적으로는 정치완결체이고
  경제적으로는 자급자족체이며
  사회적으로는 배타적인 시민친목단체의 성격을 가진 것

(2) 중세의 정치관

- 중세의 정치관은 크게 2개로 나뉨

i) 상승이론 :
- 인민 또는 공동체 자체가 본원적 권력을 가지고 있으므로
- 인민이 지배자를 선출하고 인민의 회의체가 지배자의 정부를 통제한다는 것

ii) 하강이론 : 앞의 이론에 대립되는 것

- 본래의 권력은 신에게 귀속되며, 그 아래에 있는 권력은 모두 신으로부터 나온다는 것
- 따라서 모든 관직은 '위로부터' 임명된 것이지 인민회의에서 선출된 것이 될 수 없으며, 최고권자는 오직 신에게만 책임을 지는 것

(3) 절대주의시대 정치관

- 정치를 국가의 권력과 관계되는 구체적이고 현실적인 것으

로 인식

- 근대의 제1단계인 절대주의시대부터 정치의 개념이 좁아지기 시작

- 상업혁명, 종교혁명, 그리고 문예부흥 등 중세 말기에 그 모습을 서서히 드러낸 일련의 대변동 발생

- 교회중심의 기존질서가 무너지고, 국가와 개인이 교회로부터 독립하게 되었다는 것

- 이제 정치는 더 이상 신과 관계되는 것이 아니라 세속적인 권력의 표현이 됨

(4) 근대자유주의 정치관

- 근대의 제2단계인 자유주의시대에 들어오면서 절대주의시대와는 정반대의 정치관

- 그 시점은 명예혁명
- 이 혁명에서 시민층이 승리하자 절대주의에 대한 반동 일어남

- 정치를 국가권력으로부터 개인의 자유와 재산을 확실히 보장하기 위한 수단으로 보게 된 것
- 이른바, 자유주의 정치관

- 군주의 절대적 권력에 대한 복종만을 강요당하던 신민(臣民)이 시민(市民)으로서 권력행사에 참여할 수 있게 된 것이 당연한

귀결

- 이때에는 정치권력이 개인의 자유를 침해하지 않도록 하기 위한 제도적 장치를 마련하는 것이 정치학의 초점

(5) 현대민주주의 정치관

현대에 와서 정치에 대한 인식의 변화는

i) 19세기 말 이래 집단의 분출현상으로 말미암아, 집단이 정치에 중대한 영향을 미치게 되었다는 것

ii) 정치에서 제도 대신 인간의 행태가 보다 큰 변수라는 것

iii) 인간의 행태와 집단의 기능을 정치에 포함시키지 않을 수 없게 된 것 등에서 나타난 것
- 즉 포괄적 정치관이 재생한 것

3. 행위 주체로 본 정치개념

- 정치를 국가 또는 정부의 독점물로 보는가, 아니면 국가와 이익 집단에도 있다고 보는가의 여부에 따른 분류

(1) 국가현상설

정치를 국가의 활동이라고 보는 이론. 고대로부터 20세기 초까지의 대부분의 학설들이 여기에 속하며, 현재에도 널리 인정되고 있는 견해

i) 국가활동 전부를 정치로 보는 전부설
ii) 국가활동의 일부, 특히 권력에 관계되는 부분만을 정치로 보는 부분설로 분류

① 국가현상 전부설

- 고대에서 근대 초에 이르기까지의 여러 학설들은 대체로 전부설에 포함되지만
- 반면에 현대의 국가현상설은 부분설이 중심
- 고대에는 정치란 선(善)을 실현하기 위한 수단이며
- 최고선은 국가를 통하여서만 이루어지는 것으로 보았기 때문에
- 국가활동이 전부 정치가 되지 않을 수 없다는 것

▶ 대표적인 예로써,
i) 아리스토텔레스(Aristoteles)는 인간의 최고선을 실현하기 위한 모든 국가활동이 정치가 된다고 주장
ii) 근대 초의 대표적인 예로는 홉스(Thomas Hobbes)
- 그에 의하면 인간은 국가상태 밖에서는 언제나 서로 대립·투쟁하게 된다고 주장

② 국가현상 부분설

- 근대 이후의 제도론적 정치학에서 나타나는 정치관. 국가는 사회의 일종이며
- 국가 이외의 사회와도 유사성을 가지고는 있지만
- 다른 사회가 갖지 못한 본질적 속성으로서 권력을 가지고 있다는 점에서 다른 사회와 근본적으로 다르다는 것
- 따라서, 정치는 국가활동 중에서 권력과 관계되는 부분만

으로 보게 되는 것

(2) 집단현상설

- 사회현상설, 사회집단현상설 또는 단체현상설
- 정치를 국가의 전유물로 보지 않고 사회집단에도 있는 것으로 보는 견해
- 정치를 어떤 환경 속에서의 인간행태의 한 측면, 또는 인간활동의 과정이라고 보는 이론
- 국가뿐만 아니라 사회생활 속에서 이루어지는 모든 집단에 보편적으로 존재하는 현상
- 구체적으로는 가족·학교·회사·노동조합·교회 등 모든 사회조직 및 사회집단의 모든 곳, 모든 단계에 정치가 존재한다는 견해

① 집단내부현상설

- 집단의 내부를 조정하고 통제하는 것을 정치라고 보는 견해
- 국가만이 주권을 가지고 있다는 종래의 일원적 주권론을 부정하고, 여러 집단에 주권을 분할함으로써 새로운 연립주의에 의거한 다원사회를 형성하려고 한다는 이론
- 다원론자들은 국가와 집단의 동일한 점과 유사한 점을 열거하여 두 단체가 전혀 다를 것이 없다는 주장
- 그 대표적인 사람은 라스키(H.J. Laski)

② 집단상호관계설

집단과 집단의 사이에 정치가 있다고 보는 이론
i) 정치를 집단 간의 대립과 투쟁으로 보는 유형

ii)집단 간의 흥정, 즉 이익조정의 과정을 정치라고 보는 유형

4. 정치란 무엇인가

(1) 정치란 "한 사회의 가치들을 권위적으로 배분하는 제반활동"을 의미함(D. Easton)

(2) 가치는 물질적(부, 재화, 자원) 및 비(非)물질적(권력, 존경, 명예)인 것을 모두 포함

(3) 정치는 가치의 희소성으로 말미암아 발생하는 갈등과 경쟁을 조정·통제하는 것을 그 목적으로 하며
- 정치학은 가치의 배분과정에 참여하거나 그 배분에 영향을 입는 사람들이 그 결정에 구속되어야 한다는 의미에서의 '권위적' 배분만을 연구대상으로 함

5. 정치의 기능

(1) 사회의 존속요건 : 사회는 일정 수의 인간과 적절한 기능분화, 물품과 노역의 생산 및 분배라는 경제활동, 성원의 사회화라는 교육, 사회구성원의 통제라는 요소 등이 그 존속에 반드시 필요

(2) 정치의 기능은 수단의 희소성, 기대의 좌절, 성원들의 파괴적 무관심, 사회화 또는 교육의 불완전성으로 초래되는 질서파괴행위를 통제하고 사회의 질서를 유지하는 것
- 그 질서는 기계적 질서가 아니라 구성원의 개성에 따른 창조적 활동을 최대한 살릴 수 있는 동태적인 질서

제2절 정치학의 의미

1. 정치학의 어의

- 정치현상, 즉 정부·정치과정·정부형태와 그 목적 등을 체계적으로 분석·서술·해명·비판하는 사회과학의 한 분야

- 정치현상을 대상으로 하고 있으나, 반드시 눈앞에 전개되고 있는 정치현상을 소재로 할 수밖에 없음

- 보통 정치학이 하나의 학문으로서 성립함에서 그 기원을 고대 그리스에서 찾는 것이 일반적

2. 고전적 정치학

- 1850년대까지 정치학 연구의 주류, 서양에서 발전

- 주로 인간과 정치의 본질을 철학 및 규범론적 관점에서 추구

- 이 시대의 정치학은 이를테면,

i) 국가란 무엇이며, 왜 필요한가(Plato, Hobbes)

ii) 자유는 왜 소중하며, 어떻게 얻어질 수 있는가(Mill)

iii) 인간은 왜 불평등한가(Rousseau) 등 매우 거창하고 근원적 물음에 대한 해답을 구하고자 함

- 이 시대의 정치학은 철학·윤리학·역사학 등과 그 문제의식 및 방법론에서 분화되지 않은 상태에 있었음
- 고전적 정치학에서 도출된 지식들은 사변적·규범적 내용들이 많음
- 오늘날 정치학에서는 이 분야를 주로 정치사상과 정치철학에서 전문적으로 다룸

3. 근대 정치학

- 대체로 1850~1900년대 초의 정치학

- 정치제도 및 법체제의 기원·역할·구조들을 역사적으로 서술하는데 중점을 둔 학문연구 경향

- 일명 제도주의 정치학 또는 법적·제도적 방법론으로 지칭
- 국가학·국법학을 비롯하여, 오늘날 정치제도론·정당론·헌법론 등은 이 시기의 정치학연구에서 영향 받음

4. 미시적 정치학

- 정치의 범주를 개인의 사상, 감정, 선호, 판단 등에 초점을 맞춘 것

i) 심리학이나 미시적 경제학과 같은 합리적 또는 유사합리적인 논리에 의해 해부하고자 하는 분야

ii) 역사적·문화적으로 배양된 정치주체의 마음가짐이나 신조에 예리하게 관계하여 그 속에서 투시되는 정치적 측면 등

5. 거시적 정치학

- 미시적 정치학과 정반대
- 정치체제와 그 변동에 큰 주의를 기울임

즉 ㉠ 혁명, ㉡ 내전, ㉢ 전쟁, ㉣ 동맹, ㉤ 기아, ㉥ 반란, ㉦ 학살, ㉧ 쿠데타, ㉨ 민주화, ㉩ 독재이행 등이 주된 연구관심사

6. 비교정치학

- 제2차 세계대전 후 행태주의 운동과 더불어 시작된 분야. 비교방법에 의해 정치현상을 체계적으로 연구하는 정치학의 한 분야

① 아리스토텔레스(Aristoteles)로 소급되는 오랜 전통의 기원

- 전통적 접근에 의한 개별 정치체계의 연구나 법적, 제도적 비교는 주로 정치현상을 기술하는 데 그쳐 분석적이지 못함

i) 권위주의 정치체계에 대한 일반적 관심이 고조되고 기능적 동등치(functional equivalents)를 추구할 수 있는 체계·과정·기능 등 개념의 모색

ii) 새로운 기술적 개념의 사용과 체계적이고 분석적인 접근 및 정확한 검증의 절차를 통한 과학적 엄격성의 추구

iii) 사회학·인류학 등을 풍미하던 행동과학(behavioral science)의 도입, 특히 정치문화 활용 등

② 칠코트(R.H. Chilcote)가 이론 연구의 초점을 맞춘 것은 다음과 같음.

i) 국가나 정치시스템의 제도적 틀

ii) 계급이나 집단의 형성과정과 그 문제점: 정치엘리트의 국제비교와 리더십의 비교연구

iii) 문화에서 개인이나 집단의 정치적 선호: 정치문화의 국제비교와 투표행동의 비교연구

iv) 자본주의사회·사회주의사회의 발전과정(정치발전론)

v) 대의정치나 참여민주주의: 의회제도의 국제비교나 선거제도의 국제비교 등

7. 국제정치학

- 정치학의 한 분야로 주로 주권국가들 간에 파생되는 갈등, 분쟁, 전쟁의 원인, 과정, 결과 등에 관한 연구와 분석을 시도하는 학문

- 정치철학의 전통도 이어 받았지만, 보다 밀접한 관련을 가진 것은 외교사 분야
- 초기의 국제정치연구는 주로 유럽의 외교사에 관한 것
- 이와 병행하여 국세사건을 중심으로 한 국제문제의 해설과

설명에 역점을 두는 연구 분야로 개척
- 이러한 노력은 당시 기존의 학문분야에서 잘 취급되지 않았던 학문의 영역을 새로이 개척하려는 시발점이 되었던 것

제3절 정치학의 책무와 전통

1. 현대 정치학의 임무

- 인간과 제도의 자유·인권·정의·평등·평화와 비폭력의 가치를 증진하고 민주주의와 책임정치를 구현
- 인간다운 세상과 삶의 질 개선 등 개인과 만인의 행복 추구는 물론 학문과 직업으로서의 자유와 공정성과 형평성에 맞는 직업의식과 윤리의식 제고

2. 사회과학 및 정치학도의 몫 (문제의식)

i) 사회(세상) 및 정치의 잘못된 부분을 정확하게 지적하고 비판력을 갖추는 것

ii) 현실에 대한 현명한 해결책 제시 및 윤리적 정향과 판단 기준에 의한 행동처방 수립

iii) 사람들이 정치와 권력에 대해 실망과 좌절하지 않도록 더욱 현명하게 대처하고 적극적 참여의 시민들이 될 수 있도록 학문 활동 수행

iv) 성숙한 민주주의와 정의로운 세계 평화 건설하는데 합리적 선택과 현명한 행동 처방 있어야

v) 정치학이 경험적·윤리적·실용적 정향들을 잘 통합하여 보다 종합적인 학문 전통으로 지속되도록 발전시켜야

▶ Max Weber - 『직업으로서의 정치』에서, 정치는 두뇌(頭腦)로 이루어지는 것이지, 육체(肉體)나 영혼(靈魂)의 다른 부분으로 되어지는 것은 아니라는 점
- 그러나 정치에 대한 헌신은 경박한 지적 유희가 아니라, 순수한 인간행위(人間行爲)이어야 하며
- 그것은 오로지 정열(情熱)에서 우러나오고 성장할 수 있는 것이다

3. 왜 정치학을 공부하는가?

- 사회생활을 영위해야 할 개인이 속해 있는 정치적 조직체가 무엇을 위해 존재하는지
- 어떻게 운영하는 것이 가장 좋은 사회생활을 영위하는지의 해답을 모색하는 학문

4. 정치학의 목적

- 연속성(persistence)에 작용하는 조건들을 파악하고 설명해 주는데 있다
- 다른 학문과 달라서 정치권력(政治權力)을 연구대상으로 하는 만큼, 그 권력의 윤리성과 권력의 남용에서 오는 비윤리적 행위에 대한 이성적인 비판의 의무를 지님

- 인간조건(人間條件)의 개선, 어떠한 조건이 필요한가에 대한 사색(思索)
▶ Aristoteles : "인간으로 하여금 선(善)한 생활을 영위할 수 있도록 하는 것
→ 정치의 목적"

5. 정치학의 지적 관심

i) 인간의 정치생활을 규제하는 다양한 제도와 규칙들을 체계적으로 확인하고 설명하고 예측하는 일(1차적 목적)
→ 경험적 분석의 연구 방법

ii) 이러한 제도와 규칙 및 그 실행과정을 옳고 그름, 정당함과 부당함을 판단하고 평가하는 기준을 밝혀내는 일
→ 윤리적 정향 강조

iii) 정치적 이상과 현실 사이에서 무엇이 가능한가에 대해, 그리고 지도자와 시민들이 신중하게 판단하고 현명한 행동을 할 수 있에 하는 일
→ 실용적 학문 중시(실용성 강조)

6. 정치학이 매진해 온 과제

- 어떻게 하면 권력(power)을 인간의 행복 성취와 사회질서 확립에 이바지할 수 있도록 제한하거나 신용할 수 있는가의 문제를 탐구하고, 그때그때 필요한 방안을 마련하는 일

- 어떻게 하면 통치자와 엘리트를 잘 교화 내지 교육시켜서 백성들이 편히 살 수 있는 나라를 만들 수 있는가에 있었음

- 따라서 정치학은 이러한 목표에 이바지하기 위한 학문, 즉 '리더십 교육을 위한 학문'으로 출발
- ex) 플라톤 국가론 - 대표적 고전

i) 중세 ~ 근세
- 인간의 평등성과 개인의 주체성을 강조
- 즉 절대주의 권력의 병폐로부터 자유를 수호하는 일(핵심주제)
- 이후 정치학은 공익을 옹호하고 국가권력에 대해 비판과 감시 기능을 수행하는 학문, 즉 권력 감시 및 권력 비판의 학문으로 그 성격과 임무가 바뀜

▶마키아벨리, 홉스 → 권력의 현실적 측면 고찰
▶로크, 몽테스큐, 흄, 루소, 해밀턴 → 자유의 입장에서 통치자의 권력행위를 감독하고 권력을 견제하는 이론 발전시킴

ii) 근대
- 시민이 정치의 주체
- 이에 정치학은 시민들을 민주적으로 교육 혹은 계몽하여 민주주의에 기여하도록 하는 임무, 즉 정치적 계몽의 학문으로 탈바꿈

iii) 현대
- 산업사회는 복합적 분업화와 기능의 전문성 요구
- 이에 정치학은 좋은 정책 개발과 사회 문제 해결의 전문적 지식과 기술 요구
- 따라서 정치학은 정책개발과 사회문제 해결을 위한 사회경영의 학문으로 성격 추가

7. 정치학의 학문적 전통

- 2가지 대조적인 사유방식(paradigm) 제공
- 역사주의 & 실증주의

역사주의(historicism)	실증주의(positivism)
· 기원: 19C 독일 학풍 · Hegel과 Marx에 영향 받은 사유방식 · Hegel: 역사는 스스로 '권력과 의지'를 가지며, 각각의 발전단계에서 정(正)-반(反)-합(合)의 자체부정을 통해 거듭 발전한다는 것(변증법 원리 고안) · 마르크스-엥겔스: 역사발전의 동인이 "생산과 생산관계"에 기초 선언 - 그 과정에서 계급의 역할이 결정적 강조	· 기원: 영국 고전적 경험주의철학에서 비롯 · 흄, 콩트 등이 크게 발전시킴 · 흄(D. Hume): 경험에 입각한 지식만이 객관화가 가능하며, 경험적 관찰의 결과로서 확정된 것만이 의미 있다는 방식 - 즉 논리적 실증주의(logical positivism)을 창안 - 오늘날 행태주의 과학에 대한 인식론 기초 확립 · 콩트(A. Comte): 과학과 지식 발달의 3단계론(신학적-형이상학적-실증적 단계) 제시 - 경험적으로 확인된 사실에 입각한 실증적인 연구방법과 이론 수립을 가장 발달된 단계로 구성

① 역사주의
i) 역사를 연구의 대상으로 전체사회의 발전, 양태, 과정, 결과를 설명하고 예측하려는 전체주의적 학문연구 방법론
- holistic approach
ii) 사상과 인식체계를 역사와 함께 묶어보며, 추상적, 거시적 정치 분석 선호
- 객관적인 세계와 과학적 지식은 경험주의가 주장하듯이 한

개로 존재하는 것이 아닌, 여러 개 모습으로 존재할 수 있다는 상대주의 및 주관주의적 인식론 선호

iii) '지식과 진리는 그 생산자의 시대나 문화에 의해서 결정된다'는 것
- 절대적 지식은 부인하고 과학을 역사에 의해 만들어지는 것
- 즉 이데올로기나 프로파간다와 같은 범주로 이해

② 실증주의
i) 객관적 관찰을 중시하고 경험에 입각한 개념, 법칙, 이론화 중시
- 단 역사주의처럼 선험적이고 전체주의적 사유를 배격
- 대신에 구체적, 미시적 연구를 강조

ii) 경험적 관찰과 구체적 방법 연구 선호
- 헌법, 제도, 권력과 엘리트 구조 등에 대한 관찰 위주 연구 중시
- 그 후 Mosca, Pareto, Weber 등 실증주의 전통으로 발전
- 오늘날 비교정치 및 정치이론 주류 이론

제4절 정치학의 역사

1. 고전시기 (고대 그리스 ~ 1850년까지)

(1) 정치의 연구가 주로 규범적이었으며, 연역적 방법을 차용하던 시기

- 인간의 본성과 사회관계에 대하여 사변적 원리를 세운 뒤, 이 원리에 기초하여 정치의 이상과 목표에 대한 규범을 설정, 그것의 정당성 설파 방식 → 사회계약론이 대표적
- 연역적 방법 → 일반적 진리를 근거로 연역적 추리에 의해 도달하는 방법

▶연역적 탐구방법: 문제의 가설을 설정하여 예상되는 결과가 관찰사실과 일치하는 가를 알아보는 방법
· 관찰 절차→ i) 문제의식, ii) 가설 설정, iii) 탐구 설계 및 수행, iv) 자료 해석, v) 결론 도출, vi) 법칙화, 일반화

ex) 모든 사람은 죽는다 → 소크라테스는 사람이다 → 그러므로 소크라테스는 죽는다

▶귀납적 탐구방법: 가설 설정의 단계가 없으며, 많은 자료 수집을 통하여 일반적인 관찰이나 법칙으로 결론을 도출하는 것
· 관찰 절차→ i) 자연현상, ii) 관찰주제의 설정, iii) 관찰방법, iv) 관찰 수행, v) 관찰 결과의 해석 및 결론

ex) 지금까지 관찰한 모든 말은 심장을 갖고 있다 → 모든 말은 심장을 갖고 있다

(2) 홉스, 록크 등이 대표적

- 인간성에 대한 최초의 일반적 전제로부터 결론을 연역했으며, 정치에서 '당위'(當爲)를 다룬 규범성을 지님
- 이들은 인간의 본성과 사회관계에 대하여 일종의 발생인류학적 기원을 설정한 후, 이것에 근거하여 인민과 정부 간에

계약 및 통치에 대한 설명과 처방을 이끌어 냄

▶ 루소: 인간이 태초에 자연상태에서 모두가 평등하고 자유로웠다는 명제에서 출발
- 이상적인 국가는 이러한 인간을 다시 평등하고 자유롭게 복원할 수 있는 것이라고 규정
▶홉스: 영국 왕당파의 입장을 두둔하려는 입장에서 Leviathan 저술
▶헤겔, 마르크스: 역사란 그 스스로 진보라는 것으로 봄
- 인간의 의도와 상관없이 이 땅에 이상국가가 도래할 것이라는 정치관 피력

(3) 마키아벨리 (Machiavelli)

- 정부와 정치제도가 실제로 어떻게 운영되고 있었는가의 문제를 실증적이며, 경험적인 분석을 시도한 최초의 정치학자
- 조국 Florence의 번영과 민족의 통일이라는 지상과제를 전제로 군주론(君主論) 씀

2. 법·제도적 연구 시기 (1850~1900)

- 인간의 정치행동이 규범과 신화를 넘어 법과 제도의 틀 속에서 역사적으로 규정되는 과정을 이해하고 서술하는 접근방법

(1) 이 시기에 비로소 정치학이 독립된 학문으로 인정됨
- 대학에 정치학과 설립
▶법적 연구 → 주로 헌법, 법전의 해석, 집행관행 연구
▶제도적 연구 → 수상, 대통령, 공무원의 권한, 선거제도, 정당제도의 역사적 배경 조사와 서술적 사실 탐구

(2) 기술적인 연구가 진행되었으며, 일반적인 관심은 기존의 정치기구(제도)와 과정에 대한 서술에 초점
- 주로 사건과 사실에 대한 기술적 방법의 의존

(3) 제도적인 구조가 중요한 독립변수였으며, 일정불변의 인간성을 전제함
▶제도주의 정치학 → 군주의 세습권이나 지도자의 전횡적 권력에 대한 비판적 입장 취함
- 안정적 제도 수립을 통해 권력제한에 기여
- 계몽적 성격과 실용적 정향 중시
- 다만, 제도주의는 법 안에서 사람들이 실제로 어떻게 행동하는가를 경시

3. 과도시기 (1900~1925)

- 전통적인 학풍에서 현대적인 것으로 전환 시기

(1) C. E. Merriam을 중심으로 한 Chicago 학파가 '과학적 정치학'을 표방
- 심리학과 통계학의 중요성을 강조한 시기

(2) 당시 '과학적 혁명'의 배경

① 정치사회학(Mosca, Pareto, Weber, Michels) :

- 모든 종류의 정치현상에 대한 관심을 강조
- 정치에 대한 환경의 영향을 체계적으로 탐구
▶Mosca → 소수지배계급 창안, 파시즘을 합리화시킴

▶Pareto → 엘리트 순환
- 하층계급에서 유능한 사람이 상층 엘리트 지위에 도전
▶Weber → 프로테스탄티즘을 자본주의와 관련지어 연구
- 관료제 사상으로 유명
- 사회적 권위체제를 전통적 권위, 합법적 권위, 카리스마적 권위로 분류
▶Michels → 정당이나 사회조직이 과두제, 권위주의, 관료제로 옮아가는 경향 체계화

② 실용주의(J. Dewey)와 상징적 상호작용론(G. H. Mead) :

- 인간성과 인간행동에 대한 기존 관념에 도전
- 인간이란 타인과의 상호관계를 통하여 결과 되는 사회적 존재임을 강조
- 개인과 사회의 엄격한 구분을 와해시킴
- 실용주의는 관념이나 행동의 사후적 가치를 강조
- 실용주의는 20C초 미국에서 가장 영향력이 컸던 학파로, 이후 법, 교육, 정치, 사회이론, 예술, 종교 등에 영향미침
- 정치행동의 실제적 결과와 이데올로기적 정당화를 분리시키는데 일조

③ 정치적 다원주의(Laski, Lasswell) :

- 주권사상을 배격하고 국가와 개인을 중재시키는 집단의 개념을 발전시켜 모든 사회현상을 '정치적인 것'으로 만듬
- 자연히 정당과 압력단체 등의 중요성이 부각됨
▶Laski → 국가를 여러 종류의 기능을 수행하는 자주적인 사회집단과 병립적으로 존재하는 하나의 집단으로 보는 경해
- 『국가의 이론과 실제』, 『미국의 민주주의』 저술

▶Lasswell → 행태주의 정치학을 발전시킴
- 초기에는 『정치학』에서 엘리트에 주목
- 이후는 『권력과 사회』를 분석
- 인간, 인성, 정치적 무관심, 집단, 문화를 분석

4. 행태주의시기 (1925년 이후 ~ 1960년)

(1) 정치학에서의 행태주의는 정치단위를 구성하고 있는 개인과 집단의 행동과 태도를 규명함으로써 인간행동의 일반규칙성을 탐구하고자 함
- 즉 일체의 사회현상을 인간의 행태에 기인하는 것이라는 인식으로부터 출발하여 정치학을 과학적으로 연구하려는 것

(2) 행태주의의 등장배경

① 학문적 필요성 : 역사주의적, 제도적, 철학적 연구방법의 한계성 인식
② 사회적 필요성 : 당시의 심각한 사회적 문제해결을 위한 인간에 대한 체계적 지식이 필요.
③ 시카고학파의 과학적 경험주의 영향
④ 미국의 실용적인 문화풍토 등의 영향
▶시카고학파 → 1920~1930년대, Merriam, Lasswell, G. Catlin, V.O. Key 등
▶과학적 경험주의 → 연구방법의 변화 = 경험주의 분석 시도
▶실용적인 문화풍토 → 실용·사실주의와 과학의 신뢰
⑤ 유럽 사회학자들의 영향
- 독일 나찌 치하 망명 독일학자(Marx, Durkheim, Pareto, Mosca, Weber, Tocquevill, Parsons 등)

(3) 행태주의의 주장

① 정치학의 목표는 체계적이고 경험적인 이론의 구성임 → 체계화
② 연구는 이론지향적이어야 함 → 계량화, 검증가능성 자료 획득의 기술 강조
③ 사실의 문제는 분석적으로 가치의 문제로부터 분리되어야 함 → 몰가치성
④ 사회과학의 여러 분야 간의 본질적 통합 강조 → 학제적 접근 강조
⑤ 단순한 정치제도의 분석보다는 개인과 집단의 분석에 중점

(4) 행태주의의 특성(D. Easton)

i) 규칙성(통일성)
ii) 검증(일반화, 타당성)
iii) 기술(자료수집, 기법)
iv) 계량화(측정, 계량화, 검증)
v) 가치중립성(윤리적 평가와 경험적 분석 구분)
vi) 체계화(이론과 조사의 일관성)
vii) 순수과학(지식응용 기초)
viii) 통합(타학문과의 상호연관성)

(5) 행태주의의 공헌

i) 실천과학 계기 마련
ii) 학문 교류 촉진, 공동연구 촉진
iii) 현실 정치 현상의 연구 위주

iv) 자료 중시
v) 계량화로 관념론적 사고 탈피

(6) 행태주의 비판

i) 보수주의화
ii) 현실은폐
iii) 가치판단의 무시
iv) 본질보다 기교에 중시
v) 정치학 고유성 상실
vi) 편의위주의 과제선정
vii) 거시적 분석력 결여

5. 후기행태주의시기 (1960년대 후반 이후 ~ 1980년)

(1) 행태주의에 대한 반발과 반성으로부터 출발

- 행태주의는 보수주의적인 연구방법이며, 아울러 현실감각을 상실, 몰가치성, 본질보다는 기교의 중시, 편의주의적인 문제 선정이라는 한계를 지님
- 미국 내의 사회문제와 후진국의 사회문제 해결에 행태주의가 무력함을 비판하면서 정책, 가치, 적실성(relevance), 행동(action), 참여를 강조함.

(2) 후기행태주의의 주장 (행태주의 비판)

① 내용이 기법에 우선하여야 함.
② 행태주의적 과학은 경험적 보수주의의 이데올로기를 가짐.
③ 지나친 행태주의적 연구는 현실과의 거리

④ 가치에 대한 연구는 정치학의 불가결한 부분
⑤ 안다는 것은 행동에 책임을 지는 것.

▶적실성의 신조(credo of relevance; D. Easton)
- 1960년대 후기 행태주의에서 강조하는 신념
- 사회과학이 미국에서 발생한 사회 문제들을 적절하게 해결하지 못하고 있다는 반성에서 비롯됨

i) 기술보다 실체 우선
ii) 사회적 변화 강조
iii) 인류의 현실적 요구의 해결
iv) 가치의 중시
v) 지성인의 책임
vi) 참여와 행동(현실 적용)
vii) 지적 직업의 정치화

(3) 후기행태주의의 한계

행태주의와 같이 발전된 과학적 방법론을 그대로 수용하여 정치분석에서 이론화를 중시하고, 객관적 검증과 방법론적 엄밀성을 추구하는 전통을 따르는 한계를 보임

6. 후기행태주의 이후의 정치학 (1980년대 이후)

- 1970년대의 반성과 비판 시기 거쳐 다양한 이론과 방법론 발전

i) 이론의 획일적 통일성에서 다양성과 차별성 존중
 - 국가론의 재등장(서구)

- 종속이론(라틴아메리카)으로 자유주의적 편향 극복하고 계급과 이데올로기의 중요성 재확인
ex) 공공정책론, 신제도주의론, 정치경제론, 합리적 선택이론 부활

ii) 이전에 서로 대립하거나 연관성 없었던 이론과 방법들을 통합하고 절충, 적실성 있는 분과 학문으로 발전
- 현대 정치학 이론과 방법의 다원화
- 상호 고립적이 아닌 절충적, 편향적이라기보다는 상승적 발전 관계로 진보
ex) 정치 분석에서 사상과 철학의 중요성 재확인, 마르크스주의와 좌파이론은 권력과 사회과정 분석에서 계급이 미치는 실질적 효과 보여줌

iii) '하나의 과학으로부터 여러 개의 과학'을 수용하는 연구 전통으로 전환하여 더욱 성숙한 학문체계로 발전
ex) 보다 질적으로 정교한 전문 분야별 정치학 연구 활동
- 학자와 학풍들 간의 정치학 핵심 연구

제5절 제도주의

- 정치제도는 민주주의, 권위주의, 그리고 전체주의와 같은 정치체제를 설명하기도 하고
- 정당, 국회, 행정부, 그리고 입법부와 같은 공식적인 정치구조를 지칭하며

- 헌법·법률·규범 등과 같은 정치기재뿐만 아니라, 관습·문화·가치 등을 일컫는 용어로 사용
- 정치제도 연구는 자유와 평등 사이의 가치 변화, 개인의 선택에 따른 이익극대화 방법 등에 대해서도 적절한 설명 제공

1. 제도주의 이론의 발전과정

① 제도주의 이론 → 20C초 제도주의 경제학을 태동시킨 베블런(T. Veblen), 아레즈(C.E. Ayres), 커머스(J.R. Commons)와 사회학자 셀즈닉(P. Selznick) 등 비정치학자 집단에서 시작
- 이후 법·제도·체제 등의 기술적 서술과 비교를 하던 비교정치학자들 가세
▶ 제도주의 경제학자들 → 시장중심의 주류경제학에 대한 비판 및 대안 제시 주목
▶ 비교정치학자들 → 문화, 가치, 사회적 규범에 근거한 비공식적 제도를 중심으로 한 비판적 연구 시도

② 초기 제도주의 연구 → 기술의 진보적인 역할과 제도의 역할 강조
- 집단주의(holism)와 진화주의(evolutionism) 내포

▶ 특징
i) 제도를 인간행위에 의해 창조되고 변화할 수 있는 것으로 이해
ii) 정부를 통해 경제제도가 형성되고 변형된다고 함
iii) 제도의 기술적 역할은 모든 자원의 상대적 희소성을 결정짓는 근본적 원천으로 봄
iv) 자본배분을 결정하는 근본적 원천을 시장이 아닌 제도(사회구조)로 봄

∴ 이러한 초기 제도주의 연구 → 구제도주의(old institutionalism)

③ 신제도주의(new institutionalism)
- 전기행태주의 시대의 제도 연구와 다른 접근법에서 '제도'를 중심 개념으로 설정하는 학문적 흐름
- 행태주의, 환원주의, 기능주의, 방법론적 개체주의 등을 비판하는 동시에 이러한 시각을 극복하기 위한 시도(Dimaggio and Powell)
▽환원주의: 복잡하고 추상적인 사건이나 개념을 단일한 수중의 기본적인 요소로 설명하는 사회과학 방법론
▽방법론적 개체주의: 부분이 전체를 결정한다는 설명으로 개인을 무시한 사회는 존재하지 않으며, 어떠한 조직(집단)도 결국은 개인이 모여 만든 것이라는 점

▶단점
i) 제도를 중심 개념으로 설정한다는 것 이외에 다른 공통점 발견 용이치 않음
ii) 어떤 공통의 학문적 목적이나 이념적 지향을 갖고서 출발한 것이 아님
iii) 단지 인간행위에 대한 구조적인 제약요인을 무시하는 기존의 학문흐름에 대한 비판일 뿐
iv) 제 학문 분야에서 다양한 용어로 불려져 있고, 학자들의 관심 분야도 사뭇 달라 구체적 정의작업 어려움
v) 학제간 연구와 유사한 제도 이론을 보이고 제도 이론에 대한 공통의 적을 발견하기도 쉽지 않음

2. 구제도주의와 신제도주의 비교

<구제도주의와 신제도주의의 비교>

	구제도주의	신제도주의
제도에 대한 분석방법	국가기관의 공식적 구조와 법체계에 대한 단순한 기술	사회현상을 설명하기 위한 핵심변수 분석적 틀을 통한 설명 및 이론적 발전
주요 관심사	제도 자체만을 주목	제도(국가기관)와 행위(개인)의 상호관계 주목
제도연구의 목적	국가간 정책의 동질화 현상에 주목	국가간 정책의 다양성과 차이점에 주목
연구의 범주/ 이론의 규모	거시적 구조/ 거대 이론 (grand theory)	미시적 구조/ 중범위 이론 (middle-range theory)

3. 신제도주의 이론

- 신제도주의 연구는 역사적 제도주의, 합리적 선택 제도주의, 사회학적 제도주의로 구분
- 이 3가지 분류는 상호배타적이기보다는 상호보완적인 성격 (Koelble 1995)

① 역사적 제도주의
- 합리적 선택 제도주의와 사회학적 제도주의를 절충한 신제도주의의 조류
- 정치 및 정치경제 조직구조에 내재된 공식·비공식 절차, 관행, 규범, 협약으로 정의
- 핵심 개념은 역사와의 맥락
- 어떤 사회현상과 정책은 역사 없이 설명은 불가능 강조

② 합리적 선택 제도주의
- 신제도수의 중 행위자의 역할에 비중을 두면서, 합리적인

개인이 주어진 제도의 제약 속에서 의식적 상호작용을 통해 자신의 이익을 극대화하려는 전략적 선택에 초점
- 합리적 선택이 이루어지는 과정의 총합은 곧 파레토 최적의 균형을 이루며, 그러한 균형이 제도라는 것

③ 사회적 제도주의
- 개인의 평등을 제약하는 틀로써 합리적 선택 제도주의와 다름
- 개인의 효용 가치 추구보다는 다수의 구성원들이 공통으로 당연하게 받아들이는 상징체계, 가치관, 문화, 기대, 도덕 등 무형의 인식체계까지도 제도의 개념으로 설정
- 이런 인식체계는 국가가 수직적으로 조직 및 개인에게 강제하여 이식시키는 것과 행위자 간의 자발적 인식의 공유로 수평적으로 형성하는 2가지 차원을 포함(Hall and Taylor)
- 강제와 모방이라는 규범적 압력을 통해 상부와 하부 조직 및 행위자 간에 인식체계의 수직·수평적 동형화(isomorphism)가 이뤄진다(Miller and Banaszak-Holl, 2005)

4. 신제도주의에 대한 비판

i) 사회과학이 추구하는 연구 결과의 축적과 이에 기반을 둔 체계화·일반화된 이론의 개발을 기대하기가 어렵다
ii) 제도가 정확히 얼마만큼, 혹은 어떻게 행위를 제약하는지에 대해, 즉 제도와 행위 간의 정확한 인과고리(causal chain)를 제시하지 못한다(Hall and Taylor 1996)
iii) 정책결정과정에서 구조적 제약 요인에 초점을 맞춤으로써 '무엇이 가능하지 않은가'는 설명할 수 있어도 '무엇이 가능한가'는 제대로 설명할 수 없다는 문제점 지님
- 이런 문제점은 제도결정론(institutional determinism)의 오

류 지적(Thelen and Steinmo)
iv) 제도의 안정성과 지속성은 적절히 설명하지만 제도의 변화는 제대로 설명하지 못한다는 비판 제기(Koelble 1995)

제6절 정치학의 주요접근

1. 정치학 연구의 곤란성

(1) 존재 피구속성(Karl Mannheim) : 사회과학, 특히 정치학에서는 연구자 자신의 입장이나 사실에 대한 가치판단이 더욱 문제시됨

(2) 정치세계에서 사용되는 용어는 비현실적 미화(美化)성 내지 기만성을 강하게 가지며, '정치'라는 개념의 다의성이 문제시됨

(3) 정치학적 연구는 직·간접적으로 권력 장악자나 유력 집단으로부터 압력을 받을 가능성이 큼

2. 주요 접근 방법

- 정치학의 접근 방법이란 정치학자가 어떤 주제나 문제를 탐구할 때 이용하는 정향(定向), 즉 인식의 대상과 방법을 규정하는 방법론을 의미

(1) 체계론

- 정치를 통합론적 관점에서 인식하되, 그 주요 분석의 단위와 수준을 개인이나 집단보다 사회전체 및 정치체계 전반에 조준하여 접근하는 이론
- 사회체계는 그 경계 안에 여러 개의 하부체계를 포함하고 있으며
- 이들 간에 이루어지는 복잡한 상호작용에 의해서 그 기능이 수행된다는 것

① 이스턴(D. Easton), 알몬드(G.A. Almond) 및 도이치(K.W. Deutsch) 등의 저서에 의해 대표되는 이론체계
- 하부체계는 다시 구조와 기능으로 나누어지며, 개인과 집단은 그 속에서 각기 맡은 바의 역할을 수행

② 미국 사회학에서 파슨즈(T. Parsons)에 의해 대표되고 있는 구조·기능이론
- 일반사회학과 정치사회학의 발전을 위해 제기한 것과 부합

▶ 체계이론적으로 정향된 미국의 새로운 정치학은
- 정치를 우선 전체사회체계의 기능적 제요구라는 점에서 이해하는 파슨즈의 견해와는 달리,
- 사회의 정치적 하위체계를 그 체계의 사회적 환경에 대해서 자주적인 것으로
- 그리고 그 체계 자체의 유지를 고려하여 자율적으로 기능하고 있는 것으로서 파악

(2) 집단이론

- 미국의 집단이론은 정치를 집단 간의 홍정으로 보는 대표적

인 이론
- 벤트리(A.F. Bentley)는 정치를 이익달성을 둘러싼 집단 상호 간의 압박과 저항, 그리고 통치기구에 의한 조정과정으로 봄
- 그는 정치를 광의의 정치, 협의의 정치 및 중간적인 의미의 정치로 파악

i) 광의의 정치란 분화된 통치작용이나 기구가 없는 기저집단 상호 간의 기본적인 이해의 조정, 즉 기저집단 간의 압력현상

ii) 협의의 정치는 특수한 통치기구의 활동, 즉 정부에 의한 이해 조정

iii) 중간적 의미의 정치는 사회와 정부를 연결하는 준(準)정치 집단의 이해 조정, 즉 기저집단 간의 압력현상도 정부의 활동도 아닌 기저집단과 정부를 매개하는 집단인 정당·선거인단체·압력단체·언론기관 등의 매개기능

(3) 게임이론

- 상충하는 경쟁적 조건하에서 경쟁자 간의 경쟁 상태를 모형화하여 참여자의 행동을 분석함으로써 최적 전략의 선택을 이론화하려는 것
- 1944년 폰 노이만 & 모르겐슈테른 著『게임이론과 경제행동』이 이론적 기초
- 게임당사자를 경쟁자라 하고, 경쟁자가 취하는 대체적 행동을 전략이라 하며, 어떤 전략을 선택했을 때, 게임의 결과로서 경쟁자가 얻는 것을 이익 또는 성과라 함
- 자기 이익의 극대화 할 전략 선택

① 경쟁자의 수에 따라 게임은,
i) 2인 게임
ii) 다수 게임으로 나뉘는데, 가장 흔한 형태는 2인 영합(零合, zero sum) 게임
▶ 2인 영합게임
- 두 사람 사이의 대결을 가장한 것
- 한 플레이어의 이득은 상대 플레이어의 손실과 같음
▶ zero sum → 한쪽의 이익은 상대방의 손실
- 제로섬 게임(zero sum game): 두 경쟁자의 득실(得失)의 합이 영(0, zero)
- 논제로섬 게임(none-zero sum game): 한 쪽의 이익과 다른 쪽의 손실을 합했을 때 0이 되지 않는 현상

② 경쟁자가 취하는 전략의 수에 따라,
i) 유한(有限)한 경우를 유한 게임이라 하고
ii) 무한인 경우를 연속게임이라 하는데, 유한영합 2인 게임이 이론적으로 많이 다루어짐

③ 게임이론의 사례

● 둘 다 우월전략이 있는 경우

<2인 영합게임 득실표1>

		B	
		전략1	전략2
A	전략1	-4 / 4	-3 / 3
	전략2	0 / 0	2 / -2

▶ A의 우월전략

- A는 B가 전략 1을 선택하였을 때, 자신의 전략 1을 선택하면 4를 얻고 전략 2를 선택하면 0을 얻게 된다 → 따라서 A는 전략 1을 선택
- B가 전략 1을 선택하였을 때, 자신이 전략 1을 선택하면 3을 얻고 전략 2를 선택하면 -2를 얻는다 → 따라서 A 역시 1을 선택하는 게 이득
∴ A에게 전략 1은 전략 2보다 유리함으로 우월전략(dominant strategy)

▶ B의 우월전략

- B는 A가 전략 1을 선택하였을 때, 자신의 전략 1을 선택하면 -4를 얻고 전략 2를 선택하였을 때, B가 전략 1을 선택하면 0을 얻고 전략 2를 선택하면 2를 얻는다 → 따라서 B는 무조건 전략 2를 선택하는 게 유리
∴ 전략 2가 B의 우월전략

● 하나만 우월전략이 있는 경우

<2인 영합게임 득실표 2>

		B	
		전략1	전략2
A	전략1	-5 / 5	-4 / 4
	전략2	10 / 10	8 / -8

▶ A의 우월전략

- B가 전략 1을 선택하였을 때 A가 전략 1을 선택하면 5를, 전략 2를 선택하면 10을 얻는다
- B가 전략 2를 선택하였을 경우 A가 전략 1을 선택하면 4를, 전략 2를 선택하면 -8을 얻는다
∴ 이 경우 우월전략은 없다

▶ B의 우월전략

- A가 전략 1을 선택하였을 때 B는 전략 1을 선택하면 -5를, 전략 2를 선택하면 -4를 얻는다
- A가 전략 2를 선택하였을 경우 B는 전략 1을 선택하면 -10를, 전략 2를 선택하면 8을 얻는다
∴ 이 경우 B는 A가 무엇을 선택하든 전략 2를 선택하는 게 유리 → B에게 전략 2는 우월전략

● 둘 다 우월전략이 없는 경우

<2인 영합게임 득실표 3>

		B	
		전략1	전략2
A	전략1	10 / -10	-5 / 5
	전략2	-8 / 8	-4 / -4

▶ A의 우월전략

- B가 전략 1을 선택하였을 때 A가 전략 1을 선택하면 -10을, 전략 2를 선택하면 8을 얻는다
- B가 전략 2를 선택하였을 경우 A가 전략 1을 선택하면 5를, 전략 2를 선택하면 -4를 얻는다
∴ 이 경우 A는 우월전략을 가지고 있지 않다

▶ B의 우월전략

- A가 전략 1을 선택하였을 때 B는 전략 1을 선택하면 10을, 전략 2를 선택하면 -5를 얻는다
- A가 전략 2를 선택하였을 경우 B는 전략 1을 선택하면 -8를, 전략 2를 선택하면 -4를 얻는다
∴ 이 경우 B는 우월전략이 없다
→ 그러므로 A, B의 게임은 성립되지 않는다

● 죄수의 딜레마(Prisioner's Dilemma)

- 게임 이론 가운데 사회과학에서 가장 많이 인용되고 있다
- 이것은 개개인의 합리적 선택은 결국 참여자 모두에게 최대의 이득을 가져오는 합리적인 결과를 낳을 것이라는 추론에 의문을 제기하는 내용

<죄수의 딜레마에 따른 이득표>

		죄수 B	
		묵비권	자백
죄수 A	묵비권	2 / 2	1 / 10
	자백	10 / 1	7 / 7

▶ A의 입장
- B가 묵비권을 선택하였을 때 A가 자백을 선택하면 자신은 1년형을 묵비권을 행사하면 2년 형을 받는다 → A입장은 1년 형을 받는 자백이 자신에게 유리
- B가 자백을 선택하였을 경우 A가 자백을 선택하면 자신은 7년 형을, 묵비권을 행사하면 혼자 죄를 뒤집어쓰고 10년 형을 받게 된다 → 이 경우도 자백하는 것이 자신에 유리
∴ 결국 A는 B가 자백을 하든지 묵비권을 행사하든지 간에 자신은 자백하는 것이 무조건 유리하다는 것

▶ B의 입장
- A와 마찬가지다
- A가 어떤 전략을 선택하든 자신은 자백하는 것이 유리하므로 자백을 선택

● 겁쟁이 게임(Chicken Game)

- 이 게임은 각자의 우월전략이 없다는 점에서 죄수의 딜레마와는 성격이 다르다
- 두 플레이어는 보수적이고 신중한 결정을 내려야 한다

<겁쟁이 게임 득실표>

		B	
		피함	직진함
A	피함	-5 / -5	-5 / 5
	직진함	5 / -5	-10 / -10

▶ A의 경우
- A가 중감에 피할 경우 얻는 최악의 결과는 겁쟁이 소리를 듣는 -5이며, 직진을 할 경우 예상되는 가장 나쁜 결과는 서로 충돌하여 중상을 당하는 -10이다
- A가 신중한 행위로 최악의 결과를 회피하려 한다면 -5와 -10 중 -5의 결과가 나오는 피하는 전략을 선택할 것이다
▶ B의 경우
- A와 마찬가지로 B도 그대로 적용될 것이다
- B도 피하는 전략을 선택함으로써 정면을 보고 달려오던 차들은 서로 피하는 것으로 게임은 종료

(4) 갈등이론

- 정치란 기본적으로 투쟁과 갈등으로 설명된다는 접근법

- 정치란 소수의 사람들이 다수의 의사와 이익에 반하여 그들의 이익을 취하고 특권을 유지하는 수단이며, 권력은 그것을 누리는 자들이 사회 안에서 계속 유리한 지위와 혜택을 누리는 도구에 지나지 않음

- 홉스(Hobbes)는 원래 인간은 이기적이고 탐욕스러운 존재들이며, 이들이 만드는 사회는 '만인의 만인에 대한 투쟁'과 흡사한 혼란과 무정부상태로 묘사

(5) 통합이론

- 정치란 사회 내에 질서와 정의를 구현하는 것을 그 본질적 내용으로 하며, 이를 통해서 모든 시민들이 보다 행복한 공동사회를 이룩하는 통합과정으로 이해하는 방법론

- 정치권력은 시민들을 서로 결속시키고 그들을 공동체 속으

로 통합하는 수단이 된다는 것

- 스미스(A. Smith)는 '국부론'에서 인간이 모두 평등하게 자기의 이윤을 추구할 뿐만 아니라, 분업을 통해서 자기의 이익과 남의 이익을 조화롭게 취할 수 있는 능력, 즉 합리성을 지니고 있는 것으로 파악

(6) 권력이론

- 모든 사회와 그 구성원들은 권력을 가진 지배자와 권력에 예속된 피지배자로 양분된 것으로 보는 연구방법

- 즉 한 사람이 권력관계에서 승자의 위치에 선다함은 반드시 다른 사람에게 패자의 자리를 안겨주는 결과를 가져온다는 것

- 권력이론에 따르면 인간은 '정치적 동물'(homo politicus), 즉 자기의지를 다해서 최대의 권력을 추구하는 동물에 비유하여 묘사됨

- 인간은 단지 권력을 수단으로 해서 무엇을 구하고자 하는 목적, 즉 수단적 동기 때문에 정치사회에서 권력을 추구하는 것이 아님

- 인간이 권력을 추구하는 동기는 그 심리적 특성 및 인간성에 깊숙이 내면화되어 있는 소위 권력의지에서 비롯됨

제 2 장   정치권력론

제1절 권력의 개념

1. 정치권력의 개념

(1) 정치권력에 대한 논의는 주로 정치사상과 법철학에서 시작되어
- 미국의 권력구조를 둘러싼 1950년대의 지배엘리트 이론과 권력다원론자들 간의 논쟁을 통하여 현대정치학에서도 크게 발전

(2) 권력(Power)은 사회적 관계에서 자신의 의사를 관철시키며 다른 사람들의 행동을 지배하는 일종의 힘
- Max Weber는 권력이란 "어떤 사회적 관계 속에서 한 행위자가 다른 사람들의 저항에도 불구하고 자신의 의지를 관철시킬 수 있는 가능성"으로 봄

(3) 정치권력은 정치학의 모든 분야에서 공통되는 기본적인 문제

① Weber : 정치란 '국가 상호간, 또한 한 국가 내부의 인간관계 상호간에 있어서의, 권력의 세계에 참가하려고 하는, 또는 권력의 분배에 영향을 미치려고 하는 노력'

② Karl Löwenstein : 정치란 '권력을 둘러싼, 즉 권력을 장악하기 위한 투쟁'

③ Hans Morgenthau : 모든 정치현상은 권력보유, 권력확대, 권력과시의 3가지 기본형에 귀착

(4) 정치권력의 기본구조

① 치자(治者)

i) 권력핵심 (군주, 대통령, 수상)
ii) 권력장치 (행정간부, 정당간부, 입법부, 사법부)

② 피치자(被治者)

i) 지지자층
ii) 우호적 중립자층(소극적 지지자층)
iii) 무관심자층
iv) 적대적 중립자층(적극적 반항자층)
v) 반항자층

2. 권력의 3가지 양태

(1) 권력과 강제

- 물리적 힘이나 강제는 권력 자체라기보다는 권력의 궁극적 기초이며 수단
- 특히 마르크스주의자들에 의해 권력의 강제적 속성이 강조됨
- 정당한 권력도 엄밀한 의미에서는 합법적 폭력을 의미

(2) 권력과 권위

- 권위(authority)는 사회적으로 인정받은 권력으로 '정당한'(legitimate) 권력이라고 지칭됨
- 오늘날 정당한 권력은 국민의 동의에 기반하는 권력, 또는 합법적인 권력을 의미

① 베버는 권위의 기반을 3가지로 나눔

- '합리적·법적'(rational-legal)인 것: 지배자의 명령·권력의 합법성에 대한 신념에 의거
- '전통적'(traditional)인 것: 역사적 권위에 따른 지배방식 (전근대성, 후진성)
- '카리스마적'(charismatic)인 것: 특정 인물이나 초인간적 힘에 의한 지배형식(히틀러, 선동정치가)

i) 합법적·법적 권위 : 권위의 기반이 법률적 규범에 있는 것

ii) 전통적 권위 : 권위의 기반이 그 사회의 전통에 의해 확립된 것으로 가부장적 권위, 군부의 권위 등

iii) 카리스마적 권위 : 카리스마란 타고난 권능을 의미하는 것으로 권위의 기반이 지도자에 대한 감정적 추종에 있는 것

▶ 베버의 3가지 유형의 권위는 이론적 분석을 위한 이념형(ideal types)이므로 현실에서는 여러 유형의 권위가 혼재함

② 권력과 권위의 차이

i) 권력은 힘의 차이로서 나타나지만, 권위는 가치상의 차이로 나타남

ii) 권력은 타율적·외면적 성격을 지니나, 권위는 자율적·내면적 성격을 지님

iii) 권력은 조직을 매개로 하는 합목적성을 지니나, 권위는 인간 본연의 결합관계에 내재하는 자발성을 가짐

iv) 권력은 규범의식·외면적 위엄·통용성(通用性)과 관련되나, 권위에는 가치의식·내면적 존엄·타당성(妥當性)이 따름

(3) 권력과 영향력

- 권력의 양태와 관련되는 것 중에 가장 혼란이 많은 것
- 대개는 2개로 나뉨

i) 권력을 영향력의 특수한 형태로 보는 견해(Dahl, Lasswell)
ii) 영향력을 권위의 특정한 형태로 보는 견해(P. Bachrach, M. S. Baratz)

① R. Dahl : 권력이란 '복종하지 않았을 경우 가혹한 손실을 입힐 수 있는 특별한 영향력'이라 정의

② P. Bachrach : 영향력이란 '비강압적이고 설득력 있는 권력'이라고 정의

(4) 권력·영향력·권위 비교

i) 권력은 개인 또는 집단의 상호간의 관계로서 나타나 어떤 한 쪽이 다른 쪽에다 미치게 하는 영향력
- 이스턴(D. Easton)은 권력을 행사하는 측이 의도를 하느냐 또는 않느냐에 따라서, 즉 의도하지 않은 경우를 순수세력으로, 의도할 경우를 권력이라고 칭함.

ii) 영향력은 직업별 넓은 영역에 걸쳐서 나타남
- 이를테면 직접 정치권력에 관계되어 있는 직함(각부장관, 국회의원 등), 전통적 영예(귀족과 명문가족 등), 경제적인 지배력(은행장 및 회사사장 등), 종교적 위력(목사, 교주, 스님 등), 기타 전문적인 지식과 기능 등에 의한 발언권과 여러 직함이 복합하여 영향력을 구성

iii) 롱(D.H. Wrong)은 권위를 합법적인 권력으로서 복종이 그의 의무라는 신념에 근거한 대상에 자발적인 복종을 전제로 하는 개념으로 정의

3. 정치권력의 특성

(1) 정치권력은 여러 권력의 한 유형이지만 여타 사회적 관계를 지배할 수 있는 포괄적이고 집중적인 성격을 가짐
- 통상 국가기구를 중심으로 한 지배권력을 정치권력으로 봄
- 즉 국가권력이 정치권력의 핵심

(2) 정치권력의 특성

① 일반성 : 정치권력은 사회권력의 일종이나 국가영토 내에 포괄적으로 행사되는 성격을 가짐
② 집중성 : 정치권력은 하나의 최고 권력을 정점으로 통합, 집중되는 경향을 지님
③ 잔존성 : 정치사회의 존재는 정치권력의 존재와 함께하는 것이며, 그 주체가 바뀌더라도 권력은 지속됨
④ 강제성 : 정치권력은 불복종시 처벌을 할 수 있으며, 여타의 권력도 궁극적으로는 정치권력의 물리적 수단에 의존함

4. 권력설의 구분

(1) 실체설

- 권력을 하나의 실체로 생각하는 관점
- 소수의 치자, 즉 권력자의 역할을 중시하는 특징
- 즉 실체를 가진 소수의 사람들이 권력을 장악하여 다수의 사람들을 지배한다는 관점
- 이를테면 "권력을 장악한다"라든가 "권력의 좌에 오른다" 등은 실체설에 입각한 표현

- 홉스(Hobbes)에 의해서 대표
- 헤겔(Hegel)·마르크스(Marx)·스탈린(Stalin) 등 많은 추종자들 존재
- 소수 치자의 강제적 측면을 강조하는 점이 그 특징
- 반면, 피치자의 동의를 무시 내지 경시하는 경향

(2) 관계설

- 권력을 치자와 피치자 사이의 관계로 보는 관점
- 구체적인 권력관계는 인간과 인간집단 상호 간에서의 자기평가와 타자평가의 무한한 왕복과정을 내포하고 있다는 주장
- 즉 권력을 장악한 자는 부당한 강제만으로써 사람들을 복종시켜 나갈 수 없다는 주장
- 영국의 로크(J. Locke)에 의해 대표
- 앵글로색슨계의 정치학자들에 의해서 지지됨
- 치자와 피치자 사이의 상호작용 내지 동의를 강조함이 그 특징
- 반면, 권력관계에서의 강제의 계기를 무시 내지 경시하는 경향

(3) 경험설

- 다원주의 권력론자들이 중심이 되어 권력을 측정할 수 있다는 전제 하에서 권력개념을 보다 과학적으로 설명하기 위해 기호논리를 도입
- 모든 힘의 관계가 권력을 중심으로 관계된다는 지금까지의 일반론을 반대하고, 권력 이외의 기타 개념
- 이를테면 권위, 설득, 조정, 영향력, 폭력, 강제 및 위협 등에 의한 힘의 관계도 함께 중시되어야 함을 강조

- 일정한 상황에만 국한하여 권력을 측정하도록 한 점
- 다만, 보편적인 인간상호 간의 힘의 관계를 전면적으로 설명할 수 없는 한계

제2절 정치권력의 발동

1. 권력의 발생조건과 근거

(1) 권력발생의 전제조건은 인간관계에서의 '소질상의 차이'
- 즉 개인 간의 정신적·물질적 측면에서의 차이가 그 조건

(2) 권력의 발생근거는 한 사회를 형성하여 이를 계속 유지, 발전시킬 필요성에서 비롯
- 내재적으로는 내부의 분열적·반항적 경향을 억제하고
- 외부적으로는 외적의 침입을 방지하여 그 사회의 존립을 공고히 하고자 하는 필요에서 발생.

(3) 이론적 접근

① T. Hobbes : 자원을 둘러싼 경쟁과 갈등이 권력현상을 초래하기도 하지만, 인간에게는 타인을 지배하려는 권력의지가 근본적으로 내재
② K. Marx : 권력현상의 배경으로 사회경제적인 조건을 중시하였을 뿐만 아니라, 인간의 본성도 '자신의 사회적 관계의 총화'로서 사회의 변화와 더불어 변화한다고 봄. 생산의 사적

소유에 따른 불평등이 적대적 권력관계를 악화시킴
③ C. E. Merriam : 심리학을 정치학에 도입, 인간의 권력욕은 보편적이나 개인적 편차를 보인다고 주장
④ H. Lasswell : 가치박탈에 대한 보상심리가 강한 사람들이 권력을 추구하는 경향을 보인다고 설명

2. 권력과 지배

(1) 권력은 사회적 관계를 지배하는 대표적인 힘이며, 이러한 정치권력을 장악하고 있는 사람들이 지배집단 내지 지배계급

(2) 지배력의 기반에 대한 이론적 접근

① Marx : 경제적 지배가 그 사회의 핵심적 권력이자 정치권력의 기반
② Poulantzas : 경제적 지배력 외에도 사회적 존경, 학식, 폭력 등 다양한 기반에 대해 언급함으로써 경제적 지배의 우월성을 전제로 한 정치권력의 상대적 자율성을 주장
③ Weber : 권력획득의 기반으로,
i) 우월한 사회적 조직력
ii) 전통·카리스마·법 등에 기초한 정당화된 권위
iii) 사회적 특권 등을 지적. 또한 이러한 권력자원의 기초로 경제적 요소가 중요함을 피력
④ T. Parsons, R. Dahl : 통합론적 관점에서 정치권력을 지배, 복종관계로만 파악해서는 안 된다고 주장
- 각 개인이 가진 기능의 차이에 따른 체계내의 기능분담이 정치권력의 사회적 계층구조가 된다고 봄

3. 소수지배의 원칙

(1) 현실 정치세계에서 보여 지는 소수 지배의 현상에 대해서는 엘리트 이론가들에 의해 많이 연구되고 주장됨(G. Mosca, R. Michels)

(2) G. Mosca의 소수지배의 원칙

① 모든 정치사회에는 조직화된 소수(minority)가 조직화되지 못한 다수(majority)를 지배하는 현상이 항상 존재
② 소수 지배자는 권력지속을 위해 권력행사를 정당화시키고 대중을 조작하기 위해 '지배이데올로기'를 형성
- 지배이데올로기는 대중의 수동적 복종으로 더 강화됨
③ 정치(政治)의 공식(公式) : 권력엘리트가 권력의 힘에 의해서만 권력의 정당화를 꾀하는 것이 아니라, 권력의 도덕적·법적 기초도 발견하려는 것

(3) R. Michels의 과두제의 철칙(iron law of oligarchy)

- 소수가 다수를 지배하는 것은 어느 조직에서나 나타나는 필연적인 현상
- '독일 사회민주당'에 대한 경험적 연구

① 과두지배 현상은 대규모 조직운영의 기술적·행정적 필요에 의해 시작됨
- 조직의 과두제적 경향은 지도자를 기대하고 이에 복종하려는 대중의 심리적 요인에 의해 강화
② 지도자의 지배기술, 집단의 문화, 지도자의 관직에 대한

권위의식, 여타의 개인적 자질 등은 지도자의 영향력을 더욱 크게 함
③ 대중의 무관심, 지적·교육적 열등성은 그들의 영향력 감소를 초래
④ 지도자들은 이후 조직구성원 등의 이해관계나 조직의 공동 목적보다는, 자신의 지위 및 권력의 유지를 우선하는 의무감이나 사면감에서의 '심리적 변화'를 일으킴

4. 지배의 제 수단

- 프란츠 노이만(F. Neumann)은 지배의 기본적인 3가지 방법으로서 설득, 물질적 이득, 물리적 강제-폭력 등을 지적
- 그 중 물질적 이득이라는 것은 설득을 하기 위한 수단
- 결국 치자측이 단행하는 정치권력 발동의 형식은 설득과 강제의 2가지로 요약
- 예로부터 지배의 수단으로는 사탕과자와 채찍이라는 말로 사용됨
- 사탕과자는 설득으로, 채찍은 강제의 뜻으로 나온 말

(1) 설득적 방법

- 설득이라는 것은 강제에 의하지 않고 지배자가 피지배자의 이성이나 감정에 호소함으로써 복종을 얻어내려는 수단
- 이러한 수단은 비단 그들의 이성뿐만 아니라 감정이나 공리성에 호소하여 지지나 충성심을 획득하려고 하는 것
- 그 방법으로는,
i) 이성에 호소하는 설득(적극적 복종자에 대한 가치배분)
▶ 가장 바람직한 설득방법(각종 백서, 정당의 선전문서, 보고서 등)
ii) 전통과 관습에 의한 설득(피치자의 충성심을 불러일으킴)
▶ 장엄한 의식(儀式) 등

iii) 가치부여에 의한 설득(공리적 복종으로 표현, 여러 가지 보장에 의한 설득) 등
▶ 가장 원시적 방법(이기심, 명예심, 허영심에 호소)

(2) 강제적 방법

- 강제(채찍)라는 것은 일반적으로 피치자의 자유의사에 의한 행동을 억제하여 그들에게 일정한 행동을 강요할 수 있는 힘
- 이 방법으로는,
i) 가치박탈
▶ 공리적 복종 혹은 공포에 의한 복종으로 표현으로, 고용의 거부, 승급승진의 정지, 조세정책, 면직 등
ii) 심리적 폭력
▶ 공포에 의한 복종으로, 과거 파시즘 권력에 의해서 처음 사용
iii) 물리적 폭력
▶ 군대와 경찰과 교도소 등 물리적인 강제력을 발동 등

(3) 입체적 공작의 필요성

- 지배수단에서는 자기편 집단의 조직 강화, 대중적 동의의 획득, 적대적 집단의 약화 등이 서로 연관되는 입체적인 공작이 필요
- 그 분류로는,
i) 내부공작
▶ 신념체계나 일체감조성, 자체조직 정비, 기동력 및 공격력, 조직 내 민주주의 확립, 우호집단과의 행동통일
ii) 대중공작
▶ 적극적 공작, 소극적 공작

iii) 대적(對敵)공작 등
▶ 고립정책, 분열정책, 타협정책, 격멸(섬멸)

(4) 지배수단에 대한 제 견해
- 지배의 안정화 과정
- 지배의 수단 → 사탕과자 vs 채찍
- 권력 장악과 이를 유지·확대시키기 위한 수단
① Max Weber : i) 감정이입, ii) 암시·시사, iii) 설득 등 3가지 방법
② C. E. Merriam : i) 폭력-물리적 강제, ii) 관습, iii) 상징과 의식, iv) 합리적 동의와 참정, v) 전략, vi) 지도력 등 6가지 제시
③ H. D. Lasswell : i) 상징, ii) 폭력, iii) 재화, iv) 정략 등 4가지 방법
④ Franz Neumann : i) 설득, ii) 물질적 이득, iii) 물리적 강제(폭력) 등 3가지 제시
⑤ Hermann Heller : i) 설득, ii) 강제 등 2가지 요약

5. 권력(지배)의 상징조작

(1) 권력의 '동일화 상징'(symbol of identification)

- 인간의 정서적인 면에 호소하는 상징
- 어떤 정서적인 공감의 유대를 희구하며, 심리에 호소하는 상징
- 그것을 바라볼 때, 또는 그 노래를 같이 부를 때, 모두가 동일한 집단의 일부라는 일체감을 자아내게 하는 것과 같은 상징 (symbol)
- 이러한 '동일시(同一視)의 상징'을 이용하여 국민의 마음을 규

합시키려는 것
→ 권력의 미란다

(2) 권력의 '합리화 상징'

- 인간의 이지적인 면에 호소하는 상징
- 어떤 질서에 귀속되기를 바라며, 심리에 호소하는 상징
- 이치적으로 생각하여 매우 타당한 것으로 보고, 그 조직체를 지지케 하는 것과 같은 상징
- 이러한 '합리화(合理化)의 상징'을 이용하여 국민에게 정통성을 합리적으로 설명하려는 것
→ 권력의 크레덴다

6. 권력의 「미란다」와 「크레덴다」

(1) '미란다'(miranda)

- 인간의 정서적·비합리적 측면에 호소
- 동일시의 상징을 이용, 국민의 마음을 규합시키려는 것
- 본래 '감탄할 만한'이라는 의미의 라틴어
- 메리암(C.E. Merriam)은 권력을 신비롭고·성스럽고·웅대하고·감탄할 만한 것으로 보고, 미화시키는 측면을 권력의 미란다라고 호칭

(2) '크레덴다'(credenda)

- 이론이나 신조체계 등의 지적·합리적인 요소에 의해서 권위를 획득하려는 것
- 권력에 대한 일종의 호교(護敎)적인 역할을 수행하는 기본원리

의 표명
- 본래 신학용어로서, 신조라든가 기성교회가 공인하는 표준적인 교의의 의미로 사용
- 메리암(C.E. Merriam)은 권력을 정당화·합리화시키는 측면을, 권력의 크레덴다로 호칭

(3) 권력의 '미란다'와 정치적 상징조작

- 상징의 조작은 비단 정치집단에서만 특유한 것이 아니며, 종교적·문화적·경제적 및 기타의 여러 집단의 생활과정에서도 특징적인 것으로 됨

▶ 미란다의 상징조작 방식

① 각종 기념일(국경일)의 설정: 국민적 사기(士氣)와 국민통합의 의식 앙양
② 공공장소의 설립과 기념적인 건조물의 건립: 국민적 자부심과 위압감 고취
③ 특정 음악의 장려와 금지: 프랑스 대혁명 때의 La Marseillaise나 오스트리아의 메테르니히 治下 때 스트라우스의 왈츠
④ 여러 가지 예술적인 의장의 제작(이를테면 깃발, 장식물, 제복, 동상, 우표 등): 나치스 독일의 卍마크, 제복의 단결심리 효과와 사회적 시위
⑤ 일화와 역사의 미화: 숭배심 조장
⑥ 집단적 의식의 장엄한 거행: 公民的 관심을 자극
⑦ 대중적 시위 등: 정치적 반대자에게 심리적 압력

(4) 권력의 '크레덴다'와 정치적 상징조작

- 정치권력이 정당화 될 수 있는 상황을 조성하는 것
▶ 메리암은 권력의 크레덴다와 정치권력의 정당성을 다음과 같이 분류함
① 정부에 대한 존경
② 복종
③ 희생
④ 합법성의 독점 등

제3절 정치적 리더십과 정치 엘리트

1. 정치적 리더십

(1) 리더십의 개념

- 지도권, 지도력, 지도적 지위, 지도자로서의 능력, 지도관계 등의 다양한 의미
- 영향력의 일종이지만, 문자 그대로 지도자와 추종자와의 관계에서 보여 지는 영향력
- 추종자가 지도자의 지도를 자발적으로 받아들여, 동일한 집단적 목적을 달성시키기 위하여 서로 협력하는 것
- 어떤 집단이 공동으로 추구하는 목표를 달성시키기 위해서 조직적·집단적 및 자발적 노력을 동원하는 작용

i) 넓은 의미:
- 집단성원으로 하여금 그 집단의 목표를 달성하는 방향으로 행동하도록 하는 모든 작용
ii) 좁은 의미:
- 그 작용이 전적으로 집단성원의 자발성을 자극하는 것. 즉 한 집단에서의 타인의 행동에 영향을 미치는 것
- 또한 이를 위해 그 집단이 추구해야 할 목표와 그 목표의 달성방법을 최종적으로 결정하고, 나아가 그 집단의 규범이나 특정한 사회적 규범 등을 창출해내는 행동

(2) 리더십의 자질

① 미헬스(R. Michels)는 지도자의 자질로서,
i) 웅변, ii) 의지력, iii) 정열, iv) 지력, v) 도덕성, vi) 체력 등

② 메리암(C. E. Merriam)
i) 주위에서 전개되는 여러 가지 사태를 지각할 수 있는 고도의 사회적 감수성을 가질 것
ii) 많은 사람들과 직접 접촉할 수 있는 고도의 친근성을 가질 것
iii) 단체교섭에서의 위대한 재능을 가질 것
iv) 극적인 표현능력을 가질 것
v) 일정한 법식이나 여러 가지 정책·이데올로기·전략·계획 등을 창안해 낼 수 있는 능력을 가질 것
vi) 고도의 용기를 가질 것 등

③ 베버(Max Weber)
- 정치를 직업으로 하는 정치가에게는 특별한 자질의 구비가

필요하다고 보봄
- 그 결정적인 중요한 자질로서 i) 정열, ii) 책임감, iii) 판단력(사물과 인간과의 균형감) 등을 열거

i) 정열 → 직업으로서 선택한 일에 열과 성을 다하여 헌신적으로 몰두하는 것이고
ii) 책임감 → 특히 직업으로서 정치를 선택한 정치가들이 따라야 할 윤리임
- 정치가는 동기의 순수성을 강조하는 '심정윤리'(心情倫理)뿐만 아니라, 행위의 결과에 대해서도 책임을 지는 '책임윤리'(責任倫理)를 잊어서는 안 됨
iii) 판단력(관찰력) → 정신을 집중시켜 냉정하게 현실을 있는 그대로 관찰하여 비판하는 능력임

④ 다알(R. Dahl)은 통치자로서 될 인간의 자격요건으로서 2가지를 들고 있다,

i) 윤리적 능력을 가질 것
ii) 기술적·수단적 능력을 가질 것

- 전자(前者)는 사악한 유혹에 사로잡히지 않고 인간답게 올바르게 살려는 능력을 의미하며
- 후자(後者)는 통치자로서 목적 달성을 위해 가장 능률적이며 적절한 수단을 파악하는데 있음
- 그는 이 두 가지 능력이 결합될 때 올바른 정치능력이 형성되는 것으로 봄
- 따라서 두 가격요건이 구비되지 못하면 통치자의 지위에 오를 자격이 없다는 것임

⑤ 그 외 리더십론

- 아리스토텔레스 → 사려성(思慮性), 즉 인간의 선(善)과 악(惡)에 대한 진심한 분별성을 갖춘 행동 습성

- C. 메리안 → 고도의 사회적 민감성, 친근성, 이해조절능력, 고도의 용기

- 프롬 → 생산적인 사랑, 즉 염려, 책임, 존경, 지식

- R.M. Stogdill → 기민성, 독창력, 판단력, 체력, 신뢰성, 진취성, 활동성, 사교성, 협동정신, 적응성을 제시

(3) 리더십 유형

① 전통적 리더십

- 신분적 리더십. 정치를 군주, 귀족, 명망가 등과 같은 특권적 신분의 '고귀한 의무'(noblesse oblige)로 간주
- 전근대적 봉건사회에서 보여 진 것과 같은 타입의 리더십
- 지도자는 그 능력이라든가 민중의 지지에 의해서가 아니라, 그 신분에 의해서 그 지위에 올라 관습과 전통적 형식에 의거하여 지배

② 대표적 리더십

- 근대와 현대의 안정된 정치사회에서 성립되는 전형적 타입의 리더십
- 지도자가 그 사회의 내부에 존재하고 있는 여러 가지 이해

와 요구 및 기타의 가치를 표현하고 대표하는 유형

③ 투기적 리더십

- 선동적 리더십
- 경제적 불황이나 패전 등의 혼란기에 일반대중의 심각한 욕구불만을 투기적으로 충족시키려는 의도 하에 등장하는 것
- 일반대중은 자신의 욕구불만을 해소시킬 수 없을 때 일종의 선동적 해결방법에 기대를 갖는 이유도 있음
- 가령 실적주의보다 요령주의가 보다 더 지배적인 사회적 분위기, 일확천금을 바라는 기풍 등은 이러한 리더십을 희구하게 됨

④ 창조적 리더십

- 새로 제시되는 비전에 부합되는 이론체계로써 무장되는 리더십
- 기존의 가치체계 자체의 변혁을 지향함으로써 리더십을 획득하려고 하는 것
- 종래의 가치체계나 생활양식에 대신하는 새로운 비전이 제시되며, 체제의 변혁이라는 과제가 제시되는 것
- 새로운 비전 제시는 그동안 욕구불만을 느끼는 사람들에게는 커다란 매력

⑤ 민주적 리더십

- 민주적 지도자는 피지배자의 윤리적이며 인격적인 교감관계를 그 지지로 삼고 있음
- 시대적 상황에 적합한 창조적 플랜을 작성하여야 함
- 이 리더십의 지도자는 피지배자 속에서 선출되며, 공개적으로 행동하며, 비판을 받으며, 책임을 지며, 끊임없이 경질·유동

⑥ 전체주의적 리더십

- 파시즘의 경우에서 전형적으로 보여 지고 있는 리더십
- 파시즘의 리더는 대중심리의 마이너스면, 이를테면 정서적인 면과 공격성향을 극도로 교묘하게 이용하는 것
- 즉 사회적 불안에 떨고 있는 일반대중에 대해서 구체적인 실현가능성 있는 복지증진정책을 제시하는 대신에, 유태인 학살·반자본주의·반사회주의·반유태주의 등을 내걸고 대중에게 호소함과 더불어 '피의 신화'
- 즉 우수민족의 신화를 만들어 대중을 선동하는 것

⑦ 권위주의적 리더십

i) 뢰벤슈타인(K. Lowenstein)
- 단일한 권력보유자가 일반국민으로 하여금 국가의사를 형성하는 데 효과적으로 참여할 수 없도록 권력을 독점하는 정치적 조직으로 파악
ii) 알몬드(G. A. Almond)
- 권위주의와 전체주의를 구별 짓는 요소로서 다원주의와 정태성을 지적

⑧ 카리스마적 리더십

- 리더의 특출한 성격과 능력에 의하여 추종자들의 강한 헌신과 리더와의 일체화를 이끌어 내는 리더십
- 카리스마, 즉 부하들이 리더를 지원하고 수용하도록 만드는 대인적 매력

i) 자신감이 강하고
ii) 자신의 소신과 이상을 확신하며
iii) 다른 사람에게 영향력을 행사하려는 욕구가 강하고
iv) 자신이 부하들에게 기대와 신뢰를 많이 한다는 것 등

⑨ 관료주의적 리더십

- 사회가 관료화 내지 조직화됨에 따라서 등장하게 되는 유형
- 새로이 상황을 타개하려는 적극성을 결여하는 결과, 경제공황과 같은 위기현상에서는 부적합한 리더십
- 관료형의 리더는 안정된 호경기(好景氣) 시기에는 환영을 받게 됨

2. 정치 엘리트와 대중

(1) 엘리트의 개념

① 엘리트란 특정 영역에서 우월한 지위와 영향력을 행사하는 소수이며 비엘리트에 비해 조직화된 특성을 지님
② 대중은 상대적으로 엘리트에 비해 매우 적은 영향력을 행사하거나 단지 영향력의 수동적 대상이 되는 비조직화된 개별 인간들의 집합체

(2) 고전적 엘리트론

- 고전적 엘리트 이론은 Pareto, Mosca, Michels 등의 학자에 의해 연구
- 정권 야합을 특징으로 한 당시 이탈리아 의회 정치에 반발한 이탈리아 학자들

① V. Pareto : 인간활동의 모든 분야를 점수로 매길 수 있을 때 최고의 점수를 획득하는 계급이 바로 엘리트
② G. Mosca : 엘리트를 지배계급이라는 관점에서 고찰. 조직화된 소수가 비조직화된 다수를 지배하는 것은 필연적
③ R. Michels : 조직의 불가피성과 노동의 분화에 따라 소수 엘리트의 지배현상은 필연적

(3) 현대 엘리트론

① 다원적 엘리트론 : J. Schumpeter와 R. Dahl이 엘리트 이론을 현대 민주주의 사상과 결합시킴
- 한 사회는 엘리트와 대중의 이원적인 조직으로 구성되어 잇는 것이 아니라 엘리트도 서로 다른 성격의 여러 유형이 있음을 주장
② 파워 엘리트론 : C. W. Mills는 미국의 실증적 분석을 통하여 권력과 사회적 가치를 독점적으로 차지하고 있는 단일적 집단을 Power Elite라 부름
- 미국 내에서는 군부, 행정관료, 기업체의 3영역에서 최고의 지위에 있는 엘리트들이 서로 긴밀하게 연결되어 있음

3. 엘리트 권력논쟁

(1) 지배엘리트 권력론

- 고전엘리트 이론과 맥을 같이하며, 모든 정치사회에는 소수의 지배엘리트들이 다수의 대중을 규제, 통제한다고 주장

① 한 사회는 개인 간의 권력관계가 피라미드형으로 구조를

이루고 있음
- 권력구조 속에서 최정점을 차지하고 있는 성원이 통치(지배)엘리트
② F. Hunter와 Mills의 권력이론이 이에 해당하며 통치엘리트 권력론이라고도 함
- Miliband도 포함

(2) 다원주의 권력론

- Dahl, Polsby, Wolfinger 등의 다원론자들이 통치 엘리트 권력론을 비판하기 위해서 주장한 이론

① 전제
i) 다양한 이익집단의 상호견제와 통제
ii) 정부 내의 권력의 분립 및 분산
iii) 사회의 구성원들이 서로 다른 집단에 중복, 교차하여 가입
iv) 민주적 절차 등 사회의 기본적 윤리나 가치에 대한 사회 구성원의 합의가 존재

② 내용
i) 축소주의
- 권력의 범위나 파급분야가 조사되어야 함
- 잠재적 권력과 실재적 권력은 다름
- 권력 엘리트의 영향력 파급분야는 공공분야에 국한됨
ii) 합법성
- 권력에의 복종은 단순한 가치박탈에 기인하는 공포 때문이 아니라, 복종자의 이익에도 부합하기 때문이라는 합법성의 개념 도입

(3) 신통치 권력론

- 다원권력론을 비판하기 위해 Bachrach, Baratz 등이 주장

① 특정한 결정은 권력 때문에 이루어지기도 하지만, 권력과 유사개념인 힘(force)이나 영향력(influence), 권위(authority)에 의해서도 이루어짐
② 또한 권력엘리트들이 대중의 정치적 무관심을 의식적으로 조작하여 정치 전반을 의도대로 이끌어 감
③ 이외에도 각 권력엘리트간의 야합가능성을 간과하고 국가기구가 반드시 국민들의 의사를 집약하는 자율적인 기구는 아니라는 점 등이 다원권력론의 맹점이라고 비판

제4절 정치권력의 변동

1. 정치권력 변동의 의미

- 정치권력의 변동은 ▽통치조직 내부의 변동, ▽권력의 최고담당자의 변동, ▽지배관계 자체의 변동 등 3구분

i) 통치조직 내부의 변동은 통치조직을 구성하고 있는 각 기관 사이에서 권한관계의 비중이 변동하는 경우
ii) 권력의 최고담당자의 변동은 통치조직을 구성하는 기관 상호 간의 변혁이 아니라 통치기구의 최고지도자가 교체되는 경우

iii) 지배관계 자체의 변동은 변혁이 단지 통치조직 내부에만 머물지 않고 지배관계 자체의 전반에 걸친 근본적 변혁에까지 미치는 경우, 이것이 본래 의미의 혁명이라는 것

2. 정치권력의 기능화 과정

- 정치권력의 유지·확대의 과정을 의미

(1) 정치권력의 획득

- 세습적 계승, 점령, 혁명과 쿠데타, 선거 등의 방법

(2) 물리적 강제력의 독점

- 군대와 경찰 같은 물리적 강제력의 독점은 체제유지 및 보존에 가장 기본적인 사항

(3) 정통성 획득

- 역사적 정통성 내지 도덕적 정통성의 확보를 시도

(4) 모든 가치의 배분

- 정치권력의 안정도에 따라 피치자에게 가치를 부여하는 것은 정치적 통합과 안정을 위해서 필요

(5) 제도의 기능화

- 이상의 단계를 거쳐 비로소 제도의 기능화라는 목적을 달성

3. 정치권력 변동의 제 양식

- 정치권력의 변동이란 정치적 안정이 상실됨으로써 권력자의 교체나 지배관계의 변화 등이 생기는 것

(1) 쿠데타(coup d`etat)

- 제한된 폭력을 행사하여 정부당국의 지위를 기습적으로 탈취하는 행동을 의미
- 보통은 동일한 지배계급 내의 권력의 탈취투쟁에 의해서 정권이 이동하는 것
- 소수자에 의한 정권탈취 행동
- 비합법적·위헌적 행위
- 불안정한 국가에서 빈번히 발생
- 군인에 의한 쿠데타 용이
- 사회의 근본적 변혁 시도하지 않음
- 성공 후 인민투표(plebiscite)를 실시하는 경향

▶ referendum과 plebiscite 차이
- 레퍼랜덤(referendum) → 국회에서 제정된 법안이나 국가 안위와 관련된 중요한 정책에 대한 승인, 또는 거부를 국민투표로 결정하는 방식
- 플레비사이트(plebiscite) → 정치적으로 중요한 사건을 국민투표에 의해서 결정하는 제도로서, 예를 들면 혁명, 쿠데타로 집권한 권력이 정책의 정당성을 묻기 위한 또는 집권에 대한 신임투표

(2) 혁명(revolution)

① 개념 : 혁명이란 피지배계급이 기존체제를 변혁시키려고 비합법적인 방법으로 정치권력을 지배계급으로부터 빼앗으려는 권력교체의 양식
- 피지배계급이 기존체제를 변혁시키려고 하는 방법
- 정치권력을 지배계급으로부터 빼앗으려는 권력교체의 양식
② 혁명의 내용 : 혁명은 정치권 권력이나 권위의 폭력적 이행
i) 혁명은 헌법과 같은 법적인 질서형태의 변화
ii) 혁명은 사회 시스템의 변화
iii) 혁명은 사회 구조, 특히 계급구조의 변화

③ 혁명의 전개과정 :

i) 심각한 경제적 위기에서 생겨지는 대중의 불만의 증대 →
ii) 지식인의 이반 → iii) 지배수단의 마비 → iv) 폭력일변도와 통치조직 내부의 분열 → v) 혁명의 성공

(3) 반혁명의 대표적 사례

- 혁명에 대한 반대운동으로 찰스 2세의 왕정복고(1660년)
- 프랑스 혁명에 대한 부르봉 왕조의 부활(1814년) 등

(4) 개혁(reform)
- 근본적 변혁이 아닌, 부분적, 비폭력적, 합법적 방법
- 정치 및 사회체계의 근본적인 변화가 평화적인 방법으로 이루어짐

제5절 권력의 억제와 순화

1. 정치권력 억제의 필요성

- 정치권력은 사회권력의 일종이지만, 다른 사회권력에 비해 그 힘이 미치는 범위가 일반적이며, 그 강제력이 강대함
- 최종적으로는 물리적 강제수단까지 행사할 수 있으므로 정치권력의 올바른 행사는 사회의 통합과 안정에 절대적 영향을 가지게 됨
- 액튼경(卿)(Lord Acton) '절대권력은 절대 부패한다'

2. 정치권력 억제의 방안

(1) 인물주의(personalism)

- 위정자로 하여금 올바른 인간성을 갖게 하는 방법
- 플라톤의 '철인정치', 유교의 '왕도정치' 사상은 이러한 범주에 포함됨
- 그러나 권력의 억제필요성이 근본적으로 인간과 권력에 대한 불신(不信)에서 비롯된다는 점을 고려할 때 문제가 있는 접근법

(2) 제도주의(institutionalism)

- 위정자를 보통의 인간으로 생각하여 제도적 방법에 의하여

권력의 남용을 방지한다는 사고

① 정치적 방안 : 대부분의 민주주의 제도
- 삼권분립, 헌법을 통한 기본권의 보장, 복수정당제 등
② 경제적 방안 : 자본주의 하에서 지나친 경제적 독점을 금하는 여러 방안을 통하여, 독점적인 경제 권력이 정치권력으로 이전하는 것을 막는 방법
③ 언론을 통한 방안 : 언론은 민주주의의 제4부
④ 교육적 방안 : 민주의식과 자율의식을 지닌 대중을 양성화하는 것

(3) 절충적 방안

- 현실적으로는 인물주의와 제도주의를 병용하는 절충적 방안이 가장 바람직
- 인물주의 + 제도주의

제 3 장 국가론

제1절 국가의 개념

1. 국가의 어의

(1) 국가란 영토와 인구와 주권을 갖고, 물리적 규제에 대한 독점적 권리를 가지고 있는 정부를 통해 그의 인민에 대한 권위를 행사하는, 한 사회의 포괄적 정치 조직

(2) Weber: 국가란 "일정한 영역 안에서 정당한 물리적 강제력의 독점을 효과적으로 요구하는 강제적 조직"

(3) 국가(state)라는 개념은 근대(近代)에 비로소 등장
- 근대 이전에는 동·서양을 막론하고 사회가 곧 국가를 의미

(4) 국가가 다른 모든 사회조직과 구별되는 것은 '보편적 회원제'(universal membership)와 '강제력'(power of compulsion)
- J.F. Stiglitz

2. 국가의 요소와 특징

(1) 국가의 요소

- 국가는 인민·영토·주권의 3요소로 구성
- 이외에도 가변적인 요소로 정부를 포함시키기도 함
i) 국경에 의해서 다른 나라와 구분된 '영토'(領土)
ii) 국가에 귀속되어 있는 '국민'(國民)
iii) 국가 내에서 유일 최고의 권위를 가진 '주권'(主權)

(2) 국가의 특징

i) 국가는 포괄적 정치제도 : 국가라는 일정영역에 속하는 사람들은 모두가 국가의 구성원이며, 국가의 명령과 집행에 복종해야 함
ii) 국가는 그 목적이 전면적이며 총체적임
iii) 국가는 가입과 탈퇴의 임의성이 배제되거나 어렵게 되어 있음
iv) 국가는 다른 조직체와는 달리 구성원에 대하여 합법적으로 제정된 법과 명령을 강압적으로 집행할 수 있는 권력을 보유
v) 국가가 행사하는 권력이나 명령은 반드시 일반 국민들의 동의를 받아야 하며, 일정한 합의 절차에 의해서만 정당성을 획득할 수 있음

3. 국가의 본질과 기능

(1) 국가의 본질

- 국가의 필요성과 도덕성의 존재여부가 국가의 본질을 논의

하는 핵심적인 이유이며
- 이 문제는 국가가 자연적 산물인가, 인공적 산물인가의 문제와 연결됨

① 국가가 자연물이라는 견해
- 국가를 자연적 창조물로 보면서, 국가를 필요선이자 도덕성을 가지는 결합체로 파악하는 견해

i) Aristotle : 국가란 "인간의 본성에 기인하여 최선의 삶을 목적으로 하는 자족적 인간결합"
ii) 근대 이전의 견해로 국가의 도덕성과 필요성을 강조

② 국가가 인공물이라는 견해
- 국가는 인간본성의 자연적 산물이 아니라, 그 한계로 말미암은 인공적 산물

i) Hobbes, Locke : 인간의 본성을 사회성이 아니라 개인적 공리성(功利性)에서 찾고, 국가는 '평화와 안전' 내지 '생명, 자유, 재산' 등을 유지하기 위한 타산적 목적에서 만들어진다고 간주
ii) Kant, Rousseau 등에 의하여 보완되나 기본적으로 국가의 필요성이나 도덕성을 부인하지는 않음

(2) 국가의 기능

- 국가의 가장 기본적인 기능은 사회의 질서를 유지하며, 국가의 안전을 확보하는 것에 있음

① 국가 실력설
i) 국가를 정치의 현실성 속에서 파악. 국민을 지배하기 위한 강력한 힘의 행사로 인식하며, 국가만이 정치의 효율성과 지속성을 가진다고 봄
ii) Machiavelli, Schmitt, Mosca, Pareto와 같은 엘리트주의자의 국가관과 미르크스주의자의 국가관도 이에 포함
- 지배자 중심의 논리로 흐름

② 국가의 법적 인식론
i) 국가의 행위나 의미를 법의 형성과 그 법에 의한 영향력 행사로 파악
ii) 관료의 행정집행 등을 국가의 기반으로 파악하는 H. Kelsen, Weber 등이 이에 해당
iii) 관료국가의 성격을 중요시하였으므로 관변적인 국가론으로 발전함

③ 국가 정당성론
i) 국가의 기본원칙과 행위는 국가 구성원의 자발적인 지지로서 이루어지며, 국가는 국민의 복리를 증진하고 안전과 자유를 보장하기 위해 존재함
ii) 국가를 다양한 이익집단의 조정과 통합의 구심체로 인식하는 다원주의 국가론으로 정착

제2절 국가의 역사

- 사회과학에서 국가를 언급할 때, 그것은 '근대국가'를 의미

1. 고대국가

- 귀족권력의 핵심기관이며, 정치는 귀족중심의 지배세력에 의한 것
- 이러한 성격의 국가는 부족국가나 도시국가와 같이 한정된 좁은 지역에서 통치기능을 수행

2. 봉건국가

- 중세 봉건영주들이 정치에서 중심적인 위치를 차지하고, 군주는 단지 형식적이거나 의례적인 존재에 불과
- 국가에 대한 교황의 통제권이 막강했으므로 국가의 일정지역 내에서의 독점적 영향력 행사는 사실상 미약했음

3. 근대국가

- 봉건제가 몰락하고 부르주아가 대두했던 시기부터 등장
- 이 시기의 중요한 권력 행사자는 귀족과 부르주아의 연합세력
- 근대국가에서부터 군주의 권한이 강화

- 근대국가에서 절대주의체제로의 지향은 주로 상비군과 전문적 관료, 성문화된 법전의 체계적인 정비를 통하여 이루어짐

※ 근대국가의 등장배경
i) 경제적으로 중세 봉건제적 생산양식으로부터 자본주의적 생산양식으로 발전
ii) 부르주아가 중요한 사회계급으로 부상
iii) 농촌 중심의 생활환경이 도시 중심으로 옮아감
iv) 교권(敎權)중심에서 벗어나 계몽주의와 인권사상이 대두
v) 과학발전에 힘입어 이성과 합리성에 바탕을 둔 사고가 보편화

4. 절대주의국가

- 부르주아 시민사회의 대두에 따라 시민권의 개념이 발달하고, 이 시기부터 민족국가가 대두
- 각 민족 국가 간의 주권의 대등성과 보편성이 강조되고, 국제사회에서 국가의 우위권 다툼이 등장

제3절 전통적 국가론

1. Aristotle

(1) 국가 또는 polis는 '본질적으로 공동체의 한 형태'로 자연의 창조물임

(2) 자연적 결합체인 폴리스는 타인과 결합하려는 인간의 자연적 본능과 일치하는 결합 - 자연적 국가론의 시초

(3) 폴리스는 자족적(自足的) 삶이라는 목적을 실현시킬 수 있는 최고 단계에 속하는 결합으로 결합 자체가 목적

2. T. Hobbes

(1) 국가의 자연 창조론에 반대하여 인간 창조론을 주장

(2) 국가(Leviathan)는 인간의 동의를 변치 않고 지속시킬 필요에서 만들어졌으며, 이와 더불어 절대적 힘과 하나의 시민적 인격이 부여된 것

3. J. Locke

(1) 국가나 정치사회의 성립의 계기를 '동의'(同意)에서 찾음

(2) 동의 자체는 '재산의 보존'이라는 목적에서 성립

(3) Hobbes와는 달리 절대군주제에서는 반대하였는데, 이는 Locke가 동의의 지속적 보존보다는 동의 그 자체를 중요시했기 때문

(4) '동의'라는 개념은 사회계약론의 전제가 되며, 동시에 부르주아의 이해를 반영하는 것

4. J. J. Reausseau

(1) 사회계약론의 도덕적 측면을 강조

(2) '일반의지의 지상명령'에 따라 각자가 자신의 인격과 모든 권력을 공동사회에 위임한 것이 구체화되면 국가

(3) 국가의 명칭 역시 수동태에서는 국가, 능동태에서는 주권(主權), 다른 것과 비교될 때에는 권력이라 함

5. I. Kant

(1) 사회계약의 도덕적 측면을 보다 체계화시킴

(2) 국가는 인간의 자유의사에 따른 자발성의 산물

(3) 국가는 자연상태를 벗어나려는 인간 요구의 산물

(4) 국가를 형성하는 '최초의 계약'은 국가 이념의 외적인 표현

(5) '국가 이념'은 개인이 아닌 국가 전체의 안녕과 행복달성에 있음

6. Hegel

(1) 가족이나 국가는 계약의 산물이 아님. 이성적 인간의 궁극적 목적은 국가 생활을 하는 것이며, 이성은 국가를 세우도록 명령

(2) 사회계약론은 국가와 시민사회를 혼동하고 국가의 목적과 시민사회의 목적을 동일시한 결과

(3) 국가는 하나의 유기체이자, '객관화된 정신' '절대정신의 체현'임

(4) 그는 계약론을 비판함으로써 Aristotle의 '자연적 국가론'을 회복

7. K. Marx

(1) Hegel을 비판하면서 현대국가를 「공산당 선언」에서 '부르주아 계급국가'로 규정

(2) 국가소멸론 : 프롤레타리아에 의한 사유재산제도의 폐지와 더불어 '국가'와 '민족' 및 '부르주아 사회'도 소멸할 것이라고 주장

(3) 국가는 한 사회의 경제적 생산양식의 반영물이자, 지배계급의 수단

8. Lenin

(1) 그에게서 국가는 지배계급의 기관이므로 노동계급이 지배계급일 때에는 노동계급을 위하여 복무함

(2) 폭력기구로서의 국가는 노동자 지배계급이 사회주의혁명을 완성시키기 위한 수단으로 활용해야 한다고 주장

(3) 국가는 반혁명세력의 도전을 차단하기 위한 프롤레타리아 계급 독재의 수단

제4절 현대의 주요 국가론

1. 국가론 부활의 이유

(1) 서구 정치학에서 1950~60년대는 전통적 정치학 연구에서 중시되던 국가현상설이 비판을 받고 대신 '정치체계'(political system)라는 개념이 각광을 받음
- '국가' 개념이 '정치체계'라는 개념으로 대체

(2) 베트남 전쟁, 신좌파운동, 흑인의 공민권운동 등 각종의 사회문제는 가치중립적인 행태과학적 정치학에 이의를 제기
- 탈(脫)행태과학 혁명이 주창됨
- 국가론 없는 정치학을 지탱해 온 다원주의적 신조로는 현대국가에서 발생하는 여러 가지 문제를 적절히 조망하기가 곤란해짐

2. 현대의 국가론

(1) 일원적 국가론(The monistic theory of the state)

- 국가를 사회의 제 영역 위에 성립하는 '전체사회'로 보고,

이 국가에 절대적인 의의를 부여함으로써 국가권력의 윤리적 측면을 강조하는 입장
- 플라톤, 아리스토텔레스와 헤겔에서 출발한 신헤겔학파 등이 이에 속함

(2) 다원적 국가론

- 주로 영국에서 나타난 것으로 근대초기의 '국가 대 개인'의 도식을 부정하고, '집단 대 국가'의 차원에서 국가를 파악하려 시도

① 내용
i) 사회의 여러 영역에서의 집단과 마찬가지로 국가를 어떤 특정한 한정된 목적을 가지는 집단 중의 하나로 봄
ii) 국가는 사회와는 본질적으로 다르고, 사회의 한 부분에 불과
iii) 국가의 운영은 소수엘리트의 독재나 계급투쟁이 아닌, 집단사이의 균형지향적 경쟁(競爭)으로 파악
iv) 20C 압도적인 국가기능의 증대와 이것으로 인하여 조성된 자유주의의 위기 상황 하에서 국가의 절대주의화를 방지하고 자유주의적 우너리를 옹호하기 위하여 주장

② 주요학자 : G. D. H. Cole, R. M. MacIver, H. J. Laski 등에 의해 주장. 이후에 R. A. Dahl이나 조합주의 국가론에 의해 계승

(3) 계급국가론

- Marx의 영향을 받은 이론들로 1970년대 Poulantzas와 Miliband의 국가론 논쟁에서 정점을 이룸

① N. Poulantzas의 구조주의 :
- 현대국가는 자본주의의 유지를 추구한다는 점에서는 기본적으로 자본가계급에 예속되지만, 자본가계급이 분열적 취약성으로 인해 자신의 이익을 충분히 실현하지 못하기 때문에 제한적으로나마 자율성을 누린다는 것
- 문제의 핵심은 국가가 자본가계급의 이익을 옹호하게 만드는 구조(構造)에 있다고 주장한 것에서 구조주의라고 명명

② R. Miliband의 도구주의 :
- 현대국가가 기본적으로는 자본가 계급의 지배도구이지만, 자본주의의 유지를 위해서는 제한적인 자율성을 가지나, 그 자율성은 Poulantzas의 주장처럼 큰 범위가 아니라고 반박

③ 신마르크스주의자들이라 명명되는 두 사람들 이외에도
- 신·구 마르크시즘의 중간에 위치하는 A. Gramsci의 헤게모니론도 계급국가론에 속함

④ 신마르크스주의자들은 마르크시즘에 입각하여 자본주의의 만성적 위기와 현대국가간의 관계에 집중하나, 제한적으로나마 국가의 자율성을 인정함으로써 舊마르크스주의자들과는 달리 자본주의 국가의 존속을 설명

(4) 최소국가 옹호론

① R. Noziek의 주장으로 늘어가는 조세부담, 복지국가의 현실에 대한 좌절, 비효율적인 정부활동 등 '거대한 정부'의 폐해를 지적
- '최소국가야말로 정당화될 수 있는 최대의 국가이며, 그 이

상의 어떠한 확대국가도 사람들의 권리를 침해한다'라는 논리

② 그러나 국가를 보는 시각이나 논리구성의 면에서는 다원주의적 국가관과 공통되는 점이 많음

(5) 헤게모니 국가론

① 1930년대 이태리 공산당의 주요 이론가이자 실천적 지식인으로 파시즘에 반대하고, 한 시대의 지배이데올로기는 지배계급을 위한 이데올로기에 불과하다는 마르크스의 주장을 그대로 수용하여 A. Gramsci가 이론을 전개

② 국가에 의해서 전개되는 정치권력을, 공개적이고 폭력적이며, 물리적 강제력을 바탕으로 하는 '물리적 정치권력'과 이념적이고 사상적이며 한 사회의 문화와 관습에 의해서 행사 유지되는 '정신적 정치권력'으로 분류

③ Hegemony란 현대국가에서 지배체제가 권력기반을 강화하기 위해서 그 사회의 문화적·이념적 통제력을 장악, 행사할 수 있는 정신적 가치체계를 의미하며, 이는 곧 지배세력에 의해 점유된 이데올로기와 같은 의미

④ 현대 자본주의 사회에서 지배계급은 지배 헤게모니를 독점적으로 활용해서 피지배계급으로부터 수동적인 지지를 확보할 수 있기 때문에 사회주의 혁명은 힘들다고 주장
- 이러한 측면에서 헤게모니는 시민사회를 구성하고 있는 사람들이 국가의 지배체제를 정당하다고 생각하고 이를 수용하는 '감정적 동일성'이라고 볼 수 있음

⑤ 지배 헤게모니의 점유여부로 사회변동을 인식하여, 혁명적이고 실천적인 지식인들의 역할을 강조

제5절 국가와 사회계약

1. 사회계급설의 의의

(1) 사회계약설은 근대에 들어와 전제군주의 자의적 지배에 항의한 신흥시민계급이 중심이 되어, 그들의 자유로운 생활을 보장하는 새로운 생활양식을 정당화하려는 이론

(2) 절대왕정의 이론적 근거인 '왕권신수설'에 대한 시민계급의 이론적 무기로서 국가나 정부의 권력의 기원을 인민의 동의에서 구하고, 권력설정의 목적을 개인의 권리와 자유 및 재산의 수호에 두는 이론

(3) 사상적으로는 계몽철학의 영향 하에 국가속의 인간의 모습을 토대로 국가권력의 본질과 내재적 한계를 밝히고, 정치적으로는 국가에 예속된 인간의 해방을 주장

2. 사회계약설의 내용

(1) 자연상태

- 당시의 사상가들은 모순에 찬 당시 사회질서에 대한 비판

의 전제로 자연상태를 가정하고, 그들로부터 국가상태로의 이행이 이루어진다고 판단

① Hobbes : 전쟁상태(만인의 만인에 대한 투쟁)를 자연상태로 파악
② Locke : 완전한 자유와 평화의 상태가 자연상태
③ Rousseau : 동물적 자연인으로서의 자유롭고 평등하며 천진한 상태. 그러나 부도덕하고 고립된 상태

(2) 사회계약(social contract)

① 근거
- 3인의 자연상태에서의 인간관에는 다소 차이가 있으나, 결국 자연상태에서 벗어나야 한다는 점에는 동의

i) 홉스 : 자연상태에서 벗어나 자연법의 실현
ii) 로크 : 심판관의 부재, 집행자의 결여, 실정법의 결여로 인한 분쟁해결 불능
iii) 루소 : 자연의 파괴를 방지하고 자기보존을 위함

② 목적
i) 홉스 : 개인의 안전과 복지
ii) 로크 : 생명, 자유, 재산의 보전
iii) 루소 : 인간의 객관적 실존조건 뿐만 아니라 주관적 실존조건(인간의 도덕화)도 함께 보장

③ 양태
i) 홉스 : 개개인의 자의에 의한 전원참여계약, 그 이행의 보증을 위해 국가가 성립

ii) 로크 : 자유로운 계약, 계약 위배 시 배제할 수 있는 최고의 권력은 국민의 수중에(저항권)
iii) 루소 : 구속적 단일계약, 개별적 개성의 전체적 위양이자 완전한 포기(저항권은 인정)

(3) 국가상태

① 홉스 : 자연상태에서 자기보존권이 전화된 것
② 로크 : 자연상태에서의 각자가 소유하던 자연권이 전화된 것
③ 루소 : 법과 국가권력은 일반의지의 단순한 집행자에 불과

(4) 국가의 해체

① 홉스 : 외적과 시민상호 간의 침해로부터 시민을 보호하지 못했을 때 해체
② 로크 : 시민사회의 해체는 외적의 침해 시, 통치의 해체는 입법부의 변경 또는 입법부가 신탁(信託) 위배 시 해체
③ 루소 : 통치권의 남용 시 해체

(5) 3인의 비교

[사회계약론]

구분	자연상태	사회계약의 목표	국가권력의 성격
홉스	"만인 대 만인의 투쟁상태"	개인의 안전과 복지	절대적(일체의 권리를 군주에게 양도 - 절대복종)
로크	"자연법 지배의 평화상태"(잠재적 투쟁상태)	생명, 자유, 재산의 보전	제한적(입법부 신탁위반 시 저항권 인정 : 이중계약설)
루소	"가장 행복하고	개인의 안전(객관	강제적(모든 권리를

| | 평등한 천진한 상태"(최선의 상태) | 적)과 도덕(주관적)의 조건 보장 | 일반의지에 무조건 양도 |

3. 결론

(1) 사회계약설은 개인을 국가구성의 원초적 단위로 보고 인간의 자유권을 인정함

(2) 사회계약설은 국가나 사회를 인간에 의해 만들어진 것으로 봄으로써 인간의 권리, 자유를 위한 개혁의 우너리로서 작용

(3) 사회나 국가 구성 시 개인의 동의를 중시

(4) 현대 자유민주주의 헌법은 사회계약의 문서라 할 수 있음

제6절 정부론

1. 정부의 의미

- 정부는 공직을 보유하고 국가를 대신하여 권위를 행사하는 특수한 사람들의 집합을 의미

(1) 기능(function)이라는 각도에서 정부란 통치, 질서유지, 규범집행의 과정임. 즉 목표달성을 위한 통치과정이라는 의미

(2) 제도(institution)라는 측면에서는 정부란 규범 또는 절차

의 지속적인 복합체이며 지위 또는 공직의 구조임

(3) 결사체(association)라는 각도에서 정부란 법령에 의해 마련된 공직을 차지하고 정부의 기능을 수행하는 모든 공·관리들의 특정한 집합을 의미

2. 정부와 국가, 사회와의 관계

(1) L. Lipson : 사회 > 국가 > 정부의 순으로 국가가 사회 안에 있으며 정부는 국가의 도구

(2) 정부, 국가, 사회의 구별은 서구 민주주의의 이론적 기반인 다원주의(pluralism)에 의해 지지
▶ pluralism → 개인이나 여러 집단이 기본으로 삼는 원칙이나 목적이 서로 다를 수 있음을 인정하는 태도

(3) 국가와 정부와의 관계

① 국가라는 것은 정부와 국민의 쌍방으로 구성된 조직집단
② 관념상으로 국가는 정부보다 높은 위치에 있는 조직집단
③ 정부는 국가의 수준에서도 존재하지만(중앙정부), 동시에 연방제 국가의 경우에는 지방자치체의 수준에서도 존재(지방정부, 주정부)
④ 국가는 외침으로 망하지 않는 한 지속되는 영구적 조직이나, 정부는 국민의 지지가 존속되는 한에서만 존립
⑤ 전체주의적 독재체제 하에서는 국가와 정부가 곧잘 동일시되므로 반정부(反政府)가 곧 반국가(反國家)로 단정되어 통제, 탄압받기도 함

[사회와 국가와의 관계]

구분	다원주의	국가주의	계급주의
정치주체	공중(시민)	대중(신민)	인민(노동자, 농민)
정치적 관계	대표자-지지자	엘리트-대중	자본가-노동자
권력소재	개인	엘리트	계급대행자(黨)
정체의 개념	정부(제도)	관료제(기관)	장치(도구)
정치적 상황	역사적 계기 (쟁점)	위기적 상황 (딜레마)	혁명적 상황 (시대적 요청)
사회단위	집단(통합)	조직(통제)	계급(억압)
사회의 성격	사회체계(문화)	사회구조 (법적질서)	사회구성체 (생산양식)
사회의 기능	통합, 의의(role)	합리화, 질서 (position)	헤게모니(location)

(4) 사회와 국가와의 관계

- 근래에는 다원주의는 민주주의로, 국가주의는 권위주의로, 계급주의는 전체주의로 발현됨
▶ 계급주의 → 계급을 중시하는 사상이나 태도
▶ 국가주의 → 국가를 가장 우월적인 조직체로 인정하고 국가권력에 사회생활의 전 영역에 걸친 광범위한 통제력을 부여하는 사상

3. 정부의 도구 (Amitai Etzioni)

- 정부가 국민의 복종을 확보하는 도구

(1) 대의명분(大義名分 - 일체화의 힘)

- 정부가 자신이 국민의 동의에 의한 존재임을 강조하면서, 자신과 국민을 일체화시킬 때 국민의 순응을 확보

- 일체화의 기반은 정부의 정당성(正當性)

(2) 물질적 보상

- 효율적인 경제정책, 적극적인 사회보장, 또는 비물질적인 것으로 치안상태의 유지, 치산치수(治山治水) 사업, 교육시설의 확충 등을 시행
- 정부의 효율성과 관련

(3) 강제(coercion)

- 그 사회 안의 강제력, 규제력을 독점
- 경찰력, 군, 사법기관 등

(4) 순응의 관습

- 사람들이 가지고 있는 법률이나 규칙 또는 정부의 명령에 순응하는 관습을 이용
- 사회화로 내면화시킬 필요

4. 정부의 기능

- 정부는 갈등을 조정하고, 일탈자를 처벌하며, 외부로부터의 공격을 방어하고
- 사회를 결속시킬 수 있는 결정을 내려주는 실체로 기능

(1) 정부의 필요성에 대한 논쟁

① 무정부주의자는 인간이 근본적으로 합리적이며 올바른 사

고를 할 수 있는 존재라는 전제하에서 정부를 불필요한 악
(惡)으로 봄(Proudon, Bakhunin)
② T. Hobbes : 정부가 없는 상태를 '고독하고 빈곤하며 야
수적이고 부족한 상태'로 묘사. 이러한 자연상태에서 만인의
만인에 대한 투쟁이 발생 - 인간사회의 갈등을 조정하는 수
단으로서 정부의 필요성을 지적

(2) 현대사회가 정부기능 확대를 요하는 배경

① 현대사회는 다(多)집단 사회 : 집단이 다양한 가치와 목적
을 지니므로 갈등조정의 필요성이 더욱 커짐
② 현대사회는 산업사회로 기능의 전문화, 보상의 차등화로
경제적 이해가 다원화
③ 현대사회는 대중사회이자, 변동하는 사회로 사회의 인정
확보가 중요

제 4 장 정치사상

제1절 정치사상

1. 정치사상의 기본성격

(1) 인간의 이성(理性)이란 사물을 논리적으로 인식하고 체계화하는 능력, 그리고 무엇이 옳고 그른가를 분별하는 윤리적 판단의 능력을 의미
- 사람들이 그들의 집단생활에 대한 논리적 인식과 윤리적 판단을 체계적으로 전개하였을 때 그것이 바로 정치사상 (political thought)

(2) 정치사상은 사회생활이나 국가운영의 윤리를 중심과제로 취급
- 사회나 국가가 어떠한 목표를 위하여 어떻게 운영되는 것이 바람직한 가를 연구하는 것이 과제
- 그러므로 동·서양의 정치사상은 공통적으로 윤리적 영역을 중심으로 전개됨

(3) 정치사상의 핵심은 '정치적 공동체의 운명에 관한 체계적 지식의 추구'에 있음

2. 정치철학, 정치이론, 이데올로기

- 정치철학, 정치이론, 정치이데올로기는 모두 정치사상에 속하나 각기 다름

(1) 정치철학은 당위(當爲, Sollen)에 관련한 지식, 즉 실천적 지혜의 체계화임
- '훌륭한 국가와 사회의 원칙들을 위한 공평무사(公平無私)한 탐색'의 측면을 의미

(2) 정치이론은 발생된 가설을 추상화하려는 노력의 측면으로, '정치적 사회적 현실에 대한 지식을 위한 공평무사한 탐색'을 의미

(3) 이데올로기는 행동을 전제로 하는 신념체계로 철학 또는 이론이 사색, 관념의 조직화, 논증에 초점을 맞춘다면, 이데올로기는 사람들로 하여금 행동하도록 고무하는 측면에 주력

(4) 정치철학, 정치이론, 이데올로기 간의 구분은 상호간의 침투성으로 인하여 상대적 성격을 띰
- 예컨대 헤겔이나 니체의 정치철학이 독일 국가사회주의라는 정치적 이데올로기의 기초가 됨

3. 정치사상의 중심과제

- 정치사상의 주요한 중심과제를 나열하면,

(1) 정치규범 처방의 토대로서 자연법, 역사의 법칙, 인간 심성(心性)의 일반성에 대한 탐구
- 나아가 정치규범의 절대성과 상대성

(2) 각종 집단의 개념 : 국가, 민족, 계급, 이익집단 등

(3) 국가와 법에 대한 복종의 의무를 규명하기 위한 권력, 폭력, 권위에 대한 연구
- 나아가 법의 정당성과 법질서의 권위 문제

(4) 사회정의, 평등, 공평, 자유 등의 추상적 개념

제2절 서양정치사상의 본질과 흐름

1. 인간 이성과 정치공동체

- 그리스로부터 시작된 서양 정치사상의 전통은 그 초기부터 인간의 이성을 바탕으로 한 정치공동체와 시민의 개념을 사상의 기초적 틀로 하고 전개됨

(1) 인간이성

- BC 6세기의 그리스 형이상학의 발전으로 인간이성의 보편성에 근거하여 일반적 법칙을 발견하고자 하는 서양정치사상의 전통을 마련(플라톤 - 헤겔)

(2) 노모스(Nomos)

- 서양정치사상은 sophist들에 의해 시작된 자연과 인간의 분리라는 관념을 이어받아 형이상학자들이 추구하는 '자연의 원리'(physis)로부터 인간이 그들의 관습, 제도, 창의력을 통하여 만들고 추구해 온 '사회규범'(nomos)을 분리, 검토하는 데 역점을 둠

(3) 정치공동체와 시민

- 고대 그리스로부터 정치제도란 국가 내지 도시 국가라는 공동체의 운영방법을 의미한다는 공동체적 정치관이 확립
- 시민은 정치를 통하여 국가운영에 참여한다는 능동적 시민을 기반으로 하는 정치문화 발전

2. 제국, 교회, 법

(1) Pax Romana와 제국의 전통

- 로마에 의한 지중해 문화권의 통합은 서양정치사상에 '제국'이라는 새로운 정치단위의 개념을 소개
- 이후 신성로마제국, 히틀러의 제3제국, 유럽통합이라는 제

국적 전통에까지 연결

(2) 그리스도 교회와 정교(政敎)의 이원구조

- 서양정치사상에서 지역적 공통성과 연대성이 부각되는 큰 잉표 중 하나는 기독교가 유럽을 종교적으로 그 테두리 안에 통합한 데에서 비롯
- 헤브라이즘적 요소

(3) 법, 관습, 봉건제도

- 로마의 '만민법', '시민법', 아퀴나스의 '교회법' 등 서양정치사상은 고대부터 법에 각별한 관심을 가짐

3. 개인, 국가, 계급

- 르네상스와 종교개혁 이후 서양정치사상은 ▽개인의 발견, ▽근대국가의 성립, ▽계급의식의 고조 등 3현상을 중심으로 전개

(1) 개인의 발견

- 봉건적 인간관은 신분적 위계질서 속에서 그의 위치를 찾는 집단주의적 성향을 띰
- 르네상스와 종교개혁을 통해 개인의 독립된 새로운 가치에 대한 인식을 내용으로 하는 근대적 인간관이 등장

(2) 근대국가의 성립

- 개인의 발견은 정치권력에 대한 복종의 의무뿐만 아니라

그에 대한 개인의 권리를 동시에 고려하게 한 사회계약론을 전개시킴
- 국가는 국민의 동의 내지 합의로 구성된다는 관념과 부당한 국가권력에 대한 저항권의 논의도 발생
- 이에 근거하여 근대국가는 민족국가의 성격을 띠며 형성

(3) 계급의식과 역사의식

① 산업화의 진전으로 계급적 대립의 의식화라는 질적 변화를 초래
- 인간의 자연권과 연관하여 고조되던 '자유' 개념의 한계성이 지적되면서 '평등' 문제가 정치사상의 핵심으로 등장
② 종말론과 목적론에 입각한 기독교적 역사관이 근대 서양 정치사상의 기조를 이룸
- 이같은 새로운 역사의식은 과학의 시대가 가져온 인간의 능력에 대한 확신과 유토피아의 실현이 가능하다는 믿음이 토대
- 서양정치사상은 이때부터 이데올로기의 시대로 진입

제3절 이데올로기의 이론체계

1. 현대와 이데올로기

(1) 현대는 지난 200년간 세계사의 전개 및 사회·정치적 변화과정에서 이데올로기가 중추적 역할을 담당하여 '이데올로기

의 시대'라 일컬어짐

(2) 이데올로기의 중요성이 대두된 배경

- 이데올로기를 낳게 하는 제반 상황이 현대에 와서 특히 성숙했기 때문

① 서구인의 정신적 변화 : 인간의 신념을 지배하던 전통, 관습, 종교가 르네상스, 종교개혁 등으로 영향력 상실
- 자신의 주관적 가치에 의한 행동양식과 현세의 성공과 미래에 대한 신념에 근거한 행동양식을 중요시
② 시민계급의 확장과 새로운 노동계급의 등장으로 이들에게 호소력 있는 새로운 신념체계가 필요
③ 이전의 전제적 지배양식으로서는 피지배자들의 자발적 복종을 유도하기가 용이하지 않음으로 인해, 그들의 내면세계에 호소하는 새로운 신념체계의 개발 및 적용이 요청됨

2. 이데올로기의 의의와 특징

(1) 이데올로기의 기원

① 이데올로기(ideology) 용어는 19세기 초 프랑스 학자 드 트라시(Destutt de Tracy)가 계몽주의 운동에 대한 체계적 연구를 통하여 처음 사용
- 그는 이데올로기를 관념을 형성하는 과정의 연구
- 즉 '관념의 학'(science of ideas)으로
- 사람들이 사회적·정치적 상황을 개선하기 위하여 과학을 이용할 것으로 믿음

② 이데올로기의 새로운 경험적 논리에 대한 극단적 진술은 베이컨(F. Bacon)의 신논리학(Norum Organum)에 의해 설명됨
- 그는 보다 덜 과학적인 연구방법으로 연역된 어떠한 지식이 그릇된 인상이나 우상(idols)에 의하여 진실의 빛이 가려졌다고 믿음

③ 마르크스(K. Marx)와 엥겔스(F. Engels)는 자기 자신을 정당화하려는 집단에 의하여 사용되는 단순한 위조물로 보고 이데올로기로 인식
- 이들은 이데올로기에서의 개념은 옳지 못하며, 그것은 보통 지배계급에 이롭게 작용하고 있다고 주장
- 즉 이데올로기는 사회의 '상부구조'(superstucture)의 일부가 된 것

④ 만하임(K. Mannheim)은 한 시대의 이데올로기를 다른 시대의 이데올로기와 비교하여 만일 이러한 역사적 관계가 분명하지 않으면 어떠한 이데올로기도 완전히 이해될 수 없다고 주장

▶베이컨(F. Bacon)의 우상론
- 인간의 마음을 따라다니는 어떤 비합리적인 요인들, 진실에 이르지 못하게 막는 우상(偶像), 허위 개념
① 부족(部族)의 우상 : 미신의 메커니즘으로 작용, 독단적 변덕이나 딱딱한 관점
② 동굴(洞窟)의 우상 : 개인의 성격이나 교육에 의해 결정
③ 시장(市場)의 우상 : 상업과 교제 등 사회적으로 결정되는 왜곡
④ 극장(劇場)의 우상 : 전통이론의 극단적 성격이나 연주처

럼 가상의 세계 창조 등 이전의 권위에 대한 맹목적 복종

(2) 이데올로기의 의의 및 범주

① 이념, 관념형태, 의식형태, 사회의식, 허위의식 등으로 번역
- 애당초에는 산업혁명에 의하여 나타난 사회경제적 조건에 따라 창출된 이론
- 행동지향적이고, 유물론적이며, 민중적이고, 단순화된 정치이론들

② '관념의 학'. 이데올로기(ideology)란 말
- 관념 혹은 이념을 나타내는 이데(idee) 내지 아이디어(idea), 그리고 학문 및 과학을 나타내는 올로기(-ologie) 또는 올로지(-ology)라는 접미어가 합성된 용어
- 이런 이데올로기는 관념형태 등으로 번역되고 있지만, 일반적으로는 특정한 사회체제를 정당화시키기 위한 이론체계라고 봄

③ 어떤 개인과 집단, 또는 계층·계급이 사회와 자연에 대해서 품고 있는 어느 정도 체계화되고 일관성 있는 관념형태.

i) 광의의 이데올로기 : 소위 마르크스의 사회의 하부구조에 대한 상부구조의 전체를 의미
- 이를테면 사회의 기본적인 경제구조로서의 하부구조에 대응하는 일체의 상부구조
- 즉 정치, 법률, 철학 등의 사상과 견해, 및 정치적·법률적 여러 제도와 조직을 의미
ii) 협의의 이데올로기 : 정치, 법률, 종교, 철학, 예술 등의 정신적·문화적인 모든 관념 형태를 의미

(3) 이데올로기의 현대적 정의

① 왓킨스(Frederick Watkins)
→ 이데올로기를 현상(現狀)에 반대되기에 거의 정치적 극단으로부터 생겨난다고 주장
② 잉거솔(David Ingersoll)
→ 각각의 이데올로기가 현상(現狀)의 평가와 미래에 대한 견해를 포함하고 있다고 주장
- 그 미래는 언제나 현재나 과거보다 더 향상된 것으로 제시
- 정확하게 사회를 보다 향상시키는 것은 보통 유물론적 용어(唯物論的 用語)로 표현
- 그는 개개의 이데올로기는 보다 나은 미래를 획득할 수 있는 명백한 행동계획을 포함하고 있다고 주장
- 이 행동계획이 모든 이데올로기의 핵심인 것으로 봄
- 그는 또한 정치철학과 정치이데올로기를 구별, 정치철학처럼 철저하게 정치상황을 분석하는 일은 드물다고 주장
- 이데올로기와 철학 사이에 가장 중요한 차이는
  ▽ 전자(前者)가 근본적으로 체계를 '개선하는데' 관심
  ▽ 후자(後者)는 주로 기존 체계를 '이해하는데' 관심을 갖고 있다는 것
③ 사전트(L.T. Sargent)
→ 이데올로기들을 다양한 사회의 가치체계에 근거를 둔 것으로 봄
- 그는 이데올로기가 그 신봉자(信奉者)들에게 현실과 이상세계의 상(像)을 제공
- 그렇게 함으로써 엄청나게 복잡한 세상을 단순하게 이해할 수 있는 것으로 조직화한다고 주장

(4) 이데올로기의 특징

- 바라다트(Leon P. Baradat)는 이데올로기 특징 5가지로 정의

① 이데올로기는 정치적 용어임
- 이 용어의 정치적 성격은 정치적 맥락에서 역사적으로 사용됐다는 것
② 모든 이데올로기는 현실에 대한 관점과 미래에 대한 전망으로 이루어짐
- 보다 좋은 미래는 언제나 현재보다 나은 물질적 향상으로서 대변됨
- 그 결과 이데올로기의 두드러진 특징 중의 하나는 그것이 희망을 제공한다는 것
③ 이데올로기는 행동지향적임
- 그것은 현실을 묘사할 뿐만 아니라, 보다 향상된 미래를 제공
- 가장 중요한 것은 그것이 이러한 목표를 달성하기 위해서 특별한 방향을 제시하고 있다는 점
④ 이데올로기는 대중(大衆)을 향함
- 마르크스, 무솔리니, 레닌, 모택동, 히틀러 등은 대중에게 호소함
- 이들은 많은 사람을 동원하는데 관심 가짐
⑤ 이데올로기는 대중을 향하기 때문에 비교적 쉬운 용어로 표현되며, 그런 의미에서 동기유발적임
- 이데올로기 자체의 목표를 달성하기 위하여 많은 사람들이 최대의 노력을 기울이도록 호소하는 성향이 있음

3. 정치이데올로기의 구조와 기능

(1) 정치이데올로기의 구조

① 신화(神話)적 부분(신앙적 부분)
- 이는 과학적으로 논증될 수 없는 부분으로 믿는 사람들에게 매우 큰 영향을 미침
- 나찌즘의 입증되지 않은 아리안족의 우월성 주장 등은 대표적인 예
② 과학적 부분(합리적 부분)
- 과학적으로 검증될 수 있는 부분으로 논리적인 설득력이 가장 큰 부분임
- 모든 이데올로기는 과학적 요소를 함유하려 시도함
③ 허위(虛僞)적 부분(비합리적 부분)
허위성은 의도적, 비의도적 측면을 모두 포함 - 거짓된 관념 형태를 조작하여 대중을 기만하려는 성향을 의미

(2) 정치이데올로기의 기능

① 인지적 구조, 즉 관념들의 공식을 제공하는 바, 이를 통해 세계가 자각, 해석, 이해됨
② 개별적, 집단적 행위와 판단을 위한 규준(規準), 즉 규정적 공식을 제공해 줌
③ 이데올로기는 갈등처리와 통합의 도구로 기능 : 사회화의 중요한 법전이 됨
④ 자기동일화(self-identification)를 명확하게 하는 기능 : 사람들이 자신을 비춰보는 거울의 역할을 함
⑤ 개인적, 집단적 생활에서 임무와 목적에 대한 분별, 그리

고 행위에 대한 결과적인 책임을 제공하는 역동적인 힘으로 기능
- 이데올로기의 규정은 추구되어야 할 목적으로서도 기능

4. 정치이념 부류의 특징

- 정치적 이데올로기의 본질과 관련하여 인간과 사회에 관한 기본적 가정, 가치체계, 사회정치체계, 경제체계 등 4가지 기준으로 고찰

(1) 자유주의(liberalism)

① J. Locke에까지 거슬러 올라가는 17C부터 서구에서 발전
- 그 기저에는 르네상스 이래의 개인주의(individualism)가 자리 잡음
② 인간은 이성적 존재로서 그 이성에 의하여 개인은 존중, 보호되어야 함
- 사회는 그 자체를 위해서가 아니라 개인의 자아실현을 위한 무대
③ 작은 정부야말로 개인의 자유와 행복을 위해 가장 바람직하다는 '야경국가관'(夜警國家觀)과 연결
④ 소비수단과 생산수단을 포함한 재산의 사유(私有)를 기본으로 하고 자유경쟁을 통하여 재산을 교환하는 시장경제를 선호
- 자본주의적 생산관계를 정당화시킨다는 점에서 부르주아 이데올로기라고 비판받음
▶ 신자유주의 → 시장우선주의, 최소정부론 지지, 시장기능 중시
- 자유주의와 상통

- 시장 기능 원활을 위해 정부에 공정한 제도나 규칙 기능 부여
- 시장의 자유화, 정부개입의 축소

(2) 사회주의(socialism)

① 사회주의
- 공상적 사회주의, 과학적 사회주의라 불리는 marxism, 사회민주주의, 민주사회주의 등 여러 가지 종류로 나뉨
▶ 공상적 사회주의 → 초기의 사회주의
▶ 과학적 사회주의 → Marx, Engels가 창시한 공산주의, 그 이전의 공상적 사회주의와 구별하여 일컫음

② 공상적(空想的) 사회주의(utopian socialism)
- 오로지 실물교육으로 새사회 실현
- 교육적 방법만이 사회주의사회 실현 도모하는 길
- C. Fourier, Babeuf, Saint-Simon, R. Owen 등이 주장한 초기 사회주의
- 사회적 악(惡)은 인간 본연의 것이 아니라, 사유재산제도와 같은 사회적 환경 및 제도 등에서 유발된다고 믿음
- 자본주의의 수정을 통한 이상사회의 실현을 시도함

③ 초기사회주의 → 19C 무정부주의와 마르크시즘을 거쳐 19C말 사회민주주의로 발전하고 다시 20C에 민주사회주의로 발전함

④ 사회민주주의(social democracy)
- 현존 정치과정을 통해서 자본주의로부터 사회주의로의 평회적·점진적 사회변화를 주장하는 이념

- 독일 사회민주주의를 중심으로 19C말 유럽에 널리 유포
- E. Bernstein이 대표적 사상가
- 1959년 11월 독일 사회민주당(SPD)이 당 대회에서 채택한 '고데스부르크 강령' 이후 마르크시즘적 요소가 사회민주주의에서 제거
▶ 고데스부르크 강령 → 실천은 물론이고 말에서조차 자본주의 변혁과 계급투쟁을 포기하고 반공주의를 표방한 강령
- 친(親)근로자적 국민정당화
- 제2차 세계대전 후 상황변화에 따라 1925년 하이델베르크 강령에서 언급한 생산수단의 사회화 같은 강력한 사회주의 노선을 완화
- 그리스도교의 윤리, 자유, 공정, 인도주의에 입각한 민주적 사회주의 입장을 기본으로 삼음
- 이 강령을 통해 사회민주당은 종래의 전통적인 계급정당에서 현실적으로 정권을 담당하려는 국민정당으로 전환

⑤ 민주사회주의(democratic socialism)
- 사회운동 내부에서 공산주의, 마르크스-레닌주의에 강력하게 반대하는 사회민주주의의 일종
- 사회주의의 세계관을 기초로, '이상주의적 휴머니즘'을 제창하는 이념
- 사회주의 이상을 의회주의를 통해 추구하려는 사상
- 온건한 형태의 사회주의로 당초부터 마르크시즘적 사회발전법칙을 인정하지 않는 이데올로기이며, 영국 노동당의 정책이 이에 해당

⑥ 여러 사회주의의 공통적 특성
i) 주요 생산수단의 공적 소유 및 통제를 주장
ii) 복지국가의 추구: 생산보다는 생산된 재화의 분배에 더 관

심을 집중
iii) 사회주의는 물질적인 의존의 조건으로부터 인간들을 자유롭게 하려는 목표를 지님

(3) 보수주의(conservatism)

① 18C말부터 19C초에 체계화
- 주로 영국에서 등장하였으며, 영국의 보수당의 경우 오늘날까지 잘 견지되고 있음
② 인간이성의 불완전성을 인정하여 개인의 추상적, 독단적 이성보다는 집단의 집적된 지혜를 더 높이 평가
- 그러므로 집단의 전통, 관습, 규정 등을 존중
③ 사회는 단순한 개인들의 집합이 아니라 상호의존적이고 협력하는 동반자적 관계로 파악됨
④ 안정된 사회를 위해서는 질서가 유지되어야 하며, 질서유지를 위한 동반자적 관계로 파악됨
⑤ 현존하려는 것을 보존하려 하며, 점진적 개혁을 추구함
- 급격한 변화를 거부
⑥ 온정적(溫情的) 간섭주의(paternalism)의 인정
- 국가는 일반국민의 생활에 적절히 간여하여 훌륭한 삶을 가능토록 해야 함
- 자유방임적 경제체제에 반대

(4) 공산주의(communism)

① 현대공산주의는 Marx, Engels 등의 주장과 그에 기초한 중국, 쿠바, 북한 등의 공식적 이데올로기로 정착된 이념
- 대표적인 것은 마르크시즘과 레닌주의
② 공산주의에서 인간은 사회적 제(諸)관계의 총화로 묘사

- 현실적·실존적 인간은 사회적 대립과 갈등의 변증법적 과정을 대변
③ 이러한 현실적 인간을 재화적 결핍과 경제적 소외로부터 벗어난 자유로운 인간을 만들기 위한 것이 공산주의 이데올로기임
④ 이상의 목적을 달성하기 위해 정치, 경제, 사회적 방도로 나타난 수단 → 폭력혁명과 프롤레타리아 독재론, 그리고 전위(前衛)정당론
▶ 프롤레타리아 독재론 → 자본주의 경제체제 하에 있는 공장·공업노무자, 즉 프롤레타리아가 장악하고 있는 국가권력 또는 그 정치적 지배
▶ 전위정당론 → 노동자 대중보다 직업혁명가의 지도적인 역할을 우위에 둠
- 19C말 ~ 20C초 러시아의 짜르체제에 대응하기 위한 특수한 변형
- 이데올로기의 과학적·합리적 요소로서 제시된 경제이론이 노동가치설, 잉여가치설, 자본주의 붕괴론 그리고 제국주의론임
▶ 노동가치설 → 재화가치는 그것을 생산하는데 소모된 노동의 양에 따라 결정된다는 이론
▶ 잉여가치설 → 노동자들을 실질가치보다 낮게 그들의 생산품을 포기하도록 강요한다는 Marx의 주장
▶ 제국주의론 → 레닌주의의 하나
- 독점자본주의 단계에서 열강은 세계를 제국주의 지배체제에 맞게 재무장하기 위해 서로 충돌하고 전쟁을 일으킨다는 것

(5) 파시즘(fascism)과 국가사회주의(national socialism)

① 파시즘, 국가사회주의는 둘 다, 전체주의(totalitarianism)를 특

색으로 하므로 한데 묶어 논의하는 것이 보통
② 이들 두 이데올로기는 비합리주의를 큰 특징으로 함: 인간과 인간생활에서 비합리적인 측면이 강하게 작용하고 있음을 강조
③ 파시즘과 국가사회주의는 공통적으로 유기체적 사회관을 가지고 있으며, 이러한 유기체론을 '사회적 진화론'(social evolutionism)과 전체주의적 사회관으로 확장
- 궁극적으로는 인종주의(racism)와 결합
④ 구체적으로는 지도자원리, 폭력과 이에의 복종에 대한 강조
- 전체주의적 대중정당체계, 인종주의, 국가지상주의, 팽창정책 등을 주요 이념으로 함
▶국가사회주의 → 레닌의 이론, 사회개량주의 입장
- 사회주의 국가는 무산자를 착취하게 될 것이고, 생산성의 비율에 따라 모든 인민에게 서열을 정해준다는 것
- ∴ 자본주의의 폐해를 국가권력에 의하여 조정하려는 것
▶사회개량주의 → 소위 프롤레타리아 혁명에 의한 사회체제의 변혁이기보다는, 자본주의 사회의 폐허와 모순을 부분적으로 수정하고 개량하려는 사상

(6) 민족주의(nationalism)

① 민족이란 종족, 언어, 종교, 전통, 역사, 문화, 언어 그리고 영토를 함께하고 있는 인간 집단을 의미
- 민족주의란 이러한 민족에의 애착과 관련한 정서이자 이데올로기
② 민족주의는 민족국가 구성원의 하부에까지 이르는 민족의식의 점차적 확산과, 외부로부터의 민족국가 존립에의 위협에 대한 방어 자세를 그 근간으로 하여 등장
- 1798년의 프랑스혁명 이후 민족주의와 그 운동이 역사저

중요성을 획득(Hans Kohn)
③ 정치적 이데올로기로서의 민족주의는 독립된 민족국가의 건설을 그 무엇보다도 강하게 추구한다는 점과 민족적 번영과 민족국가의 발전을 위하여 민족성원의 충성과 헌신을 요구한다는 것을 그 특징으로 함
④ 민족주의는 이데올로기적 요소로 민족적 전통(과거와 관련)과 민족적 이익(현재), 민족적 사명(미래)이라는 3가지를 그 이데올로기적 구조로 함

5. 이데올로기의 종언

(1) 이데올로기 종언론의 대두배경

- 20C 후반 서구사회를 중심으로 전개되기 시작했으며, 특히 급진적 이데올로기의 퇴조에 대한 논의가 두드러짐
① 경제적 생산성의 향상과 복지정책의 광범위한 실현은 국민의 소득격차의 축소와 계급대립의 완화를 초래
② 민주주의사상의 전파는 급진적 이데올로기의 매력을 감소시킴
③ 정치적 쟁점을 해결하는 데 과학적 사고방법이 존중되어 각 분야의 전문가의 견해가 많이 수용됨
④ 파시즘과 같은 전체주의적 이데올로기의 폐해가 직접 목도되면서 급진적 이데올로기의 신화가 사라짐

(2) 이데올로기의 비판

① 나폴레옹(Napoleon)은 이데올로기에 대해서 공상성이니 몽상성이니 하는 말로써 비방
② 마르크스주의자들(Marxists)도 이 말을 현실의 은폐니 허

위의식이니 하는 말로써 비판

(3) 이데올로기의 종언

① 아롱(Raymond Aron)의 경우
- 서구에서의 괄목할 만한 경제적 발전과 일반민중의 생활수준의 향상이 전체적·절대적 이데올로기의 기능을 소멸시켜, 마침내 이데올로기적 대립을 완화시키는 방향으로 나가고 있다고 주장
② 벨(Daniel Bell)의 경우
- 최근 수십 년 동안에 지식인들이 맛본 정치적 경험
- 특히 전쟁·파시즘·스탈린 시대 등의 여러 가지 경험에 비추어서 낡은 이데올로기가 급속도로 그 매력을 상실하게 되었다는 것을 강조.

제 5 장 정치문화, 정치사회화, 정치적 인간

제1절 정치문화

1. 일반문화와 정치문화

(1) 일반문화

- 문화(culture): 한 사회의 구성원 사이에서 당연한 것으로 인정받고 있는 규범이나 관습, 신념체계, 사고방식을 포함한 일체의 생활양식을 의미

(2) 정치문화

- 정치영역에 국한되는 일반문화의 하위개념으로
- 사회구성원들이 공유하고 있는 정치적 규범이나 관습, 신념체계, 사고방식 등을 의미
- 우리가 통상 사용하는 '정치풍토'라는 의미와 유사
i) 정치적인 것에 대한 인식·신념·가치 등의 체계

ii) 정치체계를 규정짓는 정치행동에 대한 특수한 형태의 정향(G. Almond)

(3) 정치문화에 대한 제(諸) 견해

- 정치문화가 정치학에서 체계적으로 연구된 것은 Gabriel Almond & Sidney Verba의 「시민문화론」(civic culture, 1963)의 출판 이후임

① R. Dahl → 정치문화를 정치적 행동보다는 정치적 성향으로 파악
② L. W. Pye, S. Verba → 정치문화를 정치에 대해 가지고 있는 체계화된 주관적 영역으로 파악
③ G.A. Almond, G. B. Powell → 정치문화는 정치에 대한 태도, 신념, 그리고 감정이라 정의

(4) 정치의식과 정치문화

① 정치의식이란 정치와의 관계에서 사람이 갖는 의식의 총칭
- 어떤 정치적 사물과 특정한 정치문제에 대해서 사람들이 갖는 인식, 평가, 태도를 총괄한 개념
② 정치의식은 사람들의 정치행동을 결정케 하는 정신작용이라는 측면에서 중요
③ 이에 비해 정치문화는 비교정치의 맥락에서 성장했으므로 개별·특수적 성향이 아닌 집합적이고 일반적 성향이 짙음

2. 정치문화의 내용

(1) 정치문화의 구성요소

▶통상 우리의 사고방식은 3가지 요소로 구성
- 지식과 신념을 의미하는 i) '인지적(認知的) 요소'
- 느낌을 의미하는 ii) '감정적(感情的) 요소'
- 판단이나 의견을 의미하는 iii) '평가적(評價的) 요소'
- 정치문화도 동일

① 인지적 정향 → 사람들이 정치세계에 관한 여러 가지 일들을 어떻게 이해하고 있는 가의 측면(信條)
- 정치체계가 갖는 인식과 지식(인식적 정향)
② 감정적 정향 → 감지된 정치적 대상에 대한 감정적 반응의 측면(정서적 태도)
- 정치체계에 대한 감정적 성질
③ 평가적 정향 → 추구되어야 하는 공공의 목표와 정부의 행동에 의하여 최대화되어야 하는 이득에 대한 가치적 선호의 측면(가치)
- 정치체계에 대한 판단
④ Samuel H. Beer는 정치문화의 구성요소로 이와 비슷하게 '가치', '신조(信條)', '정서적 태도'의 세 가지를 지적

▶정치정향(政治定向) - 개인이나 집단이 지닌 일정한 행동정향(Almond & Verba)

(2) 정치적 대상

- 넓은 의미로 정치와 관련되는 모든 것은 정치적 대상이지

만 Almond와 Verba는 분석의 편의를 위해 다음의 4가지로 단순화시켜 분류

① 일반적 대상으로서의 정치체계(system as general object)
- 가장 커다란 정치적 대상으로 구성원이 속해있는 국가와 같은 정치체계를 의미
② 투입대상(input object)
- 정치체계의 투입측면을 의미
- 의회, 정당, 이익집단, 정치엘리트 활동을 포함하는 일련의 정책구조와 역할
③ 산출대상(output object)
- 정책집행과 관련된 정부의 규제 추출, 분배 등의 행위를 의미
④ 능동적 참여자로서의 자신(self as active participant)
- 개인이 국가의 구성원으로서의 자신에 대한 인식, 느낌, 평가의 측면을 의미

(3) 정치문화의 분석모형

- Almond와 Verba는 이상의 4가지 정치적 대상에 대한 사회구성원의 정향(定向)의 정도를 근거로 함
- 다음과 같은 정치문화 분석의 3가지 이념형과 혼합형으로서 '시민문화'를 분석모형으로 제시

① 지방형(地方型) 정치문화(parochial political culture)
- 미분화된 아프리카 부족사회와 같은 공동체의 정치문화된 4가지 정치적 대상에 대한 정향이 모두 영(零)에 접근
- 체제를 통합할 수 있는 절차나 구조를 가지기 힘드므로 통합된 수준의 국가운영은 곤란

<정치문화의 유형>

비 고	일반적 대상으로서의 정치체계	투입대상	산출대상	정치적 자아
지방형 (parochial)	0	0	0	0
신민형 (subject)	1	0	1	0
참여형 (participant)	1	1	1	1

주: 0→ 발달 못함, 현저히 낮음; 1→ 발달, 능동적

② 신민형(臣民型-(subject)) 정치문화
- 신민형은 정치체계와 그 산출 측면에 대한 정향은 매우 발달해 있으나, 투입 측면과 능동적 정치 참여자로서의 자신에 대한 정향은 거의 발달되지 못한 상태
- 사회구성원들은 정치에서 신민으로서의 피동적 역할만을 수행
- 민주적 제도와 정치제도 간의 불일치현상을 보일 가능성이 큼

③ 참여형(participant) 정치문화
- 사회구성원들이 모든 정치적 대상에 대해 높은 정향을 발달시키고 있는 것으로 민주정치구조와 가장 잘 어울리는 문화
- 공동체 의식과 일정수준 이상의 정치적 지식, 정치적 능력감 등의 내용을 그 특징으로 함

④ 시민문화(civic culture)
i) 민주주의적 산업사회에 조응하는 문화로 사회구성원 대부분이 참여적 정치성향을 가지고 있으나, 서민형적 사람들과 지방형적인 사람들도 아울러 섞여 있는 상태를 말함

ii) 개인적 수준에서는 참여지향적 사고방식과 어느 정도의 피동성·전통지향성을 함께 유지하고 있음을 의미
iii) 이러한 두 차원에서의 문화의 혼재성은 전통을 존중하며 개혁을 이룰 수 있는 온건하고 안정지향적인 정치의 원천
iv) Almond와 Verba는 영국의 정치문화를 대표적 시민문화로 분석

<Almond와 Verba의 정치문화 유형>

구분	지방형	신민형	참여형
의미	좁고 편협	복종	참여 및 적극성
시스템 이해도	매우 적음	어느 정도 이해함	매우 높음
성격	변화에 대한 기대가 없음	전문화된 정부의 권위를 인정함	투입(input)과 산출(output)에 대한 이해도가 높음
태도	특별한 정향이 없음	정부의 결정과 자신의 역할, 그리고 평가적 정향 등에 매우 수동적임	자신의 역할에 대해 긍정적임
특징	인지적 정향은 있지만, 감정적·평가적 정향이 부정적이거나 불확실함	자기가 시스템에 영향을 미칠 수 있다고 생각하지 않음	자신의 역할에 대해 느끼는 감정은 긍정적일 수 있고, 부정적일 수도 있음

출처: (김성수 2015)

▶ 한국의 정치문화
- 변화 추이 : 지방형→ 신민형→ 참여형
도농(都農)간 차이 : (농촌- 지방형〉신민형〉참여형 〈노년층〉;
대도시- 지방형〈신민형〈참여형〈청년층〉)

▶ 한국 정치문화의 취약점 :
i) 정치문화와 정치제도의 긴장관계
ii) 단절의 정치문화
iii) 권위주의, 가족주의, 숙명주의, 지역주의, 온정주의

(4) 정치문화의 변수

① 사회적 신뢰 : 타인에 대한 신뢰의 정도
② 자신감 - 무력감 : 정치적 자신감은 민주주의와 밀접한 연관이 있는 것으로, 일반 시민이 정치엘리트에 대한 통제를 정당하게 행사할 수 있는 기반이 됨
③ 국가와의 일체감 : 이것이 부족하면 '정체성의 위기' 초래
④ 권위의 정당성 : 자발적인 순응을 통한 사회안정의 제일 조건
⑤ 국민의 참여의무 : 대부분의 정부는 시민의 정치적 활동을 요구

<Wiarda의 정치문화론에 대한 조언>

- 정치문화론을 활용하라. 다만 신중하게
- 정치문화란 역동적인 것임을 명심하라. 정치문화는 고정적인 것이 아니라 변동하는 것이며, 거시적인 사회적·경제적·정치적 변동에 영향을 받는다
- 한 국가 내부에도 다양한 정치문화가 존재할 수 있으며, 그러한 문화들은 서로 갈등적인 관계를 형성할 수 있다
- 정치엘리트들은 자신들의 이익을 위하여 정치문화를 조작할 수 있다
- 정치문화론은 유용하지만, 정치문화론에 의한 설명은 여전히 부분적인 것이며, 따라서 정치문화가 모든 것을 인과적으로 설명해준다는 편견을 버려야 한다

출처: (김성수 2015)

3. 합의의 정치문화와 갈등의 정치문화

(1) 합의(合意)의 정치문화

- 사회구성원들을 정치적 성향에 따라 보수주의자, 중도주의

자, 급진주의자들로 분류할 때, 중도파가 압도적인 다수를 차지하고 있는 사회에서 볼 수 있는 정치문화로 사회의 안정성을 그 특징으로 함
- 급진적 혁명 등은 불가능

(2) 갈등(葛藤)의 정치문화

- 압도적인 다수가 보수주의와 급진주의로 나뉘어 대립양상을 보이는 사회의 정치문화로 기본적 이슈나 절차에 대해 극단적인 대립을 보임
- 우리의 정치문화도 해방 이후 갈등의 성격이 짙은 성향을 보여 옴

4. 정치문화연구의 2가지 흐름

(1) 구조기능주의

① Almond와 Verba의 정치문화에 대한 논의가 이에 해당되는 것
- 정치적 행동을 설명하는 데에 있어 정치문화라는 개념이 독립변수로서 사용될 수 있다는 입장을 취함
② 즉 정치체계의 구조적 특성을 정치문화의 특성에 근거하여 설명함

(2) Marxism

① 정치문화를 경제관계의 반영으로 간주
- 계급간의 문화적인 대립과 갈등은 경제사회적인 하부구조의 단순한 반영

- 하부구조의 모순이 해결되면 문화적인 대립과 갈등은 자연히 소멸된다는 입장
② 그러므로 정치문화는 정치현상을 설명하는 독립변수로 다루기에는 불충분하다고 봄

제2절 정치사회화

1. 정치사회화의 의미와 특징

(1) 정치사회화의 의미

- 정치사회화는 정치체계 혹은 그 하위체계의 구성원들이 정치적 태도와 행동양식을 습득하는 과정
- 일반적인 사회화 개념의 하위개념으로 한 시대가 정치적 신념과 기준을 다음 시대에 전수하는 정치문화의 이전을 의미

▶정치사회화의 개념
- 정치적 인간이 그 성장에 따라 정치생활에 관련된 가치체계, 신념, 태도를 체득해 가는 과정
- 정치문화가 자기(自己)의 의식 속에서 내면화(內面化)되는 동적(動的)과정
- 그 사회의 정치문화를 그 성원에게 전승(傳承)해 주는 과정

(2) 정치사회화의 특징

① 사회화의 과정이 구성원들의 일생동안 계속되며, 재사회

화, 예기사회화, 탈사회화 등의 단계가 지속됨
② 정치사회화는 사회화 매체 등을 통하여 직접적 학습에 의해서도 이루어지지만, 청소년기에 습득한 권위에 대한 태도가 이후의 정치적 형태에 영향을 계속 미치는 것처럼 간접적인 방법으로도 이루어짐

2. 정치사회화 대두요인

- 현대 정치학에서 정치사회화론이 활성화한 이유(4가지)

(1) 신흥국가의 증가

- 전후 독립한 신생국가들의 제일의 과제는 '우리들 의식'을 갖는 국민을 육성하여 국가에 대한 충성심과 정치적 통일을 실현하는 데 있음

(2) 데모크라시의 시대

- '동의에 의한 정치'를 기본적 가치로 하는 데모크라시가 보편화되어, 권력자는 국민의 심리·감정을 파악하여 국민의사에 대한 대응을 우선시함

(3) 급속한 변동의 시대

- 급속한 변동을 수반하는 현대 사회에서는 환경변화에 대한 적응력이 시스템의 유지·안정에 매우 중요한 요인
- 적응에 실패하면 국민은 불안감·공포감·급성 아노미에 지배당하여 시스템에 대한 충성심을 상실하고 national identity (국가 정체성)의 위기를 초래

(4) 거시정치 분석과 미시정치 분석의 결합

- 시스템이론과 정치행태론을 결부시켜 정치행동에 관한 포괄적 이론을 확립하고자 하는 여러 사회과학 내에서 발효된 왕성한 의욕 등

3. 정치사회화의 기능

(1) 정치적 자아의 확립

- 정치사회화의 기능은 정치적 자아(political self)의 단계적 형성과정
- 정치적 자아의 확립은 '자·타의 구별'에서 '사회적 자아의 획득'
- 즉, Piaget에 의하면 '자기중심성'(egocentrism)에서 '사회적 중심성'(sociocentrism)으로의 전개과정임

(2) system의 유지

- 현존 정치시스템의 규범·가치·신조·태도가 시민에게 학습되어 정치시스템으로의 일반적 지지가 증폭됨

(3) 정치문화의 유지·변형·창조

- 정치사회화는 정치문화를 유지·변형·창조하는 데 상호배타적이 아니라 하나의 연속선상
- 즉 정치전통을 유지하고 정치문화의 낡은 것을 변혁시키고 새로운 정치조건에 맞게 가치를 창조하는 것

4. 정치사회화 이론

- 크게 a. 학습이론, b. 성격이론, c. 역할이론의 3가지로 나뉨

(1) 학습이론(learning theory)

- 학습이란 보상과 처벌을 통한 훈련으로 이루어지는, 모든 행태에 적용할 수 있는 개념
- 연관이론과 보강(補講)이론의 두 가지로 분류가능

(2) 성격이론(personality theory)

- 개인들이 처한 상황은 같지만 그들의 행태가 달리 나타날 경우, 성격이론은 이에 대한 설명을 가능하게 해주는 장점을 지님
- H. D. Lasswell에 의해 발전

(3) 역할이론(role theory)

- 각 개인의 행태는 그가 차지하고 있는 사회 내의 위치 또는 지위에 대해 그 사회구성원들이 기대하는 바, 역할에 순응하여 나타난다는 점에 착안
- 개인이 처한 상황 변수가 많을 경우 이론의 분석상 난점이 존재

▶ 이상의 3이론은 개인이 사회적인 상호작용을 통하여 정치적인 정향을 습득한다는 점과, 개인에게 만족감을 줄 수 있을 때 정치적 정향은 습득, 강화된다는 점에는 공통

- 어린 시절의 사회화에는 학습이론이, 나이든 후의 사회화는 성격이론과 역할이론이 더 설득력을 지님

5. 정치사회화 기구(매체)

(1) 가정

- 최초의 사회화 매체이며, 다음과 같은 이유로 중요함
i) 가정은 어린이가 최초로 접촉하는 대상
ii) 어린이의 생존은 가족의 보호에 달려 있음
iii) 어린이의 자아확립을 위해서도 가족은 필요
- 가정생활의 직·간접적 영향은 강력하고 오래 남으며
- 특히 권위에 대한 태도 형성은 이후 정치사회화에서 중요한 비중

(2) 동료집단(peer group)

- 동료라 함은 놀이친구, 직장동료, 가까운 개인 접촉을 갖는 비공식적 집단을 의미
- 이 집단 속에서 그 집단이 허용하는 행동과 가치 등을 배움

(3) 학교

- 학교는 공식화된 사회기관으로 학생에게 정치세계에 대한 지식과 그 속에서의 개인의 역할을 가르침
- 정치적 게임의 불문율과 정치체계에 대한 감정을 이입시키기도 함

(4) 직장

- 개인의 직장과 그 직장을 중심으로 형성되는 공식·비공식조직도 정보와 신념의 의사소통의 채널

(5) 여론지도자(opinion leader)

- 사회가 용인하는 중요한 가치들을 주로 간접적인 방법으로 사회화
- 매스 미디어에 의해 전달되는 정보의 내용은 정보의 전달자, 후원자(sponsor)의 재정적 압력, 정부 측으로부터의 정치적 압력이라는 세 가지 요인의 타협의 산물
- 매스미디어로부터 전달되는 정보는 여론지도자라는 소수의 중개인들을 통해서 재해석되어 간접적으로 전달되는 것

(6) 정당(political party)

- 집단적 협상이나 파업 등을 경험케 하는 직장과, 정당 활동 및 선거 등의 직접적인 정치 접촉이 있음
- 극도의 긴장이 지배하고 있는 상황에서는 정당이나 종교단체가 재사회화의 중요한 담당자

6. 정치사회화의 단계

- Dawson과 Prewitt의 4단계 구분

(1) 아동 초기(5-9세)

- 인지적이기보다는 감정적인 정치적 관념이 형성

- 종교적 감정과도 유사하며 사회집단과의 일체감도 이 시기에 발생함

(2) 아동 후기(9-13세)

- 정치적 대상에 대한 감정적인 정향이 다소 추상적인 인지적 정향으로 바뀜
- 정치적 지위에 따른 역할의 관념도 생김

(3) 청년기(13-18세)

- 인지적 패턴의 변화가 초래되며, 정치체계가 유기체라는 관념이 감소
- 이데올로기적 사고 능력이 발전함

(4) 성인기

- 10대 말에서 30대 초의 젊은 성인기가 정치에 대한 관심과 참여가 증대되는 시기
- 노년기에 들면 탈정치화 현상이 발생

7. 정치사회화의 비연속성 문제

(1) 비연속성의 문제

① 사회가 안정적으로 유지될 때에는 정치사회화 과정은 비교적 반복적이며 일관성 있게 진행
- 즉 사회화과정은 그 사회의 지배적인 정치문화를 유지해 나가는데 기여

② 그러나 정치적 혼란이나 변동의 발생시, 각 사회화 매체들은 전혀 다른 내용을 전달하여 사회구성원을 재사회화시키고 이로 인해 정치문화의 변화에 기여하게 됨
③ 해방 후의 한반도, 2차 대전 후의 독일과 일본은 그 대표적인 예로 이러한 비연속성은 개인 내부에서는 가치관의 혼란으로 인한 갈등을, 집단적 차원에서는 사회적 대립과 갈등을 초래함

(2) 정치사회화와 정치체계

- 사회화의 비연속성은 변화의 시기에 새로운 정치문화를 창조하여 정치체계에 영향을 미치기도 함
- 따라서 정치사회화가 모든 정치체계에서 보수적·체계유지적인 기능을 하며, 변화에 저항하는 힘이라고는 할 수 없음
- A. Gramsci의 헤게모니론과도 일맥상통

8. 정치사회화의 동질성 위기

- 일관적인 정치사회화 과정이 반드시 일관된 정치정향이나 가치를 가질 수 없이 서로 상충되고 충돌하는 경향

(1) 위기 유형

① 수직적 동질성의 위기
- 시차(time lag)상에서 일어나는 것으로, 어린 시절·청소년기·성년기에 서로 용납될 수 없는 상이한 가치를 배워 가치 간에 갈등이 일어난 경우
② 수평적 동질성의 위기
- 동일한 정치적 사건을 서로 다른 기관들이 동시에 상이하

게 해석하고 평가하였을 때 일어나는 갈등현상

(2) 위기 원인

① 시차(time lag)
- 정치학습을 익히는 시간과 실제 정치적 역할을 담당하는 기간 사이의 시차
② 정치상황의 변동
- 이미 존재하고 있는 정치질서에 대한 정치정향과 학습 이후에 나타난 것으로, 그 정치질서가 광범위하게 변함으로써 동질성 위기를 초래
③ 사회적 기구의 복합화(multiple socialization agency)
- 정치적 자아를 형성·발전시키는 사회화 기구가 수없이 많은데, 이 같은 상이한 기관들이 각각 상이한 방향으로 나타나는 것

▶ 일반적으로 정치사회화의 동질성 위기는
i) 사회구성요소가 복합적이고 이질적인 경우
ii) 전체주의사회보다는 자유민주주의사회에서
iii) 사회적 및 지리적 기동성이 강한 사회에서 더욱 현저히 일어남

제3절 사회적 인간의 유형과 정치의식

① 역사적 시기에 따른 인간 유형의 변화와 정치의식의 변천을 고찰
② 어떤 집단의 구성원이 가지고 있는 성격구조 속에서 대부분의 사람들에게 공통적으로 보이는 '사회적 성격'에 초점

③ 정치의식 : 인간이 정치적 행동을 선택하는데서 의견, 판단, 인상, 감각 등의 정신작용

1. 전근대적 전통사회

- 르네상스와 종교개혁 이전의 시대

(1) 전통지향형 인간형의 특징

- 전통과 관습이 중시
- 질서형성의 주체자로서의 인식 결여
- 현세적 권위에 대한 존경과 순종
- 인륜의 중시
- 주어진 현실을 그대로 수용하려는 태도
- 고도의 귀속감각

  (2) 정치의식

- 정치에 대한 지식의 결여와 통치자에 대한 묵종을 내용으로 하는 정치적 무관심이 가장 큰 특징
- 정치권력을 절대시하며, 권위를 신성시하는 비합리적인 생활과 사고방식을 견지

정치의식의 유형(Reisman)

동조양식	사회형태	성격 구조	지배양식(인간형)
전통지향	전통적 사회	전통적 지향성	전통에 의한 지배(격리형)
내부지향	근대 생산사회	내부적 지향성	합리에 의한 지배(순환형)
외부지향	현대소비사회 (대중사회)	외부적 지향성	동조성향에 의한 지배(소외형)

2. 근대생산사회(내부지향형 인간)

- 르네상스와 종교개혁이후의 근대시기

(1) 내부지향형 인간형(inner-directed type)의 특징

① 행동의 기준을 자기의 신념이나 양심 등 자기 자신의 내면성에서 구함
② 질서형성의 주체자로서의 의식이 강함
③ 인생을 끊임없는 고투와 노력에 의한 자기능력의 시험 과정으로 간주
④ '죄(罪)의 의식(sense of guilt)'이 사회에 있어 동조(同調) 위반의 심리적인 제재(制裁)원리로 작용
- 프로테스탄트 윤리(Protestant ethic)

▶Protestant ethic : 개인의 세속 직업에서 근면·절약·능률에 부여되는 가치(세속→프로테스탄트들이 세속적인 성공을 하느님에 의해 선택받았다는 표시)

-Weber → 『프로테스탄티즘의 윤리와 자본주의 정신』에서 유럽의 자본주의 초기 단계에서 프로테스탄트 집단이 경제적으로 성공한 중요한 요인이 바로 프로테스탄트 윤리라고 주장

(2) 정치의식

① 자기의 이익에 뚜렷한 관심을 가지고, 권리의 침해에 대해 예민한 반응을 보이며, 나아가 자기의 이익을 공적인 목표로 전위시켜, 이를 하나의 정책으로 승화시키는 능력을 가짐

② 정의와 인도, 자유, 평등과 같은 윤리적, 도덕적 이념과 자기 이익과의 관계를 끊임없이 매개시키고자 함

▶한국인의 정치의식
-현실: 근대적 인간유형의 미경험, 내부지향형의 근대적 인간유형이 육성되지 않음

i) 보수형과 급진형
ii) 권위주의적 성격형
iii) 민주주의 성격형
iv) 선동형과 협상형

-민주주의 발전시키는데 교육을 통한 근대적 인간유형 필요

3. 현대대중소비사회(타인지향형 인간)

- 매스컴과 기계가 고도로 발달한 현대

(1) 타인지향형 인간(other-directed)의 특징

① 결핍의 심리가 아닌 '풍부의 심리'가 지배적인 사고방식
② 막연한 타자(동시대인, 동료, 매스미디어, 여론 등 익명의 권위)를 그들의 행동을 인도해 가는 새로운 권위의 원천으로 삼음 - 전파탐지형(radar-type)인간
③ 끊임없이 외부의 상황에 자신을 동조시켜야 하므로, 초조와 불안한 의식에 사로잡히기가 쉬움
- E. Fromm이 말하는 '시장지향성격'과 일맥상통
cf) 시장지향형 인간 : 자기의 가치를 경제시장에서의 교환가치, 즉 사람들이 어느 정도의 시장가격을 붙여줄 것인가로 판

단하려는 경향성을 지닌 인간을 의미
- 핵심 없는 인간(onionman)이나 D. Riesman의 '고독한 군중'임

(2) 정치의식

① 정치에 관해서는 상당한 지식을 소유하고 있음에도 불구하고, 정치를 거부하는 성향을 보임
② 외부 세계에 대한 '수용지향형 성격'으로 인해 정치에 대한 주체적·생산적 의욕이 약하며, 거대한 조직과 기구에 기생하여 안주하려 함

4. 정치적 성격형

- 정치적 성격이란 "정치적 자극에 의하여 습관적으로 야기된, 지속적이고, 조직적이며, 동태적인 반응의 세트(set)"(Robert E. Lane)

(1) 보수형과 급진형(conservatives and radicals)

① 보수형 : '우(右)'의 이데올로기로 현상을 유지하려 하고, 전통, 안정, 위계적 사회질서 등을 중시
- 보수주의로 연결
② 급진형 : '좌(左)'의 이데올로기로 기존의 체제에 대하여 비판적이고, 사회, 경제적인 평등을 위한 제도적인 개혁을 추구
③ S. M. Lipset은 이상의 이분법을 세련화하여, 계급의식의 소산에 따라, 좌파, 중앙, 우파라는 3개의 기본적인 정치정향으로 나누고, 다시 이 3개의 정치정향을 개인의 성격에 따라 온건-민주와 극단-반민주의 2부류로 분류하여 6분법을 발전시킴

▶ 예컨대 중앙의 경우 계급적으로 중앙이고, 성격이 온건
-민주이면 진보주의이고, 극단-반민주이면 파시즘으로 분류
가 가능

(2) 권위주의적 성격형(authoritarian personality)

- 가장 많이 연구됨

① W. Reich, Erich Fromm : 마르크시즘과 프로이드 심리학을 결합
- 경직되고 위계적인 반민주적인 사회구조에 의하여 요구되고, 그것에 의하여 잘 수용되는 성격을 권위주의적 성격으로 정의
② T. W. Adorno : 진보주의자와 보수주의자 중 보수주의자 사이에서 권위주의와 인종주의가 심함을 발견
- 그러나 권위주의도 사람의 정치정향에 따라 여러 형태로 나타난다고 주장
- 대체로 권위주의자는 부하에 대한 지배적인 태도와 상사에 대한 복종의 태도를 특징으로 함
③ H. J. Eysenck : 정치적 성격형을 '모진 마음(tough-minded)'과 '착한 마음(tender-minded)로 분류하고, 전자과 권위주의와 독단주의의 징후라고 주장
- 또한 그것은 공산주의와 파시스트에서 잘 나타남

(3) 민주주의 성격형 - R. Dahl의 논의

① 자신에 대하여 : 자신의 존엄과 가치에 대한 신념이 강함
② 타인에 대하여 : 타인의 존엄과 가치에 대한 신념이 강함
③ 권위에 대하여 : 타인의 자율성을 강조하고, 권위주의와

대조적인 태도를 취함
④ 사회에 대하여 : 개방적이며, 다양성을 존중하며, 변화와 타협에 대하여 긍정적임
⑤ 가치에 대하여 : 다양한 가치를 추구하며, 그것을 독점하려 하지 않고, 나누어 가지려고 함
- 그러나 성격과 정치적 행동이 반드시 일치할 것인가에 대해서는 논란이 많음
- 최근에 와서는 민주주의 혹은 권위주의 인간을 만드는 것이 성격 자체가 아니라 '정치문화'라는 연구도 나옴(P. M. Sniderman)

(4) 선동형(agitator)와 협상형(negotiator) : R. A. Dahl

① 선동형 : 선동가의 본질적 징표는 그가 공중(公衆)의 감정적인 반응에 부여하는 높은 가치
- 비타협적 태도가 특징
② 협상형 : 타협가적이며, 실용주의적 경향을 특징으로 함

(5) 이상에서 논의한 정치적 인간 형성에 있어 주된 요인은 i) 개인적 기질과 ii) 환경-문화의 2가지로 정리될 수 있음

5. 정치적 인간

(1) 서언
① 정치학의 연구대상은 당위(sollen)로서가 아닌, 존재(sein)로서의 정치적 인간
② 정치사회의 인간 연구는 i) 개인을 대상으로(personality, 심리적 변수로 접근) ii) 집합적 정치적 레벨에 따라 접근(상호관계를 지님)

(2) 정치적 인간의 개념
① Political man: 아리스토텔레스의 '市民' 개념 - 정치에 직접, 간접 참여하는 시민의 행동 정향
② Political Personality: i) 전통적인 정치적 인간 - 권력인(權力人), 역사상 극소수의 제왕(帝王) (Lasswell) ii) 정치인, 정치지도자로서 권력 추구하기 위한 정치활동자나 전문직 종사자

(3) 정치적 인격의 형성
① 존경에 의한 생득적(生得的) 욕망: 가족 및 주변에서 충족되지 못한 경우
② 제1차적 환경에서의 가치박탈: 권력추구자는 가치박탈에 대한 보상(compensation)의 수단으로서 권력추구
③ 사적(私的) 동기의 합리화: 사적 동기가 공적 목표로 전위하여 공공(公共)의 이름으로써 합리화(合理化)되어 정치적 인간이 탄생

(4) 정치적 인간의 퍼스낼리티
- Lasswell의 유형
- 유년기를 중심으로 하는 심리적 발전의 과정으로 설명(권력자를 대상으로 가정에서 개개인의 행동이 정치적 과정에 미친 영향)

i) 극화적 성격(선동가형)
ii) 강박적 성격(행정가형)
iii) 냉철적 성격(이론가형)

제4절 정치적 무관심

1. 정치적 무관심의 의미

i) 정치적 무관심은 어떠한 권력 내지 상징에 대해서도, 적극적인 충성도 지지도
- 적극적인 반항과 부인도 보이지 않는 태도를 의미

ii) 정치 및 그 상징에 대한 인간의 정치적 태도 가운데 주체적 인식과 행동이 결여되어 있는 정치의식
- 적극적 지지와 반대의 양극에 있는 정치의식의 중간에 위치하면서 그 어느 것에도 속하지 않는 정치적 태도

iii) 밀즈(C.W. Mills)는 미국의 일반대중에 대한 표현에서, 일반대중은 정치에 대해서는 제3자적 입장을 취하고 있다는 것
- 즉 급진적인 것도 자유주의적인 것도 아니며, 또한 보수주의적인 것도 반동적인 것도 아니다
- 그들은 말하자면 비동적(非動的, inactionary)인 태도

2. 정치적 무관심의 분류

(1) H. D. Lasswell

- 권력자를 대상으로 하여 다음과 같은 3가지 태도를 총칭하여 비정치적 태도(nonpolitical)라고 규정하고 이를 정치적 무

관심으로 파악함

① 탈정치적(depolitical) 태도 : 권력의 세계에 참여해 보았으나, 자기의 요구와 기대를 충족시키는 데 실패함으로 말미암아 일종의 환멸을 느껴 인퇴하는 것

② 무정치적(apolitical) 태도 : 권력 이외의 다른 가치에 대한 지나친 열중으로 정치에 대해 관심이 없는 것

③ 반정치적(antipolitical) 태도 : 개인적 무정부주의자처럼 자신들이 추구하는 가치가 본질적으로 정치와 충돌된다는 전제에서 정치과정에 반대하는 태도

(2) D. Riesman

- 정치적 활동에 대한 '정열'과 '실력'이라는 지표를 도입하여, 일반 대중(평균적 시민)의 정치참여 스타일을 분류함

<일반대중의 정치참여형>

정치참가의 스타일(style)	열정(affect)	실력(competence)
도학자형(moralizer)	+	+
내막정보통형(inside-depester)	-	+
의분형(indignant)	+	-
무관심형(indifferent)	-	-

① '도학자(道學者)형 - 정열과 실력을 모두 갖춤'
② '내막정보통(內幕情報通)형 - 정열은 낮고 실력만 가짐'
③ '의분(義憤)형 - 실력은 낮고 정열만 가짐'
④ '무관심형 - 정열과 실력 둘 다 없음'의 4가지로 구분하고 정치적 활동에 대한 정열도 실력도 없는 인간형을 정치적 무관심형으로 정의

(3) Robert A. Dahl

- 정치참가의 성층(成層)을 4그룹 - i) 권세자, ii) 권력추구자, iii) 정치적 관심층, iv) 정치적 무관심층으로 나누고
- 정치적 무관심층은 주체적 노력을 통한 현실변경 가능성에 대한 기대가 낮아 정치에 무관심하다고 분석

① 권세자(the powerful)
- 현재 권력을 획득해 누리고 있거나 그 중심에서 영향력을 행사하는 자
② 권력추구자(power-seekers)
- 현재 권력을 획득하지는 못했으나, 그 권력획득이란 목적을 추구하려고 행동하는 자
③ 정치적 관심층(political strata)
권력추구자에 비해 권력욕구가 떨어지나, 정치적 의견을 제시하거나 선거 참여가 높고 어느 정도 정치적 식견이 강해 정치적 무관심층보다는 정치 및 권력에 대해 적극적인 태도와 지지를 보이는 층
④ 정치적 무관심층(apolitical strata)
- 정치에 대한 의견제시나 참여도가 떨어지며, 아예 정치적 어떤 의욕이나 반응조차 느낄 수 없는 계층

3. 정치적 무관심 조장의 제요인

(1) 현대 정치의 거대화와 복잡화

- 현대 정치과정의 거대화 복잡화는 일반대중으로 하여금 무력감, 수동적인 태도, 도피적인 태도 등을 초래

(2) 비인격적 기구 속에서의 각종 분업에 따르는 심신의 피로와 정신의 수동화

- 분업은 기술의 니힐리즘(nihilism, 허무주의)과 부분인화(部分人化, part-personalization) 현상을 초래

(3) 매스컴의 마취(痲醉, anesthesia)적 기능과 각종 소비문화의 비정치적 역할

- 대중오락은 비정치적 영역에의 집중화
- 가치감각의 중화화(中和化)
- 정치의 소비·오락화 등을 촉진

(4) 번영된 사회생활

- 일반의 생활수준의 향상으로 불만의 여지가 없어지므로 정치와 같은 공공의 문제에 대해서 무관심

(5) 생(生)에 대한 절망감과 신념체계의 파괴를 가져오는 아노미(anomie, 무질서)

4. 정치적 무관심의 초래요인

(1) 현대 정치과정의 거대화와 복잡화

- 현대 정치과정의 거대화와 복잡화는 대중들로 하여금 무력감과 왜소감, 수동적인 태도와 도피적 태도를 가져옴
- 정치를 지배하고 있는 것은 권력자 '그들'이라는 인식이 팽배

(2) 현대사회의 비인격적 기구의 발달

- 각종 집단의 방대한 발달과 그 내부의 분업에 의한 계층제 형성은 외부와 단절된 기술적 능률에만 관심을 집중시키고 일의 기계적 반복과 인간정신의 수동화 초래

(3) 매스컴의 마취적 기능과 각종 소비문화의 비정치적 역할

- 현대 상업적 저널리즘이나 스포츠·영화·연극 등의 대중오락
- 대중오락은,
i) 많은 수의 사람들의 관심을 비정치적 영역에로 집중화(그레샴의 법칙)시키고
ii) 일반대중의 가치감각을 중화화(中和化)시키며
iii) 정치의 소비·오락화를 촉진함
▶ Gresham's law → '악화는 양화를 구축한다'라고 불리워지고 있는 법칙

(4) 번영된 사회생활

- 경제생활의 윤택으로 일반대중의 사회적 불만 감소로 정치 및 공공의 문제에 무관심 초래

(5) 현대의 아노미(anomie) 현상

- 아노미 현상 : 전통적 지배와 권위의 붕괴로 일종의 심리적 무정부상태를 발생케 하는 현상
- 이 아노미 현상은 공통적 가치와 감정적 유대의 결여, 고독과 상실감, 생(生)의 의미 상실 등과 같은 특징을 나타냄

5. 정치적 무관심의 결과(영향)

(1) 정당정치와 의회정치의 침체현상 초래

- 직업적인 정상배들의 난무의 기회를 허용하게 됨으로 말미암아 정당 및 의회정치의 침체화

(2) 정치적 부패의 초래 가능성

- 공적인 권력의 소수 특권자에게 독점되어 전횡되거나 자의적(恣意的) 남용을 감시할 수 없음으로 인해 위험 내포

(3) 민주주의의 반동화를 초래할 가능성

- 일반 대중의 정치에 대한 무관심은 파시즘 독재 등의 유력한 지반이 됨

6. 정치적 무관심에 대한 찬반론

(1) 무관심에 대한 낙관론(H. McClosky)

① 정치적으로 무지하거나 무관심한 사람들의 정치참여가 오히려 손실을 유발
- 오도(誤導)될 가능성이 농후하므로
② 민주주의 하에서는 일반시민들이 정치를 경멸할 수 있는 권리가 있으며
- 경솔한 정치참여는 위험
③ 복잡한 정치적 판단을 위해서는 오히려 통치능력이 있는

소수가 정치의 실무를 담당하는 것이 바람직
④ 지나친 정치참여는 오히려 사회안정을 해할 수도 있음

(2) 무관심에 대한 반대론(Jack L. Walker)

① 민주주의 하에서는 참여라는 것은 중요한 힘
- 의사(意思)와 정당한 대표를 위해서라도 참여해야 함
② 무관심의 증대는 정부가 무책임하고 불성실한 자들의 수중에 들어갈 가능성을 높힘
③ 정치적 참여는 오히려 정치적 학습의 기회를 제공하여 정치적 무지를 깰 수 있음
④ 정치적 무관심은 체제의 쇠약의 징조인 동시에 그 원인

(3) 민주주의 본질은 국민의 자치이므로 정치적 무관심은 바람직한 현상이 아님
- 사회성원의 정치참여는 정치운영의 활기에 찬 창조적 에너지가 되며
- 동시에 집단적 지혜를 발휘할 수 있는 수단이자, 폭정(暴政)에 대한 하나의 보루임

제 6 장 헌법과 입헌주의

제1절 헌법의 역사적 배경

1. 헌법(constitution)의 연원

① 그리스-로마시대
- 헌법: 국가의 권력관계에 관한 기본 지침
- 아리스토텔레스의 정치 연구: 헌법의 비교에 초점 맞춘 것
- but, 헌법의 기원을 그리스-로마시대로 거슬러 올라가는 견해 → 부적절

② 오늘날 헌법 용어
- politeia라는 그리스어, 동시에 공화국(republic)으로 번역
- constitutio라는 라틴어, 지금 헌법(constitution)과 아무런 관련 없음
- 영국 올리버 크롬웰과 리처드 크롬웰의 통치기(1653~1659)에 근대적인 헌뼈이 제정되던 시기
- 크롬웰 통치시기, 문서들은 covenants, instruments,

agreements and fundamental law 등으로 불려짐, constitution 이라 불리지 않음

③ 영국의 대헌장
- 영국의 헌법: 헌법 중에서 가장 오래된 것 중의 하나
- 헌법이란 이름을 가진 하나의 문서가 존재하지 않지만, 1215년 대헌장(Magna Carta)은 헌법적 기초를 이룸
- 대헌장은 전통과 관습, 1911년과 1949년의 의회법, 1948년의 국민대표법 등의 중요 법안들, 그리고 법원의 판결 등이 헌법의 기능을 함

④ 미국의 헌법
- 18C, 헌법이라는 용어와 입헌주의(constitutionalism) 자리 잡힘
- 근대에 만들어진 최초의 성문헌법: 1776년 버지니아, 메릴랜드, 펜실베이니아의 헌법들
- 이 헌법들은 인권 조항을 포함하고 있었으나, 주로 정부의 구성에 관련된 조항
- 1787년에 만들어진 미국 헌법, 오래된 헌법 중의 하나
- 1789년 미국 헌법 제정부터 일반화 됨
- 18C 후반과 19C 초반까지, 근대적 헌법 제대로 발전되지 않음
- 이 시기 나타난 근대 헌법의 기반은 정치권력의 성격, 정치권력을 구성하는 조직들, 정치권력과 개인들 사이의 관계 등에 관련된 개념들

2. 헌법의 내용 발전 4단계

i) 첫째 단계
- 1787년 미국 헌법과 19C 초반의 중부 유럽 국가들의 헌법에 포함된 것

- 이 시기 헌법들은 순수한 입헌적 면을 중요시
- 당시 헌법에서 강조된 것은 행정부에 대해서 제한을 가하는 것

ii) 둘째 단계
- 19C 후반 국민들의 정치에 관한 관심이 증가
- 투표권의 확대와 선거에서의 평등에 관한 조항들이 헌법에 추가

iii) 셋째 단계
- 서유럽에서는 제1차 세계대전이 끝난 이후이며, 다른 지역의 국가들에서는 제2차 세계대전이 끝난 후임
- 헌법의 초안자들은 민주주의의 기반에 큰 관심을 가짐
- 과거 중요시된 개인의 권리들에 덧붙여 교육, 고용, 진료 등의 물질적 권리를 포함
- 사회적 권리나 경제적 권리 등의 '적극적'(positive) 권리에 관한 조항들을 포함시킴
- 초기 3단계에서는 자유에 대한 제약을 철폐하는데 관심

iv) 넷째 단계
- 사회주의국가들과 제3세계 국가들의 헌법에서 나타난 것
- 자유주의적 원리들보다는 평등주의적 목적을 우선시
- 정치적 상부구조보다는 경제적 하부구조를 우선시하는 마르크스-레닌주의 이데올로기에 기반을 둠
- 이러한 헌법들은 전통적인 자유들이 실현될 수 있는 조건을 규정하고 공산당과 같은 유일정당 추구
- 이 목표를 달성하기 위해서 국가를 인도해 나가는 것이 필요하다고 강조

3. 주요 국가의 헌법제정과 개정 연도

- 오늘날 거의 모든 국가들은 헌법을 가지고 있다
- 그러나 아라비아반도의 사우디아라비아, 오만 등 일부 군주국들만이 헌법을 가지고 있지 않다

- 어떤 국가에서는 군부가 정권을 장악한 후 일시적으로 헌법을 정지시키는 경우가 있으나, 얼마간의 시간이 지난 후에는 새 헌법을 만들거나 정지시켰던 헌법의 기능 회복

<주요 국가의 헌법제정과 개정 연도>

국명	제정	개정	현행
한국	1948	1952, 1954, 1960, 1962, 1969, 1972, 1980	1987
북한	1948	1972, 1992	1998
중국	1949	1962	1991
미국	1789		1789
러시아	1906	1917, 1938, 1964, 1977	1993
일본			1947
독일	1919	1949, 1990	1995
베트남	1946	1959, 1980	1992
싱가포르	1959	1965	1994
인도	1950	1964, 1966, 1967, 1971, 1974, 1978, 1985	1988
대만		1947	1994
이스라엘		1960, 1964, 1976, 1980, 1983, 1984, 1992	1994
프랑스	1789	1946, 1958, 1962, 1992, 1993	1993
폴란드	1791	1921, 1947, 1952, 1992	1997
루마니아		1947, 1952, 1965, 1974, 1989	1991
우루과이	1830	1917, 1952, 1967	1997

제2절 헌법의 기본 성격

1. 헌법의 원칙과 규정

- 헌법은 국가권력의 근원, 목적, 사용, 그리고 이에 대한 제한 등에 관련된 원칙과 규정들을 기록한 집합적 문서
- 국가의 주요 기능을 누가 수행하며 국민들은 이러한 기능을 수행하도록 선택된 사람들을 어떻게 통제하는가

- 권력은 누가 가지며 권력의 행사에 대해서는 어떤 제한이 가해지는가
- 위기 시에는 누가 국정을 관장하는가
- 헌법은 어떤 절차를 거쳐 개정하는가 등을 주요 내용으로 하고 있다

2. 헌법 규정의 실제

- 모든 국가들은 헌법에 근거하여 정치가 이루어지는 입헌정치라는 개념을 받아들이고 있다
- But, 어느 국가의 헌법도 정치에 관한 모든 내용을 전부 포함하는 경우는 없다

Ex) 미국의 대법원은 의회가 통과시킨 법의 위헌 여부를 판단할 수 있는데, 이러한 점은 헌법에 규정되어 있는 것은 아니고 강력한 대법원장이었던 마샬(J. Marshall)에 의해 나중에 정립된 것

- 정치나 권력의 분배에 관한 규정들의 상당수는 다른 법률에 포함되어 있거나 또는 비공식적인 방법으로 실시된다

Ex) 미국 헌법에 선거인단(electoral college)이 대통령 선출에서 결정적인 역할을 하는 것으로 되어 있지만, 실제로 이들은 자기 주의 주민들이 투표한 결과를 그대로 따라서 선거인단투표를 하고 있기 때문에 이들은 아무런 권한을 가지고 있지 않다

Ex) 언론이 정치나 정책결정에서 지대한 영향을 미치는 권한을 갖는다는 규정은 어떤 헌법에서도 볼 수 없으나, 실제로는

언론은 지대한 영향을 미치고 있다

3. 헌법의 존재 의의

- 헌법의 존재 의의는 피치자인 국민들이 그 헌법의 기본 원리를 인정할 때 찾을 수 있다
- 초기의 헌법들은 군주에 의해 선포되었으며 아직도 일부 헌법들은 이러한 전통에 따라 선포되고 있다
- But, 미국 헌법은 "우리 국민들은 …이를 승인하며 또 만든다"는 형식을 띠고 있다

∴ 헌법은 사회구성원들의 승인에 바탕을 두며 이에 의거하여 권력의 범위가 정해지고 또 이에 대한 통제가 이루어진다

4. 헌법의 권리 부여 여부

- 헌법들 중에는 권리를 부여하는 헌법이 있는가 하면 권리를 인정하는 헌법도 있다

i) 권력 부여 의미는 국가가 국민들에게 권리 부여했다가 어떤 때는 이러한 권리를 빼앗아 갈 수 있다는 얘기

Ex) 대통령을 직선으로 선출할 수 있는 권리를 국민들에게 주었다가 헌법을 개정하여 대통령을 의회가 선출하도록 하면 국민들은 과거에 행사하던 권리를 박탈당하게 된다

ii) 영국의 불문헌법이나 미국의 성문헌법에서는 권리가 정부에 의해 부여되는 것이 아니라 정부의 권력을 제한함으로써 국민들의 권력을 인정하는 것으로 규정하고 있다

∴ 이 점에서 민주정치의 근본은 헌법에 규정된 대로 통치할 수 있게 헌법에 근거한 입헌정치가 되어야 한다

5. 헌법 용어의 3가지 의미

i) 헌법은 일련의 규정 의미
- 이 의미는 헌법에 근거한 통치(constitutional rule)라는 표현
- 정부의 운용이 자유롭게 이루어지면서도 동시에 제약을 받ول 의미
- 시민들에게는 최대한의 자유를 보장한다는 것을 의미

ii) 헌법은 어떤 시점에서 기록된 문서를 의미
- 헌법의 기본 원칙이라기보다는 현실적으로 적용되는 문서를 지칭
- 정치제도와 정치과정이 꼭 헌법에 근거하여 이루어지지 않음을 의미

iii) 헌법은 정치체의 실제 조직에 관해 설명한 문서에 불과하다는 의미
- 거의 모든 국가가 헌법이란 문서를 가지고 있지만 정부가 진실로 헌법에 의거한 지배 운용 의미에서 보면, '입헌적' 국가라 할 수 있는 국가는 많지 않다는 의미

Ex) 헌법상 명시된 규범들이 실제 적용되지 않는 경우, 그 사회 일반화된 규범들이 헌법이라는 문서에 용해되지 않는 경우, 등이 그것이다

제3절 헌법의 형식과 내용

1. 헌법의 형식

i) 미국 헌법
- 1787년에 만들어진 초기 헌법은 7장 24조 4,300단어의 짧은 문서에 불과
- 헌법 개정을 통해 26개의 조항이 추가되고 2,900단어가 더해짐
- 전문과 의회, 행정부, 사법부, 주, 헌법개정, 총강, 헌법의 선택 등의 7장으로 구성, 200여 년 전 헌법 제정 상황 반영

ii) 독일 기본법
- 1949년에 만들어진 기본법은 9장 107조에 19,700단어로 미국 헌법보다 더 길다

iii) 프랑스 5공화국 헌법
- 1958년에 만들어진 헌법은 9,100단어로 이뤄짐

iv) 한국 헌법
- 아홉 번째 개정
- 1987년 10월 29일 공포된 현재 헌법은 10장 130조로 구성
- 전문 이외에 총강, 국민의 권리와 의무, 국회, 정부(대통령과 행정부), 법원, 헌법재판소, 선거관리, 지방자치, 경제, 헌법개정 등 10장

2. 주요 헌법 내용

① 전문(前文)
- 헌법에서 비법률적 부분으로 선언적 성격
- 국민들에게 감정적인 면을 호소하는 내용
- 선언적인 면에서는 국가를 세운 사람들의 세계관, 이들의 역사관과 미래관
- 국가가 지향하고 추구하고자 하는 가치들, 즉 민주주의, 사회주의, 복지국가 등이 포함

② 정부의 구성
- 다양한 정부 구조와 조직과 기구들에 관한 규정 포함
- 권력을 입법부, 행정부, 사법부로 나누는 조항
- 중앙정부와 지방정부 사이에 권력을 분산하는 규정

③ 인권조항
- 개인적 권리와 집단적 권리, 그리고 권력의 남용으로부터 국민들의 권리 보장 조항(민주적 헌법, 독재정권 권력-공통)
- 인권조항들은 개인적 자유의 확대뿐만 아니라 사회·경제적 정책에 관한 규정 포함 → 실천에 많은 문제 노정
- 초기 헌법들은 주로 개인의 권리에 관해서만 규정
Ex) 1791년의 미국 헌법 개정을 통한 인권조항의 도입; 1789년의 프랑스 인권선언
- 제2차 세계대전 이후 채택된 1946년과 1958년의 프랑스 헌법, 1946년의 이탈리아 헌법, 1949년의 구(舊)서독 헌법, 1948년의 유엔인권헌정, 1955년의 유럽인권헌정 등에는 전통적인 권리에 대칭되는 '새로운 권리'(new rights) 개념이 추가
Ex) 교육권, 노동권, 파업권, 사회보장권, 경제적 규제법 등을

포함
- 그 외 선거권, 피선거권, 정권을 잡기 위해 정당을 설치하고 유지하는 권리, 집단의 이익 도모를 위한 노조 구성과 파업 권리 등이 포함
- 언론, 출판, 집회의 자유와 권리, 사생활 침해받지 않을 권리, 법적으로 차별을 받지 않을 권리 등도 포함

④ 헌법개정의 절차
- 모든 헌법은 헌법개정의 절차에 관한 조항 포함

3. 헌법의 내용: 정부조직

- 헌법의 내용 중 가장 효율성을 갖는 정부의 조직 3가지 영역 규정
① 중앙의 정책결정기구가 어떻게 조직되어야 하는가를 명시

i) 최고통치자 1인이 지배하는 피라미드형으로 행정부를 조직할 것인지?

ii) 하나의 집단이 책임을 공유하는 형태로 조직할 것인지?
▶ 군주제는 행정부가 1인의 지도자에 의해 운영되어야 한다는 원칙에 기반
→ 일부 헌법들이 전통 이어받음
→ 대통령제의 출현
▶ 행정부가 집단적이어야 한다는 주장
→ 다양한 형태의 정부형태
→ 가장 대표적인 것이 내각제 출현

② 행정부와 의회 간의 관계

i) 헌법은 행정부의 권력을 제한하려는 도구로서 발전
- 헌법은 정치에서 국민을 대변하려 한다
- 국민의 대변기구인 의회의 역할과 권한이 중요 부분

ii) 헌법은 행정부를 견제하고 의회의 권한 증대 규정
- 헌법에는 권력분산제도와 의회중심제도 규정
- 권력분산제도에서 의회와 행정부 각기 독립적으로 선출
- 의회중심제도에서 행정부 유지는 의회의 신임 필요
- 행정부는 의회 해산을 통해 국민들의 신뢰 직접 확인

iii) 헌법의 행정부와 의회 관계 규정의 비현실성
- 현실정치에서 민주국가든 권위주의국가든 행정부와 의회 간의 관계가 헌법의 규정대로 되지 않는다
- 대부분의 국가에서 의회의 역할 축소
- 정당이 강력해진 결과적 현상

③ 중앙정부와 지역 또는 지방정부 간의 관계를 어떻게 설정할 것인가의 문제
- 헌법은 분권화(decentralization)라는 개념 포함
- 이는 중앙정부에서 정책결정을 하는 사람들의 부담을 덜어줌
- 서유럽 국가들은 헌법에 포함시키지 않고 일반 법률이나 관례로 해 옴
- 미국은 연방제도에 바탕을 두고 중앙정부와 지방정부 간의 관계를 헌법에 명시
- 지방정부들은 최대한의 권한을 갖기 위해 헌법에 중앙정부와 지방정부의 분리 명시 강조

제4절 헌법과 입헌주의

1. 입헌주의(constitutionalism)

i) 입헌주의
- 헌법에 의거하여 정부가 구성되고 또 정치가 행해지는 것 의미
- 헌법 자체가 특정한 집단에게 부당한 이익을 주지 않는 공평한 것이어야 한다는 의미
ii) 입헌정부
- 정부가 헌법에 의거하여 구성된 경우
iii) 입헌정치
- 헌법에 의거하여 정치가 행해지는 것 의미

2. 입헌주의의 전통

- 미국, 영국, 캐나다, 오스트레일리아, 뉴질랜드 등의 국가에서 잘 정립
i) 미국
- 정치적 압력으로부터 독립되어 있는 대법원이 법률이 위헌이라고 판단하여 이를 무효화할 수 있는 권한 지님
ii) 영국, 캐나다, 오스트레일리아, 뉴질랜드
- 영국, 캐나다, 오스트레일리아, 뉴질랜드는 이런 권한과 관련해 헌법 규정 없음
- 국가가 정한 법치에 누구나 복종하며 자의적(恣意的)인 권

력의 남용으로부터 개인을 보호해야 한다는 오래된 전통 수립
▶ 단, 이들 5개국은 입헌주의 전통이 상대적으로 강할 뿐 절대적 의미는 아님

제5절 헌법의 종류

- 헌법은 성문헌법과 불문헌법의 2가지 형식으로 분류

1. 성문헌법

- 법률 중에서 최고의 법으로서 하나의 문서로 구성
- 미국 헌법처럼 매우 짧은 것이 있고, 인도 헌법처럼 매우 긴 것도 있음
- 대부분 성문헌법들은 스위스 헌법이나 한국 헌법처럼 하나의 문서로 되어 있음
- 캐나다 헌법처럼 여러 개의 문서로 된 경우도 있음
- 성문헌법의 법체계는 시민법(civil law)체계로서, 시민법은 유럽대륙의 로마법에 그 근원을 둠
- 관습법 국가인 미국의 루이지애나주, 캐나다의 퀘백주 등은 시민법체계를 가지고 있다

2. 불문헌법

- 영국, 뉴질랜드, 이스라엘 등이 이에 속함
- 영국, 뉴질랜드는 근본적인 정치규범들에 관해 강한 합의

가 있어 이를 성문화하지 않고 있다
- 이스라엘은 건국 시 제헌의회에서 성문헌법을 채택하려 했으나, 종교 정당들이 강력이 반대한 케이스
▶ 영국의 불문헌법 구성 요인
- 헌법이란 이름 붙인 하나의 문서가 아닐 뿐, 헌법과 똑같은 역할로서의 불문헌법
i) 의회가 통과시킨 법들이다
ii) 입헌주의 면에서 중요성이 높은 사건들에 대해 법원의 판사가 내린 결정들이다
iii) 정부를 매일 운용하는 과정에서 행해진 정치적 관행들이다
- 이러한 관행은 어디에도 기록되어 있지 않다
▶ 영국 헌법과 관련해서 가장 중요한 것은 의회(議會)
- 법원의 판결이나 정치관행은 의회에서 법을 통과시켜 이를 무효화할 수 있다

제6절 위헌심사권과 헌법재판소

▶ 헌법과 일반법의 상충
- 헌법은 국가가 운용되는 기본 원칙을 규정하고 있는 법
- 헌법은 다른 모든 법률들에 우선하는 최고의 법
- 그래서 의회가 만드는 일반법들은 헌법과 상충되어서는 안된다

1. 위헌심사권

- 헌법과 일반법이 상충될 때 이를 예방하기 위해서 이를 결정하는 권한인 위헌심사권(judicial Review)을 사법부에 부여하여 여기서 결정을 내리게 만든다
- 미국은 1803년 대법원장이던 존 마샬에 의해 말바리 대 메디슨(Marbury vs. Madison) 사건에 대한 판결을 통해 위헌심사권이 확립
- 대법원장이 위헌심사권을 갖는 국가(노르웨이, 덴마크, 미국, 아이슬란드, 스웨덴, 오스트레일리아, 캐나다)
- 위헌심사권이 없는 국가들(불문헌법을 가진 이스라엘, 뉴질랜드, 영국과, 성문헌법을 가진 벨기에, 핀란드, 룩셈부르크, 네덜란드, 스위스 등)

2. 헌법재판소

- 일부 국가들은 위 2가지 입장에 대한 대안으로 정규 사법기관이 아닌, 헌법재판소나 헌법위원회를 두어 위헌심사권을 부여
- 오스트리아 제1공화국에서 처음 사용
- 현재 남아프리카공화국, 독일, 오스트리아, 이탈리아, 터키, 한국, 헝가리 등 40개국이 사용

<헌법재판소가 있는 국가들(재판관 수)>

아시아	중동	아프리카	중남북미	유럽
네팔(5), 몽골(9), 캄보디아(9), 한국(9)	시리아(5), 이집트, 터키	남아프리카공화국(11), 르완다, 마다가스카르(9), 모로코(9), 앙골라(7), 중앙아프리카공화국, 콩고공화국(9)	과테말라, 콜롬비아, 페루	독일, 러시아(19), 루마니아(9), 리투아니아(9), 마케도니아(9), 말타(3), 벨로루시(11), 불가리아(12), 스페인(12), 슬로바키아(12), 슬로베니아(9), 신유고연방, 우크라이나, 오스트리아(12), 이탈리아(15), 체코(15), 키르기스탄(11), 키프로스, 크로아티아(11), 포루투갈(13), 프랑스(9), 헝가리(11)

제 7 장   권력구조

제1절 대통령제

1. 대통령제의 특성

- 대통령제는 권력분립을 핵심으로 한다
- 17C말 존 로크는 영국 국왕과 의회 간의 오랜 갈등이 국왕을 의회로부터 분리시킴으로써 해결 가능하다고 봄
- 18C중반 프랑스 몽테스키외는 프랑스 체제는 입법·행정·사법권을 분리하는 것이 좋다고 함
- 몽테스키외 이론은 국왕은 행정부를 관장하고, 의회는 입법부를 관장하는 것으로 제시

① 대통령제의 특징

i) 행정부와 의회 간에 권력 분리
ii) 대통령은 국민들에 의해 직선, 임기 보장
iii) 대통령은 최고통치자이자 행정부의 수반

iv) 대통령은 장관 임명, 장관은 대통령에 복종
v) 대통령만이 행정부에서 최고직, 총리는 단지 장관들의 대표인 경우
vi) 장관들은 의원직을 겸직할 수 없다
vii) 대통령은 의회에 책임지는 것이 아닌, 헌법에 책임진다
- 대통령이 헌법에 책임지는 것은 탄핵제도를 통해서 이워진다
viii) 의회와 행정부 간에 견제와 균형 이뤄진다
- 대통령은 의회 해산 할 수 없다
- 의회는 대통령을 면직시킬 수 없으며, 대통령도 의회를 해산할 수 없다
ix) 의회와 행정부 간에 갈등이 있을 때 결정을 내리는 것은 사법부다
x) 행정부는 유권자에게 책임을 진다
xi) 대통령제에서 권력의 독점이 없다
- 내각제는 권력의 핵심이 의회지만, 대통령제는 권력의 집중이 아닌, 권력의 분산을 특징으로
- 그러므로 권력을 독점하는 핵심기구는 없다

② 대통령제를 규정하는 2가지 특징

i) 국민들에 의하여 선출되어 행정부를 장악하는 대통령과, 역시 국민들에 의해 선출된 입법부가 각각 민주적 정통성을 가진다는 점
ii) 대통령과 의회 양자 모두가 각각 일정한 임기를 보장받고 선출된다는 점

2. 대통령제의 장점

① 대통령제의 장점
i) 이 제도가 행정부의 안정을 보장한다는 점
- 대통령의 임기가 보장되는 안정된 제도로 인식
- 다당제와 내각제는 수상(총리)가 빈번하게 교체되어 정치위기에 직면한 내각제와의 차별
ii) 인지성(identifiability)과 책임성
- 인지성: 유권자가 자신이 찍은 후보가 당선되면, 그가 집권할 것이라는 것을 알면서 투표한다는 의미
→ 내각제나 다당제에서는 어떤 정당이 내각을 구성할 것인지를 모르면서 투표한다는 것
- 책임성: 정책의 결과에 대한 책임을 대통령 개인이 직접 지기 때문에 유권자에 대한 책임성이 높다는 것
→ 오직 대통령 1인이 책임지기 때문에 책임에 대한 혼동이나 공유 등은 존재하지 않는다는 것

② 대통령제의 장점 반박
i) 단임제 대통령은 대통령의 책임을 전혀 물을 길이 없다는 주장
ii) 단임제 대통령은 책임으로부터 면제된다는 점

3. 대통령제의 문제점

① 대통령제의 제도적 특성
- 대통령이 전체 국민들에 의해 민주적으로 선출되었기에 정통성을 가진 유일한 존재라는 점
- 정해진 임기 동안 집권하도록 선출되었다는 점

② 대통령제의 문제점
i) 문제는 임기의 고정화에 따른 경직성
- 위기에 빠지더라도 행정부의 수반을 바꿀 방법이 전혀 없다는 점
- 헌법상으로 탄핵제도가 포함되지만, 내각제에서의 불신임 투표에 비하면 적용이 훨씬 더 어렵다는 것
- 대통령 스스로 사임하지 않을 경우헌법을 어기지 않는 한 면직시킬 방법이 없다는 것
ii) 대통령의 직책이 양면적인 성격을 갖고 있어 애매모호하다는 점
- 대통령이 국가수반이면서 정당의 지도자라는 점
- 정당에 기반을 둔 대통령의 정파적 역할 수행이 국가수반으로서의 역할을 위배하는 것으로 보기 쉽다

4. 대통령의 권한

① 대통령이 갖는 권한

i) 그가 국가원수라는 점
- 공화제를 채택하고 있는 국가들에서 국가원수는 대통령
- 미국 대통령제는 대통령이 국가원수이면서 동시에 행정수반
▶ 내각제 국가에서 대통령은 국가원수와 행정수반이 동일인이 아니고 양자 간에 엄격한 권력분립이 존재
ii) 대통령제 국가에서 직선으로 선출된 대통령은 실질적 권력을 갖는 행정수반

② 대통령의 의회 관계에서 4가지 권한

i) 의회가 통과시킨 법을 거부할 수 있는 권한
- 거부권은 의회가 발의해서 통과된 법안이나, 또는 행정부가 발의한 법안을 의회가 수정시켜 통과시켰을 때 행사
- 대통령의 거부권은 포켓거부권(pocket veto), 부분 거부권(line-item veto), 일괄거부권(package veto) 3가지
▶ 포켓거부권: 의회가 통과시킨 법안에 대해 대통령이 서명하지 않는 것
- 이 경우 의회가 아무런 조치를 취할 수 없다
- 사실상 그 법안 폐기된 것
▶ 부분 거부권: 대통령이 법안 중의 일부를 삭제하고 난 부분만에 대해 서명하는 것
▶ 일괄거부권: 법안 전체에 대해 거부권을 행사하는 것
- 의회가 재통과시키기 위해서는 3분의 2의 찬성 있어야

ii) 입법을 제안할 수 있는 권한
- 대통령 또는 행정부는 법안을 발의하여 의회에 제출할 수 있다
- 이 권한은 미국 대통령은 가지고 있지 않으나, 대부분이 대통령제 국가의 대통령들은 이 권한을 갖는다
▶ 대통령이 속한 정당이 의회에 다수 차지할 때: 발의한 법안이 의회 통과 쉽다
▶ 대통령이 속한 정당이 의회에 다수를 확보한 정당이 다른 분리정부일 때: 발의한 법안이 의회 통과 어렵다

iii) 의회해산권
- 의회와 행정부의 권력분립을 원칙으로 하는 대통령제에서 대통령의 의회해산권은 권력분립 위배하는 것

- 의회는 대통령에 의해서 정해진 임기 이전에 해산될 수 있지만, 반대로 대통령은 의회에서 해임될 수 없고 정해진 임기가 보장
- 한편 대통령이 의회를 해산할 수 있는 권한이 있는 반면, 대통령은 의회에서 면직될 수 있다
- 의회에 의한 면직은 탄핵에 의한 경우지만, 탄핵의 위기에 직면한 대통령은 스스로 사임하는 경우가 많다
Ex) 1974sus 미국 닉슨 대통령은 상원의 탄핵표결에 맞서 사임; 1993년 브라질의 콜로르(Collor) 대통령과 베네수엘라의 페레즈(Perez) 대통령은 부정부패혐의로 의회 압력으로 사임

iv) 국민투표를 실시할 수 있는 권한
- 대통령은 자신이 추진하고자 하는 법안이나 정책을 의회가 반대할 때에는 의회를 무시하면서 국민들이 직접 이를 결정하도록 국민투표를 실시
- 미국 대통령에게 이 권한은 없으나, 칠레 등 남미를 비롯한 대부분의 대통령제 국가들과, 앙골라나 프랑스 등의 이원집정제 국가들에서 이를 인정

<대통령제 국가>

대륙	국가
아시아	대만(총통제), 라오스, 몰디브, 몽골, 베트남, 북한, 인도네시아
중동	레바논, 시리아, 예멘, 이라크, 이란, 이집트
아프리카	가나, 가봉, 감비아, 기니비사우, 나미비아, 남아프리카공화국, 니제르, 마다가스카르, 말라위, 말리, 모리셔스, 모리타니, 모잠비크, 베넹, 보츠와나, 부르키나파소, 상투메프린시페, 세네갈, 세이셸, 수단, 시에라리온, 앙골라, 짐바브웨, 차드, 카보베르데, 콩고민주공화국, 튀니지
유럽	그루지야, 러시아, 마케도니아, 몰도바, 신유고연방, 아제르바이젠, 알바니아, 우즈베키스탄, 카자흐스탄, 크로아티아, 키르기스탄, 키프로스, 투르크메니스탄
중남북미	가이아나, 과테말라, 니카라과, 도미니카공화국, 멕시코, 미국, 베네수엘라, 볼리비아, 브라질, 아르헨티나, 아이티, 에콰도르, 엘살바도르, 온두라스, 우루과이, 코스타리카, 콜롬비아, 칠레, 파나마, 파라과이, 페루
오세아니아	나우루, 마샬군도, 마이크로네시아연방, 키리바시, 팔라우

제2절 내각제

1. 내각제의 역사

- 내각제는 혁명의 산물이 아니라, 점진적 개혁의 결과 출현

① 3단계 발전과정

i) 1단계: 군주제의 단계
- 17C말 영국 국왕 제임스 1세 "군주의 권한은 신(神)이 부

여한 것"으로 표현
-But, 의회는 경제권을 확보함으로써 자신들의 권한을 확대해 옴
- 군주의 역할은 의회와 호의적인 관계에서만 기능하는 행정적 관할에 한정

ii) 2단계: 국왕의 주도권에 도전하는 집합체인 '의회'(assembly)가 생성한 단계
- 국왕의 행정권과 구별되어 의회에 입법권이 주어져 헌정의 발전이 시작한 단계
- 이 시기 의회는 단순한 집합체, 즉 국민 대표들의 집합체로부터 입법부(legislature)가 됨

iii) 3단계: 의회가 행정부를 책임지게 되어 '의회'(parliament)가 되고 국왕은 전통적으로 행해오던 권력의 대부분을 상실하게 된 단계
- 권력의 분립에 관한 이론들과 민주주의 이론들이 유행한 단계
- 18C들어 국왕은 행정권을 상실한 시기
- 장관들은 국왕이 아니라 의회가 자신들이 책임져야 할 권력을 갖는 기관으로 간주
- 이 단계에서 장관들은 점차로 의회의원들 중에서 선택되었고, 의회가 이들에 대한 신임을 철회하면 사퇴함
- 이 결과 영국, 벨기에, 스웨덴과 같은 입헌군주국에서 군주는 행정권을 행사하는 일이 없어짐
- 그 대신에 행정권은 의회에 책임을 지는 국왕의 장관들에게 넘어감
- 이에 따라 행정부의 기능과 입법부의 기능이 혼합된 내각제(parliamentarism)의 형태 출현

② 내각제 용어

- 한국에서 내각제를 지칭하는 용어는 parliamentarism
- 영어로 cabinet system이라는 용어보다는 parliamentarism 으로 사용
- parliamentarism 또는 parliamentary system이라는 용어에서 parliament는 의회를 지칭하나, 의회와 행정부가 융합(fusion)된 내각제에서의 의회를 지칭함
- 따라서 내각을 제외하고 의회를 지칭할 때는 assembly라는 용어가 주로 사용

2. 내각제의 특징

① 내각제의 발전과정

- 내각제는 민주주의가 발전되는 과정의 산물로 나타난 정치행태
- 군주가 독점하고 있던 권한이 점차로 귀족들의 대표기관이나 일반 국민들의 대표기관인 의회로 넘어가는 과정
- 초기에는 의회가 입법권만을 가졌으나 점차로 군주가 장악하던 행정권도 의원들 중에서 의회가 선출한 사람들의 집합체인 내각으로 넘어가
- 결국, 입법권과 행정권이 의회를 중심으로 혼합되어 행사되는 체제로 발전한 것

② 내각제의 특징(8가지)

i) 의회가 정통성을 지닌 유일한 정치기관이라는 점이다
- 의회에 의해 구성되고 지속되며 또 붕괴되기 때문에 내각

은 의회의 신임 여부에 의존
- 의회의 다수파가 내각을 구성하든지 아니면 소수파내각을 의회가 허용하는 상황에서 행정부의 권위가 보장
- 내각은 의회에 의한 불신임투표나 또는 정부가 제안한 중요한 법안이 의회에 의해 부결될 때 사퇴해야

ii) 행정부의 우두머리가 국가원수인 국왕 또는 대통령과 내각의 우두머리인 총리(prime minister 또는 chancellor)의 2부분으로 나뉨
- 군주는 세습제이며, 대통령은 의회에서 선출

iii) 국가원수는 총리를 지명하며 총리는 장관을 임명한다
- 국가원수는 총리의 임명에서 자유재량권이 거의 없으나 총리는 장관임명에서 매우 큰 재량권을 갖는다

iv) 내각은 집단적인 집합체의 성격을 띤다
- 행정권이 내각으로 이양되면서 내각의 우두머리인 총리가 아닌 집단으로서의 내각에 권력이 이양된 것
- 따라서 내각의 구성원인 각료들은 내각의 결정에 대해 집단적인 책임을 진다

v) 내각의 각료는 대부분이 의회의 의원인 점이다
- 각료들은 의회의 의원으로서 자신이 대변하는 지역주민들의 결정에도 종속된다
- But, 모든 내각제 국가에서 장관이 의회의원일 것을 요구하지는 않는다
- 네덜란드, 노르웨이, 룩셈부르크에서는 의원이 장관에 임명되면 의원직을 사퇴해야 한다

vi) 행정부는 의회에 정치적 책임을 진다
- 의회는 공식적인 신임투표를 통해서나 또는 중요한 정부의 제안을 부결시킴으로써 정부를 사퇴하게 만들 수 있다
- 이 점에서 내각제는 의회가 최고의 권력을 갖는 정치체제
- 영국과 스칸디나비아 국가들은 의회(parliament) 내에서 내각의 권한이 강하기 때문에 영국에서는 내각정부(cabinet government)라 불린다

vii) 총리는 국가원수에게 의회를 해산하도록 요청할 수 있다
- 내각제에서 국가원수는 총리의 요청에 의해 의회를 해산하지만, 일부 국가들에서는 행정부가 의회를 해산하는 권한을 제한하고 있다

viii) 행정부는 의회에 대해 책임을 지기 때문에 유권자들에게는 간접적으로만 책임을 진다
- 행정부는 유권자들이 직선을 통해 구성하는 것이 아니고 유권자들이 뽑은 대표들 중에서 간접적으로 구성된다

3. 내각제의 종류

- 내각제는 행정부와 의회의 관계가 어떤 식으로 이루어져 있는가에 따라 3가지로 분류
첫째, 총리 중심제 또는 영국형 내각제
- 이 유형은 행정부의 핵심인 내각이 의회보다 더 강력하다
둘째, 의회가 강력하고 행정부는 권한이 약한 유형
- 첫째 유형과 정반대 유형
- 이 예는 프랑스의 3공화국, 4공화국이 있다
셋째, 위의 2유형의 중간형
- 내각이나 의회가 아니라 정당이 강한 권한을 갖는 유형

① 총리중심형 내각제

i) 영국의 사례
- 효율적이면서도 안정적인 내각제
- 전형적인 예는 영국
- 영국 내각제는 단일정당에 의해 정권이 구성
- 선거제도는 1선거구 1인 선출제도
- 정당체계는 양당제
- 의회에서 다른 정당이 주장하는 대로 투표를 하게 되면 정권을 다른 정당에게 넘겨주는 것이기 때문에 정당의 규율이 강함

ii) 영국식 내각제 성립 조건
- 첫째, 선거제도는 단순다수 선거제
- 둘째, 정당체계는 양당제
- 셋째, 정당 규율이 강함
▶ 영국식 내각제는 성립되기 쉽지만, 붕괴되기는 매우 쉽다
- 단순다수 선거제를 채택한다고 언제나 양당제는 아니며
- 1선거구 1인 선출제를 채택한다고 총리중심 내각제가 자동적으로 되는 것도 아님

iii) 영국형 모델 수용 국가들
a) 독일 사례
- 약한 총리중심 내각제의 대표적인 예
- 양당제보다 대부분 3당제였고, 언제나 2개 정당의 연립정부
- 총리는 의회에서 선출되지만, 꼭 소속 정당의 당수가 총리 되는 것은 아님
- 그러나, 총리가 중심이 되기 때문에 총리중심형 내각제
b) 독일에서 총리중심형 내각제가 가능했던 이유

- 첫째, 1953년 연방 헌법재판소가 나치당을 불법화시킨 것처럼 반체제정당을 불허했기 때문
- 둘째, 선거에서 전국적으로 5% 이상의 득표를 하지 못하거나 지역구 선거에서 3석 이상을 얻지 못하면, 정당에게는 의석을 배분하지 않는 봉쇄조항 때문
- 셋째, 의회가 총리에 대한 불신임투표를 시행하기 전에 다음 총리를 미리 결정하여 놓은 건설적 불신임투표 때문
- 넷째, 독일의 3당제가 영국 양당제와는 다르면서 실제 정치가 행해지는 데는 총리가 중심이 되는 내각제가 되는 것은, 이러한 법적·제도적 장치들을 통해 군소정당이 난립하는 다당제를 막으면서 총리의 위상을 강화했기 때문

c) 스웨덴과 노르웨이, 1954년부터 1993년까지의 일본 등의 패권정당제 국가들
- 이들 국가들은 정당체계가 양당제도 아니고 또 총리가 강력한 리더십을 가지고 권한을 행사한 국가도 아니다
- 이 국가들은 다당제이면서도 한 정당이 10년에서 40년간을 의회에서 과반수이상을 차지하면서 효율적인 내각제를 계속해 왔다
- 이 국가들에서 내각제가 잘 운영되는 이유는 정당체계가 안정되었기 때문

② 의회중심형 내각제

- 내각제가 불안정하고 효율적이지도 않은 유형

i) 의회중심형 내각제의 특징

a. 내각이 의회를 주도하지 못하며
b. 권력이 통합되어 있는 것이 아니라, 분열되어 있고 원자화

되어 있으며
c. 정치인들 간에 책임감이 전혀 없으며
d. 정당규율이 아주 약하거나 전혀 없고
e. 총리와 각료들은 단호하고 신속하게 행동하지 못하며
f. 연립정부가 자체의 상충된 의견을 해결하는 일이 거의 없어 의회에서의 지지가 불확실하며
g. 정부는 하나의 명백한 행동이나 목소리를 내는 경우가 거의 없다

ii) 프랑스 3공화국 사례
- 하나의 연립정부가 붕괴되면 다른 정당들로 구성되는 연립정부가 등장하지 못하고
- 붕괴된 연립정부에 참여했던 정당들의 다른 사람들이 내각을 구성함

iii) 정당체계의 중요성
- 정당체계 → 내각의 효율성과 안정성으로 볼 때 내각제에 미치는 결정적인 요인
a. 정당체계가 양당제일 경우
- 한 정당이 의회에서 다수 의석을 차지하기 때문에 의회에서 안정된 지지기반을 가진 정당이 효율적으로 정부 운용 가능
- 많은 정당들이 의회에 진출하는 경우에도 패권정당제의 구도에서는 하나의 정당이 주도하는 내각이 효율성을 극대화시킬 수 있다
b. 정당체계가 다당제일 경우
- 내각제가 의회중심형일 경우, 혼란과 불안정을 야기시키지만 내각제의 구도를 총리중심의 내각제로 규정하면 안정된 내각제를 촉진할 수 있다

4. 내각제의 장·단점

① 장점

i) 정치과정에서의 유연성
- 내각제는 정치위기 시 총리를 바꾸어 체제의 의기를 유발하지 않으면서 지도자를 교체할 수 있다
- 총리의 경질은 여당 자체의 결정으로 가능하고, 새로운 연립정부의 구성을 통해서 가능하다
- 내각이 소수당 내각일 경우 참여한 다른 정당들이 내각에 대한 지지를 철회하더라도 심각한 헌정위기가 초래되지 않는다

ii) 총리의 재선금지나 연임금지가 없기 때문에 비합법적인 장기집권에 대한 우려를 야기시키지 않는다
- 영국, 일본, 스칸디나비아 국가들, 인도와 같은 한 정당이 선거 때마다 계속 승리함으로써 장기적으로 정권을 지속하는 경우가 흔하다
- 내각제는 뛰어난 국정능력을 갖춘 지도자가 국민들의 지지를 받는 한 임기의 제한 없이 국정을 맡을 수 있다
- 내각제인 독일에서 콜(H. Kohl) 총리가 이끄는 기독교민주연합 연립정부는 1982년 콜이 총리가 된 후 1983년, 1987년, 1990년, 1994년의 선거에서 연속해서 승리함
- 콜 총리는 1998년9월에 실시된 총선에서 사회민주당에게 패배할 때까지 16년간을 장기집권
- 영국 마가렛 대처 총리도 1979년부터 1990년까지 11년간을 장기집권
- 결국 장기집권에도 불구하고 내각제에서는 지도자의 장기집권이 아무런 정치쟁점이 되질 않는다
- 총리는 합법적 절차에 따라 언제든지 퇴임시킬 수 있기 때문

에 전혀 독재에 대한 우려 없이 총선을 거쳐 교체할 수 있다

iii) 권력을 잡기를 원하는 정치지도자들이 의회 내의 위원회나 원내의 논쟁을 통해서 여러 가지 정치쟁점들에 대해 경험을 쌓는 기회를 갖는 점이다
- 이런 과정을 통해서 정당 내의 지도자가 부각되고 예비내각(shadow cabinet)이 발전하며 국민대중은 선거 전부터 야당지도자에 대해 잘 알 수 있는 기회를 갖게 된다

② 단점

i) 정치적 불안정으로 내각이 자주 바뀔 경우 정치의 연속성을 기대할 수가 없다는 점이다
ii) 정치적 불안정은 모든 내각제 국가에서 일반적으로 나타나는 현상이라기보다는 내각제가 실시되는 유형 중의 하나인 의회중심 내각제(assembly government)에서 주로 나타나는 독특한 현상이다
iii) 내각제에서의 내각불안정 현상은 실제보다 과장되어 지적되는 경우가 많다는 것이다
iv) 내각제의 정부불안정 현상은 극단적인 비례대표제를 완화하는 봉쇄조항(threshold clause)과 같은 선거법의 개정을 통해서도 현저하게 감소시킬 수 있다

5. 내각제와 민주주의 간의 관계

① 내각제는 제2차 세계대전 후에 많은 민주주의 국가들이 채택해 오고 있는 권력구조 유형이다
② 대통령제보다는 내각제가 민주주의의 실현이나 민주주의의 공고화에 적절한 권력구조라는 점이 경험적으로 입증되고 있다

<내각제 국가>

대륙	국가
아시아	네팔, 방글라데시(1971~1975, 1991~현재), 싱가포르, 인도, 일본, 캄보디아, 파키스탄(1973~1977, 1990~현재)
중동	이스라엘, 터키
아프리카	레소토, 에티오피아, 콩고공화국
유럽	그리스, 네덜란드, 노르웨이, 덴마크, 독일, 룩셈부르크, 말타, 벨기에, 북키프로스터키공화국, 스웨덴, 스페인, 슬로바키아, 슬로베니아, 아이슬란드, 아일랜드, 안도라, 에스토니아, 오스트리아, 이탈리아, 체코, 헝가리
중남북미	그레나다, 도미니카, 바베이도스, 바하마, 벨리즈, 세인트루시아, 세인트빈센트그레나딘, 세인트키스네비스, 앤티가바부다, 자메이카, 캐나다, 트리니다토바고
오세아니아	뉴질랜드, 바누아투, 솔로몬군도, 오스트레일리아, 투발루, 파프아뉴기니

제3절 이원집정제

1. 이원집정제의 의미

① 용어의 이해

- 대통령제와 내각제 이외의 중요한 권력구조 유형 중의 하나가 이원집정제(bipolar)
- 학자들에 따라 분할집정제, 중간형 대통령제, 내각제적 대통령제, 의사내각제, 또는 총리형 대통령제 등 다양하게 지칭
- 대체적으로 대통령제의 변형된 유형이며, 대통령제의 장점을 바탕에 깔고 있다
- 따라서, 이 제도는 대통령제와 내각제의 중간이라기보다는 대통령제가 변형한 유형이다

② 이원집정제로 분류와 그 특징

i) 국가원수인 대통령이 일정한 임기 동안 국민들에 의해 직접 또는 간접적 방법으로 선출된다
ii) 국가원수는 행정권을 총리와 공유한다
- 대통령제에서는 대통령 1인에게만 집중되었던 권력이, 이원집정제에서는 분산되어 권력을 가진 2개의 기구가 존재한다
- 국가원수인 대통령은 정부의 수반인 총리와 권력을 공유해야 한다
iii) 대통령은 자기가 직접 통치하는 것이 아니라 내각을 통해서 통치한다
iv) 대통령은 총리를 임명하고 총리는 내각의 각료를 임명한다
- But, 총리와 내각은 대통령으로부터 독립적이며 의회의 신임에 의존한다
- 총리와 내각은 의회의 신임이나 불신임의 대상이 된다
v) 이원집정제는 대통령과 총리 간에 권력의 균형이 한쪽으로 치우치게 된다
▶대통령이 소속한 정당과 의회의 과반수이상을 차지하는 정당이 같은 정당일 때: 논란의 여지가 없다
▶대통령의 소속 정당과 의회의 다수당이 다를 때: 논란의 여지가 있다
- 이는 미국의 대통령제에서의 '분리정부'(divided government) 상황으로, 이런 경우에 대통령제와 이원집정제 간에 차이 존재
▶대통령제와 이원집정제 간에 차이 상황 가정
a. 대통령제와 이원집정제가 차이가 없는 경우
- 분열된 행정부와 의회가 대립과 갈등을 하여 교착상태에 빠지는 것이다
b. 양자 간에 차이가 있어 이원집정제에서는 이런 경우 내각

제와 같은 상황이 되는 것이다
- 만약 야당이 의회의 과반수 의석을 차지하게 되면 실질 권력은 총리 손으로 넘어 가제 된다
c. 사르토리의 경우
▶ 대통령의 소속 정당과 의회의 다수당이 같은 경우
→ 대통령은 헌법상 권한이 규정되어 있는 총리가 주도하는 정부를 통해 통치해야 하기 때문에 대통령이 혼자서 통치하는 대통령과 같을 수 없다고 지적
▶ 대통령의 소속 정당과 의회의 다수당이 다른 경우
→ 대통령은 내각제에서의 대통령과 다르다는 것이다
- 대통령이 자신의 권한을 강하게 행사할 수는 없으나 그렇다고 해서 그가 실권이 없어 상징적인 존재에 불과한 내각제의 대통령은 아니라는 것이다
- 이원집정제의 대통령은 여전히 내각제의 대통령이 갖지 못하는 헌법상의 특권을 가지고 있어 권위를 가지고 역할을 할 수 있다는 것이다

2. 이원집정제 국가들

- 이원집정제의 대표적인 국가는 현재의 프랑스 5공화국, 핀란드, 스리랑카, 폴란드, 1976년부터 1982년까지의 포르투갈, 그리고 독일의 바이마르공화국 등이다

i) 바이마르공화국(1919~1933)
- 당시에는 이원집정제 용어가 존재치 않아 강력한 대통령에 의해 견제 받는 내각제로 인식
- 바이마르공화국에 이 제도를 도입할 것을 주장한 학자는 막스 베버
- 바이마르공화국이 이원집정제를 채택한 것은 특정한 역사

적 상황의 산물
- 제1차 세계대전 패전과 함께 군주제가 붕괴된 독일은 당시 독일의 정당체계의 특성, 연방국가적 성격, 어려웠던 국제적 위상 등을 감안하여 이미 확립된 내각제적 전통을 수용하면서 직선제 대통령을 두는 제도를 채택
- But, 이원집정제를 채택한 바이마르공화국이 정국의 혼란으로 붕괴
- 이 원인에 대해 사르토리는 그것이 바이마르공화국 자체의 문제가 아니라 당시의 선거제도와 정당체계에 문제의 근원이 있었다고 지적

ii) 프랑스 5공화국
- 이원집정제의 대표적 국가
- 대통령은 7년 임기로 직선으로 선출되며 당선 횟수에 제한 없다
- 대통령은 총리를 임명하거나 해임할 권한을 가지며, 각료회의를 주재한다
- 의회를 해산할 수도 있다
- 그러면서도 미국과 같은 대통령제가 아니기 때문에 대통령의 권한이 제한될 때도 있다
- 1958년 새헌법을 채택하여 이원집정제를 시작한 후 1986년까지 28년간은 대통령이 소속한 정당이 하원에서 항상 다수 의석을 차지하였으며, 이에 따라 대통령은 전권을 행사할 수 있었다
- But, 1986년부터 1988년까지와, 1993년부터 1995년까지, 그리고 1997년 이후 1999년까지 3시기 동안에는 대통령이 소속한 정당이 하원에서 다수 의석을 확보하지 못했다
- 그 결과 동거정부(cohabitation) 불가피
a. 좌파 대통령 미테랑과 우파 총리 시락은 2년 동안 불편한 동거정부

b. 1993년 총선 실패로 미테랑은 우파 에두아르 발라뒤르를 총리로 임명하고 제2차 동거정부 구성
c. 1997년 총선에 좌파가 승리, 우파 시락 대통령이 리오넬 조스팽 사회당 당수를 총리로 임명해 동거정부 구성 등

iii) 핀란드
- 1919년 이원집정제 채택, 역사적으로 최초의 이원집정제 국가
- 1919년 당시 우파 정치세력들은 입헌군주제를 채택하고자 하였으나, 이것이 불가능하고 오히려 정치권에서 불신 받던 좌파가 집권가능성이 생기자 이를 막기 위해서 이원집정제가 타협안으로 채택
- 따라서 핀란드이 이원집정제 채택은 정당의 불신 때문이었으며, 이 점은 1958년 프랑스도 마찬가지

iv) 폴란드
- 폴란드에서 대통령은 직선으로 선출하며 총리는 대통령이 임명
- 1989년 민주주의체제가 수립된 후 2차례 동거정부 구성
- 첫 동거정부는 1990년 대선에서 자유노조 출신 바웬사 대통령 하에 실시한 1993년 총선에서 좌차의 승리로 좌파의 발데마르 파블리크 총리 임명으로 좌우 동거정부 성립
- 두 번째 동거정부는 1995년 11월 대선에서 공산당 출신 민주좌파동맹의 알렉산드르 크바스니에프스키가 바웬사를 물리치고 당선 이후 1997년 9월 총선에서 자유노조 등 정당연합체가 승리, 우파 총리가 동거하는 정부 등장

3. 이원집정제의 장점

- 대통령이 총리를 바꾸거나 정책을 바꾸도록 할 수 있기 때문에 내각제에서 나타날 수 있는 정치의 위기나 정권의 위기

를 겪지 않고 정책변화를 할 수 있다
- 정책실패의 책임이 총리에게 돌아가 대통령은 이에 영향을 받지 않을 수 있다
- 대통령이 만일 자기 역할을 제대로 못할 때에는 총리가 더 강력하게 기능함으로써 보완할 수 있다

4. 이원집정제의 문제점

- 이원집정제에서 두 권력기구인 대통령 대 의회의 헌법적 역할에 대해서는 헌법학자들 간에 서로 다른 해석이 존재한다
- 이원집정제가 위기상황에 놓일 때는 서로 다른 의견들은 결정적인 쟁점이 될 수 있다
- 이원집정제로 분류되는 국가들의 헌법에서 규정하는 대통령의 권한 내용은 큰 차이가 있다
- 헌법상의 대통령의 권한이 실제로 대통령이 행사하는 권한의 정도와 같은 것은 아니다
- 이원집정제의 성공과 실패 여부는 그 국가의 정당체계와 역사적 상황에 밀접하게 연관되어 있다
- 프랑스 5공화국의 안정된 정치가 단순히 이원집정제의 덕분이라고만 말할 수는 없다
- 프랑스의 경우는 헌법의 변화가 가져온 영향과 선거제도의 변화 및 이로 인한 정당체계의 변화가 가져온 영향을 분리해서 논의하는 것이 잘못된 것이다

<기타 권력구조 국가들>

유형	국가
이원집정제	루마니아, 벨로루시, 불가리아, 스리랑카, 아르메니아, 우크라이나, 프랑스, 폴란드, 핀란드
집단지도제	스위스

제 8 장 정치과정론

제1절 정치과정의 의미와 특성

1. 정치과정의 의미

(1) 정치과정이란 우리가 추구하는 중요한 가치(권력, 부, 위신 등)가 사회 전체에 배분되는 것과 관계되는 모든 정치적 활동을 의미

(2) 제도나 법이라고 하는 사회의 정태적 모습에 대비해 정책결정과정과 관련된 사회 모든 부분의 역동성에 초점

(3) 즉 정치과정은 정치적 기능이 수행되는 제반 과정을 포함하는 개념으로 입법부, 행정부, 사법부의 기능수행과정, 정치사회화 과정, 이익집단의 이익표출, 지지활동, 정당의 충원과정과 이합집산 기능, 통신매체의 정보 및 전파과정 등을 모두 포괄

2. 정치과정 분석의 개념 틀

(1) 주요개념

- 투입, 산출, 환경, 환류 등 4가지 개념으로 구성

① 투입(input) : 국민 개개인, 계층, 집단 등의 정부에 대한 정책요구, 정부에 대한 지지 혹은 불만표시 등을 의미
② 산출(output) : 정부의 정책을 가리키는 것으로 행정, 입법, 사법부의 결정과 행동
③ 환경(circumstance) : 경제, 사회, 문화, 생태체계 등 정치 외적 요소를 지칭하고, 국내적 환경과 국제적 환경으로 구분
④ 환류(feedback) : 정부의 산출이 환경에 영향을 미치고 동시에 투입에 영향을 미치는 과정을 의미

(2) 투입 - 산출 모델

① Easton, Almond, Deutsch 등 미국 정치학자들이 개발한 모델로 정치과정이란 투입이 산출로 전환되는 과정이며, 투입과정이 정치과정과 동일시 될 정도로 중요
② 이 모델은 미국이나 서구 여러 나라의 민주주의적 정치과정의 분석에는 유용하나 권위주의, 전체주의 체제의 설명에는 부족

(3) 산출 - 투입모델

① 권위주의, 전체주의 체제의 분석에 적합한 모델로 Mills나 P. C. Schmitter의 견해를 반영하여 투입
- 산출 모델을 변형시킴

② 이 모델에서는 정부와 정부의 산출이 개인과 집단의 정치 참여 방식, 정당의 존재양식과 역할과 같은 투입과정을 강제적·비강제적 수단으로 통제하는 것을 특징으로 함

<정치과정의 '투입 → 산출' 모델>

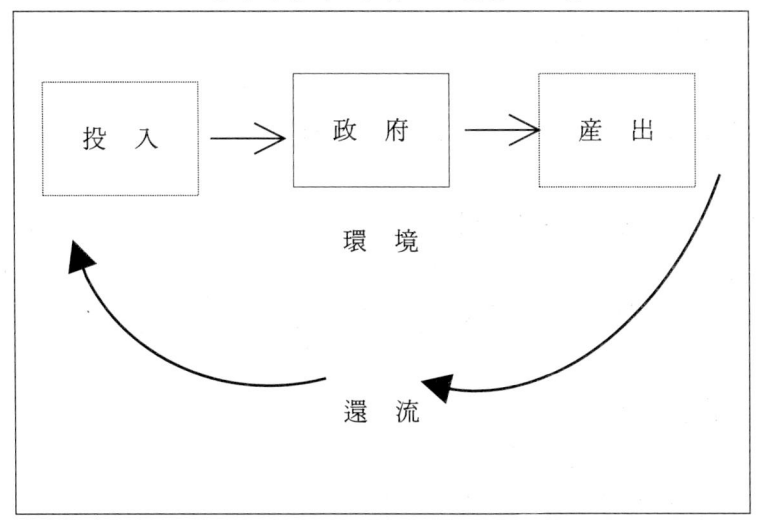

<정치과정의 '산출 → 투입' 모델>

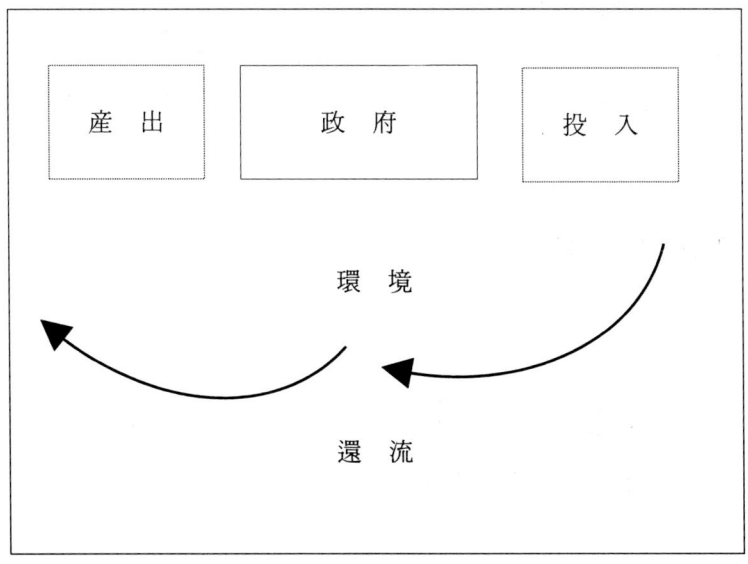

3. 투입과정의 차원

- 투입은 다음과 같은 차원에서 이루어짐

(1) 국민 개개인의 차원

- 개인의 정치적 태도에 따른 여러 가지 참여

(2) 집단 수준에서의 투입

- 각종 이익단체나 사회단체 수준의 참여

(3) 정당의 투입

- 정강의 제시를 통한 정책결정과정에의 참여

(4) 군의 투입

- 주로 제3세계나 후진국에서 이루어지는 군의 헌법적·비헌법적 경로를 통한 참여를 의미

4. 현대 정치과정의 특성

(1) 정치과정에서의 대중의 등장

- 현대의 대중민주주의 하에서는 일반대중이 참정권을 획득하여 광범위하게 정치과정에 참여

(2) 각종 집단세력에 의한 정책결정 현상의 발생

- Ernest Barker는 이러한 현상을 '우리들은 이미 개인 대 국가라고 쓰지 않으며, 이제는 집단 대 국가라고 쓴다'라는 말로 간결하게 표현

(3) 문제점

- 이상의 경향은 다음과 같은 문제점도 초래

① 대중의 등장으로 정치행태의 비합리적인 요소가 심해짐
② 조직의 거대화에 따라 조직 내 민주주의의 발전적 운영이 힘들어짐
- 소수지배의 원리나 과두제의 철칙 현상
③ 조직 속에서의 인간소외의 문제 발생

5. 정치과정에 대한 여러 관점(접근방법)

(1) 전통적 정치학의 입장

- 정치과정을 '입법과정-행정과정-사법과정'이라는 3권 분립 도식 하에, 일정한 기존질서 하에 있어서의 정부 여러 기관을 중심으로 하는 과정으로 파악

(2) 마르크스주의 정치학의 입장

- 정치과정을 지배체제를 유지, 강화시키려는 지배체제 측으로부터 감행되는 일련의 정치운동과 이것에 대항하는 피지배계급 측의 반체제 운동과의 대결과정으로 파악

(3) 현대의 정치학 (특히, 미국정치학)

- 사회를 다원적 이익이 경합하는 여러 상황의 복합체로 보는 사회관에 입각하여, 정치과정을 여러 정치적 집단 사이의 경합 내지 균형과정으로 파악

6. 현대 정치과정의 주역과 특질

(1) 현대 정치과정의 주역(主役)

- 개인은 오직 집단을 매개로 하는 경우에서만, 비로소 효과적인 결과 얻음
- 개인으로서의 정치적 행동과 발언은 미미함
- 이 중 정당과 압력단체 및 대중운동과 같은 조직집단은 현대국가의 정책결정과정에서 중요한 역할자로 수행

(2) 현대 정치과정의 특질

- 20C의 정치과정은 대중의 등장과 집단의 대두
- 이 변화는 다음과 같이 문제시됨
i) 정치행태의 비합리적 요소의 증대
ii) 조직의 거대화로 조직 내 민주주의의 유지가 어렵게 되고
iii) 과두정의 철칙의 강화
iv) 조직 속에서의 소외

7. 정치과정론의 중요성과 비판

(1) 현대 정치과정론의 중요성

- 현대 정치과정론은 사회집단 간의 균형에서 구함
- Bentley의 경우 그것은 전체사회(공동사회)의 균형이며
- V. O. Key의 경우에는 이익집단 간의 균형으로 보는 차이
- 다만 그 균형기능의 관건을 Truman에서 찾음

① 집단구성원의 중복성·다양성
- 집단의 구성원은 중복성·다양성으로 각 집단의 리더의 소속원에 대한 통제의 효과가 감소하여 집단 간 대립긴장관계가 중화(中和)됨
② 잠재(潛在)적 집단의 기능
- 집단이 조직되어 있지 않지만 이미 공통의 이해감정
- 즉 신념체계가 있어 단체 간의 대립이 격화될 경우 자동적으로 현재(顯在)집단화하여 그것을 억제하며 대립을 조정하는 데 유용하다는 것

(2) 현대 정치과정론의 비판

① 자유롭고 동질적 '시민' '공동체'인 일원적 가치체계를 전제로 한 다원적 이해(利害)의 대립과 조절의 이론
- 전통적 이론의 현대판이라는 것
② 이질적 계급 간을 교차(交叉)한다는 것은 지극히 어렵고 중복은 동일한 써클 내의 집단에 한정되어 계급대립의 선과 집단대립의 선이 일치되어 가는 현상을 간과하고 있다는 비판
③ 조직되지 않은 공동이해감정(잠재적 집단)도 계급대립의 격화에 의해 각각 다른 가치기준으로 분열하여 감으로써 대

립억제의 기능을 상실하고 있다는 비판

8. 정치과정의 특질과 문제점

(1) 18C - 개인 발견의 시대
　　19C - 사회 발견의 시대
　　20C - 집단 발견의 시대
▶ 개인 對 개인 → 개인 - 집단 - 사회로 전환
- 집단 분출 현상 : 대중사회와 더불어 현대 정치과정의 중요한 과제

(2) 정치과정의 의미
- 광의 개념 → 연속적인 개개의 정치운동으로부터 이룩되는 정치운동
- 협의 개념 → 정치권력과 사회의사(社會意思)의 매개과정
- 접근방법 ▶ i) 전통적 입장 : 입법 - 사법 -행정과정 (정부기관 중심으로), ii) Marx의 입장 : 지배계급과 피지배계급의 대립과정, iii) 현대적 입장 : 다원적 여러 집단의 경합(競合)과정
- 주역(主役) - 정당, 압력단체, 대중운동(자발적/타율적)
- 특질 i) 20C 대중운동의 등장, 집단의 대두, ii) 정치행태의 비합리적 요소의 증대, iii) 조직의 거대화 - 과두정의 철칙 강화 - 조직 내 민주주의 위기, iv) 조직 속의 소외현상

(3) 구분
i) 정당
ii) 이익집단(압력단체)
iii) 의회
iv) 선거

v) 대중운동
vi) 여론과 매스미디어

제2절 개인과 정치참여, 대중운동

1. 일반인과 엘리트

- 정치과정에서 작용하는 최하위의 기본단위는 개인이며 이러한 개인은 엘리트와 일반인으로 구분됨

(1) 엘리트란 정치적으로 많은 영향력을 갖고 있는 사람을 의미
- Dahl의 권력자와 권력추구자가 이에 해당
- 한편 Deutsch는 정치적 영향력의 크기에 따라 다시 엘리트를 핵심, 정상, 중간으로 재분류

(2) 일반인은 엘리트에 비해 정치적 영향력이 적은 사람들로 Dahl의 정치적 관심층과 정치적 무관심층이 이에 해당

2. 정치참여의 형태

(1) Richard F. Staar의 4분류

- 인습적(conventional)
- 비인습적의 차원
- 자발적(voluntary)
- 비자발적의 차원

① 인습적, 자발적 참여
- 민주적 정치차여로 투표, 정치토의, 선거운동 등
② 인습적, 비자발적 참여
- 동원적 정치참여로 투표, 정치토의 등
③ 비인습적, 자발적 참여
- 청원, 합법적 시위, 파업, 불법시위, 암살 등
④ 비인습적, 비자발적 참여
- 부화뇌동(附和雷同)을 띤 시위, 파업, 암살 등

(2) Lester Milbrath의 분류

① 냉담형(apathetics)
- 정치에 대해서 냉담하므로 정치활동을 전혀 하지 않는 사람들로 정치에 대해 혐오감을 표시하기도 함
② 관객형(spectators)
- 직접적인 정치참여는 자제하지만 법적으로 규정된 정치활동에는 관여하는 사람
③ 검객형(gladiators)
- 정치현장에 직접 뛰어들어 정치권력을 장악하기 위해서 노력하고 분투하는 사람

3. 대중운동

(1) 의미

- 대중이 정치과정에서 차지하는 비중이 뚜렷하게 증대된 시기에 나타난 특수한 형태의 정치운동
- 대중민주주의시대에 개인의 선거권과 정치적 발언권을 갖

게 되었다는 데서 그 의미를 찾음
- 그러나 대중의 요구나 발언권이 무시될 때 정부와 정치권에 대한 대중의 정치운동이 나타나는 것

(2) 대중운동의 성격

① 대중운동은 군중(群衆, crowd)·난중(亂衆, panic) 및 회중(會衆, andience)에 비해 오래 지속되고 잘 통합되나, 이익단체나 기타 결사와 같이 조직성이 없으며, 또한 군중현상과 구별되고, 또 제도화된 조직에서의 집합행동과도 구별되는 과도적 단계(Blumer)
② 대중운동이 일반적으로 정착된 것은 19C 후반 산업혁명이 완수되어 노동자계급이 서로 단결하여 등장하면서부터
③ 특히 20C 대공황 이후 대중운동은 파시즘 내지 사이비-파시즘의 하나로 파악됨
④ 현대의 대중운동은 기본적 정책을 둘러싸고 국민사회 전체의 정치적 결정을 쟁점으로 하는 활동의 형태로 나타남

(3) 현대 대중운동의 발생조건

① 보통·평등 선거권의 실시
- 모든 개인이 선거권을 갖게 된 대중민주주의의 시대에 이르러 개인이 정치적 발언권 증대
② 계급·계층분화에 따른 연쇄반응
- 공업화의 심화와 함께 생활 진보주의가 보편화됨에 따라 각 계층의 욕구수준이 증대되어 경제적·정치적·문화적 가치추구 도래
③ 정치테크놀로지의 발달에 따른 기동성의 증대
- 커뮤니케이션 기술의 발달로 대규모적 조직 가능성과 여론 동원능력 확대로 대중운동의 정치효율 고양

④ 정부기능의 증대
- 정부기능의 확대로 복지국가·경제국가로의 이행은 일반국민이 정부의 특정정책에 대한 플러스-마이너스의 정책효과를 가지기 때문에 추진운동과 반대운동이 상승적으로 강화
⑤ 대의제 정치의 한계
정당과 의회가 민의를 제대로 반영하지 못했을 때 나타나는 현상. 그로인한 의회 외에서의 대중운동 전개

(4) 대중운동의 유형

- 대중운동을 담당하는 사회층의 성격과 행동양식의 질적인 차이에 의한 구분

① 역행적 대중운동
- 절망과 좌절감에 처해있는 중간층을 주된 담당자로 하는 아노믹 대중운동
- 1920~30년대 대공황을 계기로 나타난 미국의 각종 반민주적 유사종교운동
- 나치스를 대표로하는 파시스트운동이 그 예
② 자치적 대중운동
- 근대적인 노동운동자 층을 주된 담당자로한 생산적인 조직화로의 방향
- 새로운 사회의 비전을 가진 자발적 조직화

※ 역행적 대중운동 → 리더의 카리스마적 인격으로의 정서적 동일화, 외곽단체의 설치와 역사과정의 인격화, scapegoats의 설정 등에서 자치적 대중운동과 구별
▶ scapegoats → 국민의 지지를 잃은 정부가 국민의 관심을 돌리고 불만을 해소하기 위하여 가상의 적을 만들어 위기를

벗어나려는 정책

(5) 대중운동의 기능

① 순기능

i) 거대화되어 가는 정부·권력에 대한 다원적인 저항운동으로서 권력의 남용과 부패 저지
ii) 직접민주주의 가능성을 가짐으로써 민주주의의 초등학교의 역할
iii) 사회적·정치적 쟁점에 대한 토론의 기회를 제공하여 여론에 그 운동의 이념들의 통합
iv) 지도자들에게 정치적 훈련의 기회 제공

② 역기능

i) 대중운동이 잘못하면 격화 내지 난동화되어 민주정치체제를 크게 위협하게 됨
ii) 개발도상국 등에서 반항의 성격을 띠는 대중운동의 경우, 분열되어 통합능력 결여로 사회나 정치영역에 불안을 가중시킴

(6) 대중운동과 대중조직

- 대중조직의 정치통합이 현대의 정치지도의 중심과제임
- 대중조직은 정당에 의한 계열화 또는 정부의 외곽단체화의 길을 걷는 경향
- 대중운동의 요체는 대중조직이 가지는 중심조직의 강고함과 정치적 자주성에 달림

(7) 압력단체와 대중운동의 차이

i) 압력단체는 오르지 특정집단의 이익만을 옹호하려는데 대해서, 대중운동은 개개의 집단의 사적 이해의 옹호가 아니라 더 광범한 정책의 기본적 방향이라든가 정치체제의 형태 자체를 문제로 삼는 것
ii) 압력단체의 압력행사 방법과는 달리, 대중적 형태로서 널리 침투시킨 여론의 양으로써 공공연하게 압력을 가하게 된다는 것

제3절 이익집단

1. 이익집단의 개념

(1) 개념

- 이익집단이란 특수 이익을 옹호하고 증진시키기 위해 정치과정에서 압력을 행사하는 조직화된 사회집단
- 환언하면 공유된 목표, 또는 가치를 달성하기 위하여 정책결정과정에 영향력을 행사하려는 집단
- 요컨대 특수이익을 위해 정치권력에 압력을 가하는 조직화된 사회집단(제3원, 비공식의 정부, 음(蔭)의 정부)

▶ 특색
i) 정치에다 압력을 가함(친목단체와 다름)

ii) 항구적인 조직(市民大會와 다름)
iii) 선거로 공직을 다투지 않음(정당과 다름)
iv) 정부정책에 영향력 행사하나, 무책임(정부기관과 다름)

(2) 정치학적 관심

① A. F. Bentley와 D. B. Truman을 위시한 집단 이론가들은 개인보다 집단이 정치과정에서 보다 큰 힘을 발휘한다는 전제하에서 이익집단을 중심으로 정치체계를 분석
② 집단이론가들은 이익집단정치의 유형을 정치발전의 척도로 제시하기도 함
- 결사적 이익집단의 전문화와 차별화(Almond)
- 집단관계의 복잡성(Truman)
- 집단이익의 대표성과 공고함의 증대(Bentley)
- 집단체계의 통합성의 증대(L. W. Pye)

(3) 정당과 이익집단의 차이(V.O. Key)

① 이 념 : 전자는 국익추구, 후자는 그 집단의 이익추구
② 목 표 : 전자는 정권의 획득, 후자는 특수이익의 실현
③ 정 책 : 전자는 포괄적, 탄력적(신축력)이나 후자는 고정적, 비탄력적
④ 정치투쟁 : 전자는 적극적, 후자는 직접 개입하지는 않음
⑤ 활동방식 : 전자는 정치적 이슈를 구체화하나 후자는 그 자체의 이익실현을 위해 시위운동이나 로비 등의 방법을 동원
⑥ 기 반 : 전자는 국민 대중, 후자는 각종의 이익집단

(4) 이익단체와 압력단체의 차이

- 이익단체(interest group)는 실현시키고자 하는 목적 내지 조직에 중심을 두는 개념
- 압력단체(pressure group)는 이러한 집단들이 정치 과정에 그 의사를 반영하고자 행사하는 수단에 중심을 두는 개념

2. 이익집단의 발생과 참여 동기

(1) 대중사회와 대중민주주의의 성립
- 대중사회와 대중민주주의의 등장은 기존의 사회구조를 변화시키며, 다양한 계층분화를 초래하고, 여러 가지 집단의 분출을 결과함

(2) 이익의 다양화와 대표원리의 변질
- 현대의 대의제 민주주의는 주로 지역대표제에 기반을 둠으로 인해 직능적 이해관계 등의 반영에는 취약

(3) 정당기능의 한계성 (정당조직의 과두화)
- 소수 당 간부에 위한 과두화는 정당기능의 경직과 여론에 대한 대응력 저하를 초래
- 이익집단의 독자적 활동이 중요시

(4) 국가의 역할과 통제기능 증대
- 정책결정과정에서 행정부의 위상이 높아짐에 따라 정부와 밀접한 관련을 맺는 것이 각 집단에게 더욱 중요해짐

(5) 참여적 정치문화의 증대와 조직지도자의 출현

3. 이익집단의 분류

(1) G.A. Almond

① 비결사적 이익집단(nonassociational interest group) : 혈연, 지연, 학연 등의 1차적 유대관계를 토대로 하는 지속성이 없으며, 무질서하고 우발적인 이익집단
② 제도적 이익집단(institutional interest group) : 입법, 행정, 사법부와 군부 등 정부공식조직의 하위체계이나, 그 자체가 정치과정에서 적극적으로 이익표출 기능을 함
- 예산 편성 시 각 부처
③ 결사적 이익집단(associational interest group) : 근대적인 표준형의 이익집단으로 특수이익을 대표하고 이를 위해 전문직원, 규칙 및 절차 등을 구비하고 있는 자율적 이익집단
④ 아노미적 이익집단(anomic interest group) : 항시적인 조직을 갖추지는 않았지만, 돌발적 상황이 닥쳤을 때 예기치 못한 방법으로 정치행동을 유발하는 집단

(2) R. H. Salisbury

- 이익집단을 이익내용, 조직형태, 회원유형의 3가지 기준에 의해 분류

① 이익내용 : 노동, 상업 등 각 분야별 이익을 반영하는 '기능별·분야별 집단'과 특정정책이나 이슈를 목적으로 조직화된 '원인·촉진 집단'으로 나뉨
② 조직형태 : 연합조직, 단일조직, 민주조직, 협동조직으로 분류

③ 회원유형 : 누구나 그 집단에 가입할 수 있는 '공개적 회원제 집단'과 가입에 자격제한이 있는 '제한적 회원제 집단'으로 나뉨

4. 이익집단 체계에 관한 이론

- P.C. Schmitter는 사회내의 이익대표체계를 다원주의, 조합주의, 일원주의, 생디칼리즘 등으로 4분류

▶ 일원주의 : 하나의 방향으로 통합, 단일화 목표
▶ 생디칼리즘 : 노동자계급의 활동을 통해 자본가계급을 붕괴시키는 운동 - 기존질서를 전복하고, 다수의 이익을 위해 사회를 움직이는 방법

(1) 다원주의

- 개인이나 여러 집단이 기본으로 삼는 원칙, 목적이 서로 다를 수 있음을 인정하는 태도

① 이익집단정치에 대해서 일반적으로 받아들여졌던 이론
② 사회를 이익집단간의 상호경쟁을 통하여 스스로 조정되는 대상으로 파악하며, 다원주의적 이익표출 구조에서 정책결정은 이익집단간의 상화갈등과 합의의 결과임
③ 정책이 이익집단간의 경쟁과 상대적 영향력의 결과로 이루어진 균형상태로 이해됨

(2) 조합주의(coporatism)

- 사회 전체를 국가에 종속되는 '조합'들로 구성하려는 이론

- 조합주의는 다원주의적 이익표출체계의 한계를 극복하고자 생성된 패러다임
- 전체사회의 통합과 안정, 효율성과 질서를 강조한다는 점과 그 관심 영역과 분석수준이 거시적이라는 점에서 다원주의적 이익 표출체계와 구분

① 의　미
- 조합주의적 이익표출체계는 이익집단이 국가권력에 의해 위계적으로 조직되고, 집단의 지도자 선정이나 요구와 지지의 표명에 있어 국가의 통제를 받아들이는 대가로 각 이익 범주에서 구성원의 이익을 대표할 독점적 권리를 부여받는 이익 표출체계를 의미
- 국가 조합주의와 사회조합주의로 분류됨

② 사회조합주의
- 국가가 이익집단에 의존하는 것으로, 사회의 여러 이익집단들의 자발적인 합의와 참여에 토대한 민주적 계획에 의해 협력적 계급관계를 형성하는 조합주의
- 공개적이고 경쟁적인 선거과정과 정당 체계를 가지고 있는 자율적 서구선진자본주의국가 들에서 나타남
- 오스트리아, 스웨덴 등이 대표적
- neocoporatism, 민주적 coporatism으로도 불림

③ 국가조합주의
- 엄격한 중앙관료적 권력이 지역단위를 통제하고 있는 정치체계에서 등장
- 국가조합주의의 일차적 관심은 이익집단의 기능적 대표성과 정책결정 과정에의 통제된 참여에 있으므로, 이 경우 조합은 국가의 보조적, 종속적 기관이 됨

- 스페인, 포르투갈, 브라질, 칠레 등이 대표적
- 국가조합주의는 국가에 의한 통제의 정도에 따라 융합적 조합주의와 배제적 조합주의로 나뉨

ⅰ) 융합적 조합주의 : 국가가 이익집단들의 대표권과 몇 가지 특권들을 보장해 주는 대신 이익집단들은 국가가 요구하는 통제조건들을 수락하도록 유도하는 방식

ⅱ) 배제적 조합주의 : 국가가 기업가 집단 등의 이익표출 활동은 허용하면서, 노동자들이나 농민들의 이익표출 활동을 탄압하거나 그들 집단의 지도부를 어용화시키는 경우이며, 이익집단은 오히려 그 구성원들을 통제하기 위하여 존재

<사회 코포라티즘과 국가 코포라티즘의 비교>

① 정치체계	민주복지국가	권위주의국가
② 출현단계	선진자본주의 국가의 독점자본주의 단계	지연되고 종속적인 자본주의 발전의 단계
③ 제도화 과정·방식	이익집단이 국가기관에 자발적으로 침투, 점진적이고 장기적임	국가가 사회발전에 침투
④ 코포라티즘 발생요인	사회의 다원화와 노동계급의 성장	국가의 자본축적 기능강화(국가의 기업화)
⑤ 코포라티즘의 목적	계급이익갈등의 조정 및 계급 협력체제의 유지	국가가 사회의 안정과 질서의 유지를 위해 계급을 통제지배
⑥ 헤게모니 상황	부르조아가 헤게모니 장악	국가가 헤게모니 장악
⑦ 존재양식	국가와 사회세력의 수평적 협조체제	국가와 사회 사이의 수직적 위계체제
⑧ 계급관계	노동계급과 자본계급	노동계급과 자본계급

	이 상호의존적	이 상호배타적
⑨ 기 능	사회부문의 이익대표체계	민중·노동 부문에 대한 국가통제체제

<다원주의, 조합주의, 전체주의 간의 비교>

변수	다원주의　사회조합주의　국가조합주의　전체주의
강조점	집단 ───── 계급 ───── 국가 ───── 黨
국가사회	사회의 자율성 - 국가의 상대적 자율성 - 당이 국가·사회 직접지배
국가의 성격	구조적 자율성 ── 도구적 자율성
정치체계	민주적 ───── 권위적 ───── 전체주의적
계급의 문제	경시 ───── 강조 ───── 은폐
통제 유인	약 ───── 강 ───── 강 ───── 약
정책 제약	약 ───── 약 ───── 강 ───── 강
정당성의 근거	사회요구의 수용도 / 국가에 의한 동맹자선택의 성공여부

(3) 일원주의 : 한 방향, 하나의 방향으로 통합, 단일화

(4) 생디칼리즘(Syndicalism) : 노동자조합, 노동자계급의 활동을 통해 자본가계급을 붕괴시키는 운동
- 기존질서를 전복하고, 다수의 이익을 위해 사회를 움직이는 방법

5. 이익집단의 효율성

(1) 내적 요인

① 풍부한 자원 : 물질적 · 정치적 자원, 조직, 사회적 위신 등, 특히 집단의 경제력이 가장 중요
② 집단 구성원의 규모 : 클수록 선거 등에서 큰 영향력 행사

③ 이익집단의 조직상태 : 조직의 결속력은 조직구성원이 집단이 표방하고 있는 대의명분에 얼마만큼 강한 심적 동조와 확신을 갖고 있는가에 의해 좌우
④ 집단의 위상 또는 위신에 대한 사회적 평가의 정도
⑤ 조직의 가용자원을 극대화시킬 수 있는 리더십

(2) 외적 요인

① 국가의 정치문화 : 정치체제의 민주성의 정도에 따라 차이
② 정부구조 : 각국 정부구조의 상이성은 압력행사의 대상과 방법 등에서 차이를 가져옴

6. 압력행사의 방법과 활동의 대상

(1) 방법

① 개인적 친교에 의한 방법
② 국회의원 출신구의 유력인사를 동원하는 방법
③ 선거구민들로 하여금 의원에게 편지, 전보 등을 보내게 하는 방법
④ 대표단의 파견
⑤ 라디오, TV, 신문 광고 등의 방법

(2) 대상

① 의회 : 의회의 입법활동에 비중을 두어 집단이익에 부합하는 법률통과나, 이익에 반하는 법안통과를 저지하려고 시도
② 행정부 : 정책 시행과 관련한 세칙결정과 구체적 집행 등에 영향을 미치려고 시도

③ 사법부 : 법률상담이나 소송 등으로 집단이익의 보호 시도
④ 대중 : 일반대중의 여론을 환기시켜 정책결정자들에게 영향력을 행사하려고 함
- 풀뿌리 로비

cf) 풀뿌리 로비 (grass-roots lobbying) :
- 정책결정자들이 집단의 정치력에 회의를 보일 때, 이익집단은 대중선전활동을 통해 집단구성원은 물론 일반대중의 여론을 환기시켜 정책결정자들에게 영향력을 보이는 방법

cf) 회전문 현상 (revolving door phenomena) :
- 특수 이익과 정치권력 간의 야합에 의한 로비활동. 전직의원이나 전직관료 등을 관련 이익집단의 임원으로 채용하거나 로비스트로 고용하여 효율적으로 로비활동을 펼치는 것으로 이익집단과 행정부, 의회 간의 인적 교류현상을 의미
- '철의삼각구조'(iron-triangle)라고도 불림

7. 이익집단 정치의 평가

(1) 순기능
- 현대사회에서 공공선이 존재한다면, 그것은 그 사회내의 특수 이익이 상호갈등과 타협, 수용과정을 거쳐 나타난다는 다원주의적 입장에서 논의
① 의회민주주의 결함을 보완 : 대중의 다양한 이익표출 기능을 가능케 함
② 대중들에게 참여의식, 주인의식, 민주절차에 대한 의식을 함양시킴
③ 사회 내 여러 세력의 참여를 유지함으로써 정책결정이 극단으로 치닫는 것을 방지

(2) 역기능
- 특수이익의 총합은 특수이익일 뿐 국민의 보편적 공익이 아니라는 입장에서 역기능을 논의
① 이익집단은 보통 각종의 자원이 풍부한 사회내 상층부의 이익을 대변하는 경향이 있음
- 또한 교육, 소득 수준이 높은 중산계층의 이익은 반영하나 낮은 계층의 이익은 소외시켜 정치적 영향력의 불균형 현상을 심화시킴
② 이익집단의 지나친 정치과정에의 참여는 정부의 권위에 심각한 타격을 입히고, 정부를 무도덕, 무계획, 무력감의 늪에 빠지게 함
- 정치적 무책임성
③ 사적 이익의 극대화를 추구하는 이익집단은 공공목표를 추구하는 정당의 활동에 영향을 미쳐 정당과 대의제의 기능을 저하시킬 수 있음
④ 회전문 현상과 같은 특수이익과 정치권력 간의 야합(野合) 현상을 유발시킬 수도 있음

제4절 정당

1. 정당의 기원과 개념

(1) 어원
- 정당, 즉 political party의 party라는 말은 원래 라틴어의 'pars'로부터 유래

- 이 pars라는 말은 '일부분'(Teil)을 나타냄
- 어원적으로 보면, 정당은 원래 전체라고 하는 유일한 존재가 아니라, 전체속의 '부분'이라는 의미

(2) 기원

① 근대이전의 정당은
- 일종의 당파 또는 도당에 불과.
i) 일정한 지도자나 지역에서 종족이나 인간적인 추종관계를 바탕으로 발생하거나
ii) 여러 가지 인종적 소수파의 연합을 바탕으로 발생하거나
iii) 종교적 단체 등에 기반하여 종교적인 정당이나 정파로 발전하는 경향을 보임

② 근대정당은
i) 근대국가의 성립이라는 역사적 조건 하에 언론·결사·집회·신체·양심의 자유 등의 실질적인 인정
ii) 시민층의 대두
iii) 그 정당의 거점이었던 의회의 발달에 기인하는 것 등

③ 현대정당은
- 근대 정치사회에 확립된 대의제 민주주의를 뒷받침 하는 여러 가지 제도들이 정비된 결과물로서 등장

(3) 개념

- 정당이란 대의정치를 전제로 하는 정치과정 속에서 정치조직의 결성을 통해 정치과정을 통제하려고
- 특히 정권의 획득, 유지와 아울러 국민의 정치참여를 활성

화하고
- 정당이 제시한 정책들을 통하여 정치적 책임을 다할 것을 목적으로 활동하는 자주적이며 지속적인 정치단체

① E. Burke : 정당이란 어떤 특정한 주의(主義)와 정견(政見)에 동의하는 사람들이 그 주의와 정견에 의거하여 공동의 노력으로 국민적 이익을 증진하기 위하여 결합된 단체
② R. N. Gilchrist(길크라이스트) : 정당이란 동일한 정치적 견해를 가졌음을 표명하고 하나의 정치적 단위로서 행동함으로써 정부를 지배하고자 하는 시민의 조직
③ R. M. MacIver : 정당은 그것이 입헌적 수단으로써 정치의 결정적 요소로 만들게 하는 어떤 주의와 정책을 지지하여 조직된 결사

∴ 정당은 공공이익의 실현과 권력획득을 목표로 하는 점에서 권력획득만을 추구하는 파당(faction)과는 다르며, 공공이익의 실현만을 추구하는 공익단체와도 다름

2. 정당에 대한 인식의 변화

- H. Triepel(트리플)은 ㉠ 적대시의 시대 ㉡무시의 시대 ㉢ 법률상 승인과 합법화의 시대 ㉣ 헌법상 융합의 시대 등 4단계로 구분
- 이 4단계를 거치면서 현대 민주국가의 핵심적인 정치집단으로 인정받음
- 그렇지만 모든 국가가 이 4단계를 경과했다는 것을 의미하지 않음

(1) 정당 적대시(敵對視)의 단계
- 정당을 정치적 악(惡)이자, 파벌은 모든 정당 중에서 가장 나쁜 것으로 파악
- 정당의 지나친 사적(私的) 이해 추구에서 비롯

(2) 불가피한 악(惡)으로서 정당의 단계
- 정당은 자유로운 정부 밑에서 불가피하게 등장하지만, 해로운 기능을 하는 것으로 보는 견해
- D. Hume, J. Madison

(3) 필요불가결한 수단으로서의 정당의 단계
- 대중적인 정부에 있어서 반드시 존재해야하는 정치조직으로 간주
- E. Burke

(4) 헌법적으로 승인되고 헌법상 융합된 정당의 단계
- 정당이 불가피한 수단이라는 법률상 인정을 획득한 단계, 정당이 대중정당으로 변모하면서 정당성을 인정받은 단계
- Weber, Michels

(5) 헌법상 보호와 정당 고유영역의 발전 단계
- 정당이 입헌주의와 융합되면서 정치사회의 한계를 넘나들며 주체적인 기능을 하게 된 단계
- 정당을 정치사회의 주된 행위자로 봄
- J. A. Schumpeter

3. 정당발생의 근원

- 정당발생의 근원을 분야별로 정리하면,

① 인간성 : 생존욕구, 투쟁본능, 집단본능(당파심), 권력욕, 지도자에 대한 충성, 경의, 복종심,
② 가치관 : 원리, 사상, 이데올로기, 신조(신념),
③ 정치 : 당파적 대항, 권력투쟁, 체제선택, 외교, 국방정책, 정책논쟁,
④ 경제 : 이해관계, 계급, 계층, 직업, 그 밖의 생산·분배·소비에서의 대립,
⑤ 사회 : 인종, 민족(부족), 지역(지방주의), 그 밖의 사회집단,
⑥ 문화 : 종교, 풍속, 습관, 역사(전통)의 차이 등

4. 정당의 분립

- 원래 정당은 어떤 특정한 사회적 기반에 입각하여 그 정치적 입장을 대표하면서 정권을 다투는 집단
- 그 사회적 기반이 다름에 따라서 그 정치적 입장도 달라질 것
- 그것이 정당분립의 근거가 될 것
- 이러한 분립에는 2가지 견해가 대립.
  ▶ 즉 i) 그 지지층의 사회적·경제적 이해의 차이에 기인된다는 것, ii) 그 지지층의 기질 내지 심리적 경향의 차이에 기인된다는 것 등

(1) 사회적·경제적 이해의 차이

- 정당을 자유당, 보수당, 민주당으로 3분(三分)한 Carl L. Becker가 대표적

① 자유당 : 교육받은 부유한 중산계급에 의해 구성
② 보수당 : 토지소유귀족, 국립교회의 승려, 고급관리 등으로 구성
③ 민주당(공화당) : 정치의 무대에서 제외된 사람들로 구성, 처음으로 계급의식을 갖게 된 공업노동자 등

(2) 기질 내지 심리적 경향의 차이

- 정당은 그 지지층의 기질 내지 심리적 경향의 차이로 분립된다는 견해
- A. L. Lowell(로웰)의 견해가 대표적
- 그는 i)현재의 상태에 만족인가, 불만인가, ii)개혁(진보)에 대해서 낙관적인가, 비관적인가 등을 그 기준으로 제시
- 이 두 가지 구분을 결합할 때 다음 4개의 정당으로 분립된다는 것.
① 자유당 : 현재 만족-개혁 낙관
② 혁신당 : 현재 불만-개혁 낙관
③ 보수당 : 현재 만족-개혁 낙관
④ 반동당 : 현재 불만-개혁 낙관 등

5. 정당의 종류

(1) 세계관 정당과 정실(情實)-관직추구 정당
- Weber의 분류로 실질적인 정치적 이념을 실현시키려는 것을 주목적으로 하는 정당을 세계관 정당으로 정의하여 정실정당과 구분

① 세계관정당
- 실질적인 정치적 이념을 실현시키려는 것을 주요 목적으로 하는 정당
- 즉 사회를 하나의 총체로 파악하는 세계관에 바탕을 두어 정강·정책을 실현하려고 하는 정당
- 특히 바이마르(Weimar) 체제 밑에서 각 정당의 세계관에 따르는 다원적인 대립을 반영하면서 정당이 형성됨
- 독일의 중앙당이 그 대표적인 예
▶독일 중동부에 있는 도시. 바이마르 공국(公國)의 수도, 1919년에 제정된 바이마르 헌법으로 유명

② 정실정당
- 관직추구정당
- 선거를 통해서 당 간부를 지도적 지위에 앉히고
- 이들로 하여금 그 밑에서 일하는 당원들과 당의 선거운동원들에게 국가의 관직을 얻어 주도록 하려는 정당

(2) 명망가(名望家) 정당과 근대적 정당
- Weber는 정당조직의 발전단계에 따라 근대적 의회제의 초기단계에서 보여 지는 명망가를 중심으로 이합집산 하는 정당을 명망가 정당이라고 정의하여 정책정당인 근대정당과 구분

(3) 원내정당과 원외정당(M. Duverger)
- 정당의 발생형태에 착안
- 의원들로써 구성되는 원내집단과 선거구에 있어서의 선거위원회 간의 영속적인 연락을 맺음으로 인해 형성되는 원내정당과, 정치적 목적을 갖지 않은 여러 사회단체들이 그 목적 달성의 수단으로 의회활동에 참가하여 형성된 원외정당으로 구분

(4) 간부정당과 대중정당(M. Duverger)

① 간부정당
- 보통선거권이 확립되기 이전인 19세기의 정당. 소위 명사정당

i) 시간적·재정적 여유가 있는 인사들이 조직하며,
ii) 선거 때 주로 활동하다가 선거가 끝나면 정당의 활동이 유명무실하고,
iii) 조직력도 약하고,
iv) 당 규율도 엄격하지 않으며,
v) 조직에 비하여 당 간부가 많은 정당

② 대중정당
- 정당의 한 유형으로서, 대중을 그 정치세력의 기반으로 하는 정당
- 보통선거권의 확립과 동시에 발전된 정당형태
- 진정한 의미의 현대정당
i) 중앙집권적인 당 조직을 가지고
ii) 각계각층의 다양한 당 구성과 많은 당원으로 구성
iii) 엄격한 당 규율을 특징으로 하며

iv) 당 재정은 당원의 회비에 의해 유지되고 있는 정당
v) 의회 내의 명망가정당과 대비되는 대중적 하부조직을 가진 정당
vi) 소수정예주의를 조직 원리로 하는 공산당과 같은 정당 또는 전투적 정당과 대비되는 의미로서도 사용

(5) 직접정당과 간접정당(M. Duverger)
- 정당의 구성에 착안하여 어떤 조직체의 매개 없이 개인적으로 자유롭게 가입할 수 있는 직접정당과 노동조합 등의 단체를 통해서만 당원이 될 수 있는 간접정당으로 구분

① 직접정당의 특징
i) 어떤 조직체의 매개 없이 개인적으로 자유로이 정당에 가입할 수 있고
ii) 매달마다 당비를 납부하며
iii) 규칙적으로 지방의 지부당 조직에 가담하고
iv) 시민과 전국적 수준의 공동체간에 직접적인 연계양상을 띠는 일원적인 형태의 정당

② 간접정당의 특징
i) 노동조합이라든가 협동조합 등과 같은 단체를 통해서만 그 당원이 될 수 있고
ii) 단합한 지식인들의 집단으로 구성되며
iii) 정당을 구성하는 집단의 구성원만 있고
iv) 정당지지나 그러한 구성원이 없는 조직의 정당

(6) 민주적 정당과 전체주의적 정당

① 민주적 정당
i) 국민참여 등 민주적 방식에 의한 당 운영
ii) 당내 민주주의나 상향식 공천
iii) 자발적인 당비 납부 및 당원 활동
iv) 정당의 대국민 정치교육 강화
v) 책임정당제 등이 그 특징

② 전체주의적 정당
i) 민주적 정당과 대비되며
ii) 권위주의 국가나 전체주의 국가에서 세포로서 역할
iii) 엄격한 당규율
iv) 이념지향적인 성격을 지닌 정당
- 이를테면 독재주의정당(dictatorial party)이나 교조적 전투정당, 파쇼당 등

(7) 국민(대중)정당과 계급정당
- 국민정당은 대중을 그 정치세력의 기반으로 하는 정당
- 정당의 성립기반에 착안하여 분류하는 것으로 특정한 계급의 이익 추구에 기반을 두면 계급정당
- 국민 전체의 이익추구에 목적을 두면 국민정당
- 계급정당은 소위 국민정당에 대비되는 정당유형의 개념으로, '무산대중'을 위한 사회주의 정당

(8) 포괄정당(catch-all party)
- 일종의 범국민정당(peoples party)의 성격을 띤 정당
- 인중(人衆)정당
- 집권에의 관문인 선거의 승리를 위해서 어떤 특정한 이데

올로기나 정책에 집착하지 않고 각계각층으로부터 최대한 많은 지지자를 획득하려는 정당

▶ 키르키하이머(O. Kirchheimer)가 이 정당모형을 제시 :
i) 집권에의 관문인 선거에서의 승리를 위해서 어떤 특정한 이데올로기나 정책에 고집하지 않고
ii) 계급적 대중정당으로부터 국민적 이익의 매개장치로서의 포괄정당으로 이행의 정식화,
iii) 각계각층으로부터 최대한으로 많은 지지자를 획득하려는 정당

6. 정당의 구조

- 정당조직과 정당구성원의 측면에서 고찰

(1) 정당조직

- 구성면에서는 직접조직과 간접조직으로
- 기초 단위 면에서는 코커스(caucus)조직, 지부조직, 세포조직, 전투대 조직으로 구분

① 구성면에서의 구분
 i) 직접조직 : 정당원이 되고자 원하여 개별적으로 가입하고, 당비를 지불하고 활동을 하는 정당원으로 구성
ii) 간접조직 : 노동조합, 협동조합 등의 단체의 구성원이 그들이 속한 단체를 통하여 당원이 됨
- 19C초 노동당

② 기초단위 면에서의 구분
 i) caucus : 위원회 혹은 유지(有志)회의라는 의미로 선거시

만 활동하고 평상시에는 별 활동을 않는 정당조직
ii) 지부조직 : 정당원이 되고자 하는 모든 사람에게 개방되어 있으며, 항상 정치적 활동을 하는 정당조직
iii) 세포(cell) : 공산당의 기초조직으로 지하당 활동에 적합
iv) 전투대(militia) : 파시스트 정당의 기본조직으로 신분은 민간인이나 군대식 기율, 복장, 정당조직을 지배하는 운영규칙이 모호한가 명확한가에 따른 구분도 존재

③ 정당구성 요소간의 당 활동 조정방식이 수직적인가 수평적인가의 여부에 따른 구분도 존재

(2) 정당구성원과 정당지도자

① 구성원에 의한 구분 : 간부정당과 대중정당
② 정당원들의 정당에 관한 관계에 따른 구분
ⅰ) 이익결사적인 것 : 양자의 관계가 이익에 기반
ⅱ) 공동체적인 것 : 자연발생적인 것
ⅲ) 서약집단적인 것 : 자발적 선택으로 정당원이 되나 정당과의 관계가 이익에 국한 되는 것이 아니라 전 생활에 미치는 것
- 나찌당

7. 정당제도의 유형

(1) Weber와 M. Duverger의 정당유형

① Weber는 정당제도를 귀족정당, 명망가 정당, 대중정당으로 인식
- 정당을 정당구성원들을 중심으로 유형화 한 것으로 그들의

사회계급적 성격이 바탕
② M. Duverger는 정당의 조직을 기준으로 대중정당, 중간정당, 간부정당으로 유형화
- 중간정당은 간부정당에서 대중정당으로 넘어가는 중간단계의 정당을 의미

(2) A. L. Lowell의 이념적 정당구분

- 정강제도의 유형을 정치이념과 연관시켜 분류
- 사람들의 사회적 관념이나 의식을 만족. 불만족 차원과 낙관. 비관의 차원으로 나누고 이를 근거로 구분

① 보수당 : 현실에 대해 만족하며, 개혁에 대해 비관적인 기득권층이 주류
② 자유당 : 현실에 대해 만족
- 개혁의 전망에 대해서도 낙관함
③ 급진당 : 현실에 대해서는 불만
- 개혁의 전망에 대해서는 낙관
④ 반동당 : 현실에 대해 불만
- 개혁이 아니라 반대하는 것 그 자체에 가치를 둠
- 공격적이고 파괴적인 충동성에 만족

(3) G. Sartori의 정당유형

- 정당의 수에 따라 분류한 대표적인 유형구분으로 7가지 유형으로 구분
① 일당제 ② 헤게모니 정당제 ③ 일당우위정당제 ④ 양당제
⑤ 한정적 다당제 ⑥ 극단적 다당제 ⑦ 원자화 정당제

<사르토리의 현대 정당 분류>

정당제			정당수	특 징	국 가
단독정권형정당제	비경쟁정당제	일당제	1	특별법으로 1당제를 채택하고 있으며 다른 정당의 존립에 대해서는 대단히 억압적이고 비관용적이다.	중국 쿠바 북한
		① 전체주의 정당제		이데올로기 지향이 강하며, 강제력과 동원력을 행사하며, 전체주의 사회를 이룩하기 위해 전위기관적 기능을 담당하고 자율적인 하부단체의 기능을 차단한다	
		② 권위주의 정당제		이데올로기적 지향은 약하며 하위소속집단에 대한 억압성을 행사하지만 비정치적 집단의 존재는 인정되고 있다	
		③ 실천적 일당제		이데올로기적 지향은 보여주지 않지만, 강제력과 동원력이 약하고 하위 집단의 독자성도 어느 정도는 인정해 준다	
		헤게모니 정당제	많음	복수정당의 존재를 인정하며, 특정 헤게모니 정당에 대항하기 위한 위성정당도 존재한다. 헌법에 인정된 이데올로기하에서 정당간의 정권경쟁이 행해진다	
		① 이데올로기 지향 헤게모니 정당제		이데올로기 지향이 강하고, 일정한 위성정당이 존재하며, 특정 이데올로기하에 정권장악을 위한 경쟁이 일어나기도 한다	구 폴란드, 동독, 멕시코, 싱가폴
		② 실천적 헤게모니 정당제		이데올로기적 지향을 낮으나 정권유지의 수단으로 무력한 야당의 존재를 인정하고 있다	
정당제			정당수	특 징	국 가

연합정권형정당제	경쟁적정당제	일당우위제	많음	지배정당 이외의 정당도 존재하며, 제도적으로는 정권장악의 기회가 보장되지만 현실적으로는 특정 지배정당의 장기권력장악으로 귀착되고 만다	인도
		양당제	〃	양대정당이 중심이 되어 정권장악을 경쟁하며 국민의 다수 지지에 의해 정권장악이 결정된다	영국 미국
		한정적 다당제	〃	정당간에 이데올로기의 차이가 없기 때문에 연립정권이 성립되며, 정당 간의 대립도 미약하다	구서독 벨기에 스웨덴 덴마크
		분극적 다당제	〃	정당간 이데올로기의 차이가 대단히 넓으며 반체제 정당까지 존재한다. 정당간의 대립도 심하고 정권교체로 극단적인 사회변화를 가져온다. 정치의 불안정성을 보여준다	이탈리아 제4공화정 하의 프랑스, 바이마르
		원자화 정당제	〃	특별히 지배적인 정당이 있지만 그 밖에도 많은 소수정당이 존재한다	말레이지아

8. 정당의 기능

- 노이만(S. Neumann)의 분류에 따르면, 즉
i) 정당의 이익집약 기능: 여론의 형성과 조직화
ii) 정당의 정치사회화 기능: 민중에 대한 정치교육
iii) 정당의 정부조직 기능: 정권의 담당
iv) 정당의 의회정치운영의 기능: 의회정치의 조직적·능률적 운영
v) 정당의 정치적 충원 기능: 지도자의 선택 등

(1) 정치적 이익의 취합 기능

- 정강정책, 정견의 채택과 공표, 그리고 실현을 통하거나 득표의 극대화 등의 방법으로

(2) 정치적 이익의 표출 기능

- 여론의 형성과 조직화를 통하여 선거과정에서 두드러지게 나타남

(3) 정치사회화 기능

- 국민이나 유권자들에게 정치에 관한 일반적인 식견이나 의견을 제시
- 국민과 당원들을 정치의 세계로 이끌어 가는 정치사회화 기능을 수행

(4) 결정작성의 조직화 기능

- 의회 내 영향력의 극대화와 정권의 담당
- 정부의 조직 등을 통하여 수행

(5) 정치지도자와 엘리트의 충원기능

(6) 정당자원의 확보와 보충 기능

- 정당운영과 정권 유지에 필요한 인적, 물질적 자원을 확보하는 기능 수행

9. 정당자원

- 정당의 목적을 달성하기 위해 활용되는 자원
i) 비경제적·비물질적인 자원으로서, 정당의 역동적인 활동에 없어서는 안 될 인적·지적인 것들(넓은 뜻의 자원)
ii) 경제적·물질적·금전적이며, 물리적인 것(좁은 뜻의 자원)

① 합법적인 권위
② 당 내와 의회 내, 그리고 정부 내의 직위와 관직
③ 위신과 신뢰감 그리고 인기
④ 부와 경제력, ⑤ 인재
⑥ 數
⑦ 조직과 단결력 그리고 연대감
⑧ 정보와 지식
⑨ 정치적 기량과 전문적 기술 등

10. 탈정당화 현상

(1) 개념

- 탈정당화 현상이란 무정당파(independent)의 증가와 현대 민주주의에 있어서의 정당 기능의 저하를 의미

(2) 배경

① 현대사회에 있어서의 가치관이나 이해의 다원화와 정치참가에의 경로와 기회의 대폭적인 증가
- 각종 시민운동 등

② 정당조직의 경직화, 관료화와 정당의 압력단체화 현상 발생
- 유권자의 이익에 대한 반응성 저하
③ 풍요한 사회의 실현에 따라 젊은 세대의 관심이 정치 이외의 분야로 분산

11. 집권당

- 집권당, 여당, 정부당의 구별은 개념적으로 가능하지만, 개념의 대상인 실체는 거의 동일

(1) 집권당(執權黨 ruling party)

- '집권'(ruling)의 의미가 정권을 잡거나 권세를 가진다는 뜻
- 즉 '집권에 의한 정당'을 의미. 정치의 주체이자 통치를 주도한다는 점에서 정부당과 여당과는 차이
- 그러나 권위주의체제하에서 집권당이 통치정당(governing party)이 아니고 친(親)정부당(pro-government party)에 불과하다는 사실로 미루어 볼 때, 여당과 정부당은 있을 수 있지만 집권당은 없다는 말이 쓰이기도 함

(2) 여당(與黨 ins-party)

- '정부와 한패가 되어 있는 정당'
- 여(與, ins)는 어원적으로 볼 때 '같은 편' 또는 '한패'라는 의미
- 여는 야(野, outs)와 대칭되는 용어
- 여당은 통상 선거에서의 경쟁을 통해서 정권을 장악하는 것이 아니라, 정권을 장악한 후에 권력에 의해서 만들어지는

경향도 있음
- 따라서 여당은 캐맥(Paul Cammack)에 의하면 제3세계 국가의 경우 정부(집행부)에 대해서 정치적 의안을 제기하고 관료기구를 지도할 권위를 갖지 못하며 사회에 대해서도 독자적으로 원칙적인 지지를 이끌어 낼만한 정당성(正當性)을 갖지 못한 경우

(3) 정부당(政府黨 government party)

- '정부에 친밀한 정당'을 의미
- '정부(政府)'란 대통령제의 경우, 국가의 통치권을 행사하며 정책을 집행하는 행정부(行政府)
- 이를테면 파네비안코(A. Panebianco)는 정부당의 예로써, 이탈리아의 기독민주연합(CDU)과 기독교민주당(DC) 및 영국의 보수당에 대해 설명

12. 야당

(1) 야당의 의미

- 야당(野黨 opposition party)은 정당정치에서 정권을 담당하고 있지 않은 정당
- 여당에 대비되는 말
- 정당정치는 정권의 자유로운 교체를 제도화하고 있으므로, 야당은 여당의 상대적인 의미밖에 가지지 못함
- 이러한 정당정치를 가장 먼저 제도화한 곳이 영국
- 영국에서는 야당을 '폐하(陛下)의 반대당(反對黨)'이라고 부르고, 다음에 여당이 될 것으로 예정함
- 그러므로 야당은 기회만 있으면 정부와 여당을 공격하여 그들

에게 타격을 입히려는 것이 본연의 자세이며, 항상 정권인수의 태세를 갖추지 않으면 안 됨

(2) 야당의 유형

- 크리제인크(M. J. Kryzanek)는 라틴아메리카국가들의 정권적 특성과 정당의 형태에 따라 4가지의 야당유형을 제시
- 즉 통제받는 야당-도생형, 피상적인 야당-타협성, 탄압받는 야당-불법형, 성공적인 야당-승자형 등이 그것

① 도생형 야당(圖生型 野黨)

- 어느 정도 경쟁적인 활동이나 정치적 역할이 허용되고 선거에서 후보를 내세우며 상당수의 의회의석을 확보하기도 하고 정치적 영향력도 가지고 있지만 정권에 대한 도전은 허용되지 않는 경우
- 이 경우 야당은 정권경쟁보다는 정치교육·충원·건의·비판·조직확장 등 생존을 도모하고 유사시 대비하는 '장래의 정치'(politics of the future)에 노력을 집중
- 브라질, 도미니카, 니카라과, 볼리비아, 과테말라의 야당에 속함

② 타협적 야당(妥協的 野黨)

- 겉보기에 야당이지만 실제로 야당이라고 볼 수 없는 형식적인 야당
- 그 예로는 제도혁명당(PRI)의 패권적 지위를 인정하는 멕시코의 국민행동당(PAN), 멕시코 정통혁명당(PARM)과 인민사회당(PPS)

- 1958년 양대 정당인 자유당과 보수당이 정치적 경쟁을 자제하고 교대 집권과 국정에 대한 공동책임(내각분점)을 협약하여 양당이 정치를 독점함으로써 제3당의 도전을 무력화시킨 콜럼비아의 경우

③ 불법적 야당(不法的 野黨)

- 야당의 존재 가치가 불법화되어 있는 경우
- 우루과이, 칠레가 전형적인 예
- 우루과이는 1973년 군사정권 등장 이후 이전의 강력한 야당인 국민불랑코당(PNB)과 콜로라도당(PC)이 불법화되었고, 칠레의 경우 피노체(Pinochet)정권 하에서 이전의 기독교민주당이 불법화 됨

④ 승자형 야당(勝者型 野黨)

- 평화적인 정권교체에 성공하여 "충성스런 야당"의 원칙이 확립된 경우
- 베네주엘라와 코스타리카의 야당이 그 예

(3) 야당의 특징

① 레이니(A. Ranney)와 켄달(W. Kendall)이 주장하는 야당의 특징은,
i) 당시의 정권과 정체사이의 명확한 구분을 전제로 함
- 여기에서 야당은 당시의 정권에는 반대하나 정체에는 찬성하는 것
ii) 야당의 개념은 두 주요한 정당연합이 권력에 대하여 정규적으로 경쟁하는 상황에 적용.

ㄱ) 당시 이 정권에 강력하고 영향력 있는 반대정당으로서 경쟁적이거나
ㄴ) 정부의 인물과 정책을 비판하고, 선거에서 이기거나 의회에서 다수가 될 때에는 언제나 정책결정에 대한 책임을 지고 그에 대한 준비. 이러한 의미에서 야당은 재야내각

② 린츠(J. Linz)가 들고 있는 야당의 특징은,
i) 입헌적으로 정당한 수단(선거)에 의한 권력의 획득 및 유지
ii) 권력의 획득과 유지에 군(軍)의 개입배제
iii) 권력의 획득 및 유지를 위한 지지자 동원에 폭력의 배제
iv) 정치과정, 선거, 의회 등의 활동에 참여 및 이의 준수 등

(4) 야당의 필요조건

- 다알더(H. Daalder)가 주장하는 필요조건은,

i) 여러 경쟁자들이 경쟁하는 이슈를 초월하는 공유된 정치공동체(공통적 정치사회)의 존재
- 광범위하게 수용된 안정적인 정치적 공동체는 성공적이고 안정적인 정부-야당 관계의 발전에 기본조건
ii) 여러 사회적 집단들 간에 상대적이고 안정적이며 다원적인 균형 및 이 각각의 집단들이 한정된 정치적 자원을 그들의 이익을 옹호함으로써 향유하는 조건의 조성
- 경쟁적인 집단 간의 정치적 자원의 분배와 안정적인 야당의 존재는 바로 여기에 달림
iii) 야당의 제도화는 정당한 반대와 정책 대안의 요구를 나타냄

- 이런 상황에서 정책적 요구와 이를 성취하기 위한 노력의 수단을 선택하는 데서 상대주의를 선호하는 특정 태도들이 존재
iv) 여당은 물론 야당들이 유권자에 대한 효과적인 책임의 필요성에 대한 일반적인 인식의 존재 등

제5절 의회

1. 의회의 존재이유

(1) 의회의 개념

- 국민의 의사를 표현하는 기관이자 국가의 의사를 결정하는 기관
- 행위의 자기결정성을 통하여 국민의 인격적 완성을 지향하는 데모크라시 요구의 단적인 표현
- 국가의 정치는 의회에서 표시된 국민의 의사를 중심으로 하여 운영되는 것

(2) 의회정치의 의미

- 국민이 정기적으로 선출하는 의원으로 구성된 의회에서 국가의 최고의사(즉 법률 등)를 결정하는 정치방식
i) 광의적으로 직무에 책임을 지는 선출된 전국민(全國民)의 대표자들로 구성된 의회가 존재하는 정치체제

ii) 협의적으로 '의회의 모국'이라는 영국이 제시해 주는 모델을 가진 체제

(3) 의회의 존재이유

- 의회제도는 국민의 자유의 요구 또는 자치의 요구와 결부됨
- 국민참정의 현실적인 의의를 갖기 위해서는 국민 의사의 표현이 국가기관의 구성에 구체화됨
- 따라서 의회는 국민의사를 표현하는 기관인 동시에 또한 국가의사를 결정하는 기관임
- 그러므로 국회의 존재이유는 행위의 자기결정성을 통하여 국민의 인격적 완성을 지향하는 데모크라시의 요구의 단적인 표현

2. 의회정치의 발달과정

(1) 참여의회의 시기

- 의회정치발달의 제 1단계
- 중세말기로부터 근대초기에 이르는 의회
- 이 시기 특징은 귀족과 시민이 그 정치적 자유와 권리를 신장시켜 민의(民意)의 전당인 의회(議會)에 참여하게 되었다는 점
- 형식상으로는 국민대표가 참여의회의 형태를 보였지만, 실제로는 군주정부의 하나의 부속기관에 불과한 것
- 말하자면 그 당시의 의회는 군주의 자문기관에 불과했던 것

(2) 입헌의회의 시기

- 의회정치발달의 제2단계
- 시민혁명을 통한 입헌정치의 실험으로 본 시기

- 이를테면 영국에서 17세기의 2대혁명(청교도혁명, 명예혁명), 프랑스에서 18세기 말의 대(大)혁명시기에 보여준 입헌의회정치의 출현이 그것
- 시민혁명을 통해서 입헌정치가 확립
- 의회제도는 이미 정부의 단순한 부속기관이 아니라, 민권의 보장과 신장을 지향하는 헌법상의 독립기관 내지는 국가의 필수불가결의 입법기관

(3) 의회제 민주정치의 확립기

- 의회정치발달의 제3단계
- 그동안 의회제도의 기반이 '교양과 재산'이라는 제한된 조건의 일부 유권자로부터 벗어ska
- 국민적인 대표에로 확충되고, 정치의 실질이 입헌군주로부터 의회제민주정치로 옮아가게 된 시기

3. 의회의 정치적 기능

- 대의제 민주주의 하에서 입법부로서의 의회는 '정치적으로' 다음과 같은 기능을 수행

(1) 국민대표의 기능

- 넓은 영토 위에 산재하고 있는 국민들 사이에서 보여지는 잡다한 이해와 의견 상의 싸움을 통합·조정하는 기능(대표의 기능)

(2) 심의의 기능

- 의회의 심의과정을 통해서 국가의 주요 정책과 문제점을

분명히 밝혀 줌으로써 국민들로 하여금 항상 날카로운 정치적 관심을 갖게 하는 기능(심의와 정치교육적 기능)

(3) 행정감독의 기능

- 행정부의 권한과 행동에 대하여 항상 감시 또는 비판하는 기능(행정감독의 기능)

4. 의회제 민주정치의 특징

(1) 보통선거제

- 근대 민주주의 발전은 보통선거제를 기초로 하는 대의정치에 의해서 국민주권의 원칙이 관습적으로 확정된 것

(2) 입법부의 우위

- 국정의 최고기관으로서 의회는 입법과 국정의 중요한 사항을 심의함과 아울러 내각의 행정감독
- 경우에 따라서는 내각에 대한 불신임결의권을 행사함

(3) 의원내각제 및 다수당 내각

- 의원내각제는 원칙적으로 의회에서 가장 많은 의석을 차지한 정당의 수뇌가 내각을 조직하는 것
- 이 경우 입법부와 행정부의 융합을 의미하는 다수당정부를 지칭
- 내각에서의 수상의 권한이 강력함

(4) 내각의 국회해산권

- 행정부로서 내각은 의회(하원)에 대하여 해산권을 가짐
- 이는 의회의 내각 불신임에 대한 응전임
- 국민에게 총선거를 요구하는 행정부의 정책 가부를 묻기 위한 조치임

5. 의회제도의 위기

(1) 의회주의의 원내주의적 해석

- 의회의 기능을 민주주의의 전체적인 정치과정에서 파악하기 보다는 '원내' 혹은 '원외'라는 공간적이며 영역적인 관념을 가지고 의회를 보려는 견해
- 따라서 의회의 기능을 오직 원내에만 한정시킴으로써 원외에서 전개되는 일체의 대중운동 내지 국민운동을 오히려 의회정치를 교란시키는 요인

(2) 다수결원리의 왜곡

- 어떤 특정 군주(최고통치자) 개인의 의사를 국민 모두의 통일적인 전체의사로 바꾸어 놓는 방법
- 전제군주적 혹은 독재적인 단계에서는 한 사람의 전제군주나 독재자의 사적인 의사를 곧 국가의사로 간주하는 경향
- 이 같은 통일적 전체의사의 형성방법에 대하여 전체의사의 의사내용과 그 의사내용의 정당성의 근거를 집단구성원 속에서 구하면서 그것을 의사형성의 방법으로 실현시키려는 것
- 만장일치와 다수결의 방법이 그것

(3) 국회지위의 저하

i) 20C 행정국가의 전환에 의한 양적 팽창과 질적 저하에 따른 의회의 심의능력 저하
ii) 의회의 심의가 본회의중심주의에서 상임(전문)위원회 중심으로 이동으로 의회의 입법기능 공허화
iii) 오늘날은 의회가 국가의 원리적 의사를 정립하기 보다는 정부행위를 정당화시켜주는 위험성 내포
iv) 정치의 효율을 강조하는 상황에서 합의의 지배인 의회정치 경시 초래

(4) 정당의 과두제화

- 정당 간의 정치투쟁의 격화로 당내 과두제와 조직의 과두제화의 촉진에 따라 민주적 원칙보다는 '위로부터 아래로'라는 비민주적 원칙이 지배
- 즉 당규의 엄격화와 당 간부에 대한 비판의 감소는 정당 본래의 이념에 충실하기보다는 당 간부에 충성하는 모순 초래

(5) 매스컴에 의한 대중조종

- 일반국민이 정치의 주체가 되지 못하고 대중조작의 객체화로 정치적 소외현상
- 관료제적이고 카리스마적 지배자에 의한 매스컴 장악은 교묘한 여론조작과 대중조종이 가능해 의회본질 왜곡 초래

(6) 동질성의 소멸

- 동질성의 소멸에 따른 사회적·경제적 대립의 격화는 일반의사의 예정조화(豫定調和)적 존재에 대한 회의와 의회정치의 목가(牧歌)적인 상태를 소실케 함

6. 의회제도의 위기에 대한 대응

(1) 원내주의적 해석의 수정

- 오직 투표라는 수단에 의존하여 다원적인 국민의사를 배격이 아닌, 진지하게 민의를 수용하여 국정에 반영해야

(2) 수(數)의 지배에서 이성(理性)의 지배로

- 민주정치가 수(數)의 정치이지만, 다수가 이치에 맞지 않을 때 민주적인 것은 아님
- 따라서 단순한 수의 정치가 아닌 자유로운 토론을 통한 이성의 지배가 필요

(3) 직접민주제의 도입

- 의원과 선거민간의 괴리 현상 막는 제도 모색해야

① 국민표결 : 법안찬부투표로서, 의회를 통과한 법안을 최종적으로 표결하는 것
- 헌법 국민표결과 법률 국민표결이 그 예
② 국민발의(안) : 국가의사의 성립에 대해서 국민에게 발의

권을 인정하여 그 찬부를 묻는 국민표결 방식
③ 소환 또는 해임투표 : 일정수의 선거인의 요청 시 공직자의 해임을 선거인의 투표에 붙이는 방식

(4) 직능대표제의 실시

- 1인의 의사는 타인에 의해 대표될 수 있고, 그 의사는 동질적인 가치를 지닌다는 국민대표의 기본원리에 수정을 가하는 것
- 따라서 의회정치의 위기를 모면하기 위해서는 각 직능에 대한 결사 및 그 대표의 방식에 의한 일대혁신 단행이 급선무

(5) 의회제도의 내부개혁

① 의원의 독립성 회복 : L. S. Amery는 의원의 독립성 회복을 위해 인물과 경험이 뛰어나고, 정치적·경제적 조직의 지배로부터 독립된 의원들로서 의회 구성 주장
② 상원의 강화 : J. J. C. Henderson은
i) 하원의 횡포억제
ii) 행정부와 의회의 충돌 완화
iii) 신중한 의사심의
iv) 상이한 면으로부터의 민의대표 등
- 양원제의 장점에 주목하여 하원에 대하여 충분한 억제력을 갖춘 상원 출현 강조
③ 의회위원회제도의 활용 : L. Campion은 위원회의 효과적인 활용을 주장
- 즉 정부 각 부처의 감독과 타협의 정신 발휘에 주목

(6) 기타

i) 위임입법에 관한 검열을 위한 특별위원회의 설치(C. B. Galloway)
ii) 공청회의 활용으로 원외대중 요구의 적극적 흡수
iii) 비례대표제의 도입
iv) 행정부에 대한 의회의 광범위한 관여권 인정
v) 정치적으로 무관심한 국민의 정치의식의 함양
vi) 경제회의 등의 설치에 의한 전문적인 지식의 의회 흡수
vii) 각 이익단체를 조정하기 위한 기구의 설치 등

제6절 선거제도

1. 선거제도의 의미와 연혁

(1) 의미

① 선거란 국민들이 자신들의 이해나 요구를 관철시키는 것을 목적으로 대표자를 선출하는 행위를 의미
② 대표자의 선출이라는 인적 요소의 충원과 대표자를 통하여 선출한 사람들의 의지를 관철시킨다는 정신적인 요소의 실현이라는 두 가지 의미를 내포

(2) 선거의 기능

① 직·간접적으로 관리를 선정
② 유권자와 정부 사이의 feedback을 제공
③ 정권에 대한 지지와 반대를 공식적으로 표현
④ 정치적 지도자의 순환에 대한 수단을 제공
⑤ 유권자에 대한 정부의 책임성을 만듬

(3) 선거제도의 기원과 변천

① 기원 : 선거제도는 고대 그리스의 직접민주정치에서 출발하여 중세와 절대왕권 시절에도 제한적으로 실시
- 근대민주주의의 확립시기에 신장되는 시민의 참정권과 관련하여 주요한 정치제도로 보편화
② 변천 : 역사적으로 제한선거에서 보통선거로, 불평등 선거에서 평등선거로, 간접선거에서 직접선거로, 공개선거에서 비밀선거로 변화되어 옴

2. 선거제도의 기본원리

(1) 보통선거의 원칙

- 특별한 결격조건이 없는 한 일정한 연령 이상의 전 국민에게 선거권을 부여하는 것
- 천부인권 사상에 근거하여 개인의 참정권을 보장하려는 데 그 목적
- 반대 개념은 제한선거

(2) 평등선거의 원칙

- 각 선거인이 가지고 있는 선거권의 가치를 평등하게 취급하는 것
- 1인 1표의 원칙을 의미
- 반대 개념은 불평등 선거

(3) 직접선거의 원칙

- 국민의 대표는 국민이 직접 선출해야 한다는 원칙으로 국민주권의 이상에 기반을 둠
- 일정의 중간 선거인을 선출하여 대표자를 선출하는 경우를 간접선거라고 함

(4) 비밀선거의 원칙

- 개인의 사생활을 보호한다는 취지에서 선거인이 누구에게 투표하였는가를 타인에게 알리지 않는 것
- 반대개념은 공개선거

3. 선거제도의 유형

(1) 다수대표제

- 한 선거구 내에서 다수파로부터 지지를 받는 후보자를 대표로 결정하는 제도

① 비교다수주의 방식 : 후보자 중에서 가장 많은 지지표의

획득자가 당선
② 절대다수주의 방식 : 적정수준 이상의 지지표를 얻어야 만 대표로 선출되는 방식

(2) 소수대표제

- 한 선거구 내에서 다수표를 획득한 후보자뿐만 아니라 소수표를 획득한 후보자도 함께 대표로 선출하는 제도
- 다수대표제의 결함인 소수의견의 무시를 보완하고 소수파에게도 득표수에 따라 대표자를 선출(의원 정수 수인구제의 대선거구)

① 단기 비이양식 투표제 : 단기토표만 허용하고 일정 순위 이상을 득표하면 당선
② 대선거구 제한연기제 : 연기를 허용하되 투표자가 기입할 수 있는 후보자의 수를 대표자 족수보다 적게 함
③ 누적투표제 : 선거구 내의 대표정수와 동일한 수만큼 연기투표하되 동일후보자에게 누적적인 기표가 가능한 방식

(3) 비례대표제

- 득표수와 의석수 사이의 불균형을 최소화하고 사표(死票)의 발생을 방지하여 의석의 배분에 공평을 기하려는 제도

① 단기이양식 비례대표제 : 전체 후보의 이름이 적혀있는 투표용지에 선호의 순위를 기입하여 투표하는 방식
② 명부식 비례대표제 : 각 정당에서 제출한 후보자 명부에 투표를 행하는 방식

(4) 직능대표제

- 집단이 개인에 우월성 강조, 집단 대표의 필요성 강조
- 지역 대표의 원리를 부정하고 직업집단을 선출기반으로 하는 방법

4. 선거의 문제

(1) 선거구의 문제

① 소선거구의 장점 : 다수당의 출현이 용이, 양대정당제의 육성가능, 파벌의 해소에 도움, 선거방식이 간명, 후보자와 유권자의 친밀감이 두터워짐
② 소선거구의 단점 : 사표의 대량발생, 전국적 대인물보다는 지방적 명망가에게 유리, 의원이 자신의 출신구에만 관심을 집중, 신인의 진출이 곤란, 게리맨더링 위험성이 존재

<선거구의 문제>

구분	소선거구제	대선거구제
방법	· 한 선거구에서 1인을 선출	· 한 선거구에서 2인 이상을 선출
장점	· 선거관리가 간단하고 비용 절감 · 선거인이 후보자 인물파악 용이 · 다수당에 유리하여 정국안정과 양대정당 육성에 적합	· 전국적 유능한 인물의 당선 용이 · 소수정당에 유리 · 신진세력의 진출이 용이 · 사표가 적고 국민의견이 골고루 반영
단점	· 지역적 명사의 당선 용이 · 선거권자 매수나 관권개입 용이	· 선거관리가 힘들고 비용이 많이 듦 · 정당·후보자 난립으로 정국

	・사표(당선에 기여 못한 표) 많다 ・선거구 확정문제 발생가능	불안 우려 ・선거에 대한 무관심 우려 ・후보자 인물 파악이 곤란

(2) 선거방법의 문제

<선거방법의 문제>

구 분	의 의	장 점	단 점
다수대표제 (→소선거구)	한선거구에서 다수 득표자 1인 만을 당선자로 하는제도	다수파 안정세력 확보에 유리	소수의견 무시 가능
소수대표제 (→대선거구)	득표순에 따라 일정수 당선 (소수파에게 당선기회 제공)	소수의견 존중	군소정당 난립우려
비례대표제	각 정당의 득표에 비례하여 당선자 배당 (정당정치 구현)	사표감소 투표자 의사존중	정국불안정 정당간부횡포
구 분	의 의	장 점	단 점
직능대표제	직업별단체를 단위로 일정수의원 선출 (직업별 전문가)	・획일적 지역대표원리 지양 ・개인의대표보다 집단의 대표	

(3) 현대의 선거과정의 변모와 문제점

- 현대의 선거는 이미지 선거의 양상을 띠며, 도시화 등의 진전으로 유권자와 후보 간의 의사소통이 힘들어 지는 등의 변화를 보이고 있음
- 이러한 경향은 다음과 같은 문제점을 초래

① 선거에 있어서 감각적, 정서적 선택의 촉진화, 즉 후보 선택에 있어 비합리성에 좌우될 가능성이 점증
② 선거 커뮤니케이션이 일방 통행화되고, 선거민들은 선거관리인들의 조작대상으로 화하기 쉬워짐
③ 선거운동비용의 거액화 현상이 발생

제7절 여론과 매스미디어

1. 공중과 여론의 형성

(1) 여론의 의미

- 여론(public opinion)이란 다수의 사람들에 의하여 그 사회의 공적인 문제에 대하여 표명된, 그리고 일반시민에 의해 지지받고 있는 의견을 의미
- 여론이야말로 정치에 대한 국민의사와 주장의 구체적인 표현

(2) 여론의 인식관점

① 여론을 근대 민주주의에 의해 이루어진 결과물로 파악
- 전통적인 서양정치사상
② 여론을 정책결정과정에 영향을 미치는 하나의 요소로 파악
- 정치과정의 차원에서의 접근
③ 여론은 사실상 특정 소수의 의견인 경우가 많으며, 이들 소수주장에 지나지 않는 경우도 있다고 파악
④ 여론은 개인의사가 집합된 형태이지만 그것을 다시 개인

의 의견으로 환원시킬 수 있는 것은 아니며, 그런 점에서 여론은 매스미디어가 만들어준 산물로 파악하는 접근

2. 매스컴과 정치

(1) 매스컴의 의미

- 정치학의 접근방법의 하나인 커뮤니케이션 이론
- 솔라풀(Ithiel de Sola Pool)은 정치는 인격간의 상호적 (interpersonal)인 영향의 과정이며, 그것은 커뮤니케이션의 문제로서 정의하는 것이 가능하다고 봄

(2) 매스컴의 기능

- H. D. Lasswell은 매스컴의 기능으로
i) 사회환경에 대한 감시
ii) 사람들의 집단행위를 자극하여 공동의 문제에 대처케 하는 기능
iii) 사회적 유산을 다음 세대로 전승시켜주는 역할 등을 지적

① 순기능

i) 대중의 의견을 반영 - '여론'의 형성
ii) 정부시책을 주지시키는 매개체 - '정치선전'
iii) 정치사회화의 기능을 행하는 매개자
iv) 이익집단의 이익표출 기능을 수행

② 역기능

i) 여론의 왜곡 : 정치적, 경제적 압력 등으로 인한 왜곡 가능성 존재
ii) 권력자에 의한 대중조작의 수단으로 사용 : 대중의 동원화된 과잉참여나 의도된 정치적 무관심 등을 초래
iii) 정보 과다를 통한 대중의 소화불량을 초래 :
- 사회성원들에게 지나치게 높은 욕구수준을 설정함으로 말미암아 욕구불만을 초래
- 정보의 과잉으로 인한 정치적 무관심도 유발
- 또한 평면적 보도는 정치사건의 정치성을 탈색시키는 효과도 초래

(3) 매스컴의 정치적 성격

- 현대사회에서 매스미디어 자신이 거대한 기업을 형성하여 다른 대기업과 공통의 이해관계에 결부됨
- 그 결과 매스미디어가 중립성의 표방에도 불구하고 대기업의 이익에 편승하기 쉽고
- 대기업 이익의 대변자로의 역할
- 그리고 정부의 이익에 봉사하는 경향을 보임

3. 정치선전(political propaganda)

(1) 개념 및 특징

① 개념
- 일정한 의도 하에서 여론을 조작하여 인간의 판단이나 행

동을 특정한 방향으로 유도하는 것
- Lasswell은 표상(表象)을 조작함으로써 인간의 행동에 영향 미치는 기술이라고 강조

② 특성
i) 주어진 상황 하에서 영향 받는 사람들의 행동이 선전가가 바라는 것이 되도록 하려는 의도로 행해짐
ii) 커뮤니케이션 수단을 활용함
iii) 사회적 의미를 지니는 것으로, 개인보다 집단의 통제를 목적으로 함
iv) 교모한 기도(企圖)

(2) 발달배경

① 대중사회의 성립
- 일반대중이 형식적으로는 주권자로 등장하나, 실제에서는 집권층의 엘리트들이 조작 객체로 남음
- 언제 어디에서나 집권자에 의해 그들이 바라는 대로 조작 가능
② 선전 매개체의 고도의 발달
- 매스컴의 급격한 발달이 정치선전의 기술에 혁명적 변화일으킴

(3) 정치선전의 기술(技術)

① 단순화·상징화 : 선전의 표현은
i) 어법이 단정적(斷定的)이고
ii) 강조하는 논점이 복잡하지 않으며
iii) 간단하고도 명쾌한 문장인 점

② 확대(擴大)·왜곡(歪曲) : 선전주체에게 유리한 보도는 침소봉대(針小棒大)하기 마련이나, 반대세력의 지도자가 행한 실언이나 국적불명의 비행기·군함의 통과는 정치적 선전에 최대한 이용
③ 반복(反復)·공명(共鳴) : 가장 훌륭한 반복·공명의 기술은 언제나 리듬과 논법을 각 계층의 대중에게 알맞게 한다는 것
④ 이입(移入) : 대중의 마음속에 이미 도사리고 있는 전통이나 관습 또는 태도 내지 관념 등에 정면으로 맞부딪치지 않고 그것을 이입하여 자기의 선전 목적에 알맞게 교묘히 이용하는 방법
⑤ 전원일치(全員一致)·감염(感染) : 인간의 마음속에 도사리고 있는 다른 사람들과 동조하려고 하는 이른바 전원일치가 되도록 강하게 하며, 나아가 그것을 인위적으로 만들어내는 방법

(4) 정치선전의 한계

① 사실성 : 어떠한 선전이라도 사실과 어긋나거나 사실과 무관한 조작일 경우 성공하기 어려움
- 허위였다는 것이 폭로될 때 치명적인 타격을 받음
② 대외정책의 내용 : 국가의 대외선전은 국가의 대외정책과 부합돼야함
- 그러나 이데올로기전이 치열하게 전개되는 국가 간 선전은 대외정책 그 자체를 제약할 수도 있음
③ 객체의 생활감정 : 선전은 객체의 생활경험에 의해서도 제약됨
- 그만큼 상대국의 국민이 가진 역사·전통·관습·경험을 파악해야 하는 어려움

제 9 장   정책론과 관료제론

제1절 정책론

1. 정책론의 의의

(1) H. D. Lasswell
- 정책론을 '정책결정 및 정책의 집행을 설명하고, 정책문제와 관련이 있는 자료를 수집하여 이에 대한 해석을 제공하는 학문'으로 정의

(2) 정치과정론이 정부활동의 가장 핵심적이라 할 수 있는 가치의 형성, 배분, 집행, 평가 문제를 외면하는 약점을 보완하기 위하여 1960년대 후반부터 정책론이 등장

2. 정책의 의의와 유형

(1) 의의
① '문제해결 및 변화유도를 위한 활동' (H. D. Lasswell)

② '특정목적을 지닌 활동을 지배하는 諸원리' (K. Boulding)
③ '정부기관에 의하여 결정된 미래의 행동지침' (Y. Dror)
④ 목표가 되는 가치와 실제를 투사해서 얻은 행동계획(H.D. Lasswell & Kaplan)
⑤ 전체 사회를 위한 제가치의 권위적 배분(Easton)
⑥ 정책의 목표지향성 강조(Friedrich)
⑦ 행위자 또는 행위자 집단이 추구하는 의도적이고 실제적인 행동노선(Anderson)

(2) 기능별 유형분류

- 정책을 안보, 노동, 교통, 보건, 복지, 농업, 상공 정책 등 기능별로 분류하는 것으로 가장 전통적인 분류법.

(3) 제 학자들의 유형 분류

① T. J. Lowi : 분배정책, 규제정책, 재분배정책, 구성정책 등의 4가지로 분류
② G. A. Almond와 G. B. Powell : 추출정책, 규제정책, 분배정책, 상징정책 등 4가지로 분류
③ R. H. Salisbury : 분배정책, 재분배정책, 규제정책, 자율규제정책 등 4가지로 분류

▶분배정책: 개인·집단·기업 및 지역사회 등으로 분할된 특정 부류의 인구에 대하여 서비스 또는 이득을 분배하는 정책
▶규제정책: 개인이나 집단의 행동에 제한을 가하는 정책. 규제를 받는 사람 또는 집단이 그들의 자유 내지 재량권에 제한 받음
▶재분배정책: 조세구조에서 재원을 구하며, 그 일부를 저소

득층에 교부하거나 각종 사회적 급부를 하는 것
▶구성정책: 정책기관의 신설 및 변경, 선거구 조정

로위의 정책유형

		강제의 적용가능성(무엇을 통하여 행하는가)	
		개인의 행위	행위의 환경
강제의 가능성	원격적	분배정책 (ex, 19C의 토지정책 관세 보조금)	구성적 정책 (ex, 선거구 개정, 신기관의 설립)
	즉시적	규제정책 (ex, 규격외 상품과 부정경쟁)	재분배정책 (ex, 누진과세, 사회보장O)

3. 정책과정 개관

(1) 정책과정의 의의

- 정책과정(policy cycle)이란 정책이 결정되어, 집행되며 평가되고 수정되거나 종결되는 과정을 의미
- 그러므로 정책론의 핵심은 정책과정이라 해도 과언이 아님

(2) Lasswell의 정책과정

▶정보단계 → 건의단계 → 처방단계 → 발동단계 → 적용단계 → 평가단계 → 종결단계 등 7단계로 구성
- 다른 학자들에게도 큰 영향을 미친 분류법

(3) C. O. Jones의 5단계 분류법

- 기본적으로 Lasswell의 견해를 바탕으로 하였으나, 합리적이고 간결한 정책과정을 제시

① 문제정의단계 : 정책문제를 설정하는 단계를 의미
② 형성·합법화단계 : 문제를 해결하기 위한 행동방안을 결정하고 권위 있는 기관이 행동방안에 합법성을 부여하는 단계를 의미
③ 집행단계 : 권위 있는 기관에 의해 합법성이 부여된 정책이 실행되는 단계
④ 평가단계 : 실천에 옮겨진 정책을 평가하는 단계
⑤ 종결단계 : 문제가 해결되어 정책을 종결하거나 정책을 수정하는 단계

(4) 정책과정 활동의 기능적 범주(5단계, Anderson)

·1단계 - 정책의제의 단계(문제 확인과 의제형성 관련)
·2단계 - 정책결정의 단계(행동방안 개발)
·3단계 - 정책채택의 단계(하나의 정책으로서 합법성과 권위를 갖게 되는 단계)
·4단계 - 정책집행의 단계(문제해결과 정책적용 단계)
·5단계 - 정책평가의 단계(정부의 노력 평가 → 정책의 효과성과 영향 등)

4. 정책형성의 이론

(1) 합리모형(rational model)

- 인간은 이성과 합리성에 근거하여 결정하고 행동한다는 이론
- '합리적 선택의 고전이론'으로 불리는 모형으로 정책결정에 있어 최대한의 합리성 또는 순순한 합리성을 추구하는 모형

① 특성 : 합리모형은 ㉠ 목표가 명확히 정의될 수 있으며, ㉡ 목표와 수단, 가치와 사실의 구분이 가능하며, ㉢ 설정한 목표에 가장 부합되는 대안의 선정이 가능하고, ㉣ 모든 요소를 분석하여야 한다는 분석의 종합성을 이론의 특징으로 함

② 비판 : 합리모형은 인간의 문제해결 능력에는 한계가 있다는 점과 정보의 부족, 분석의 비용 등을 고려하지 않으며, 최선의 안(案)을 선택할 기준이 모호하며, 가치와 사실 간의 구분이 불가능할 때가 많다는 것을 간과한다고 비판 받음

(2) 만족모형(satisficing model)

- H. Simon이 주장한 이론으로 현실의 인간은 지식, 학습능력 등에서 많은 제약을 받고 있으므로 '최적의 대안'이 아닌 '만족스러운 대안'을 찾는 것을 목표로 해야 한다는 이론
- 만족모형 비판: 만족할만한 질(quality)은 주어진 것으로 간주한다는 것, 만족의 질을 형성하는 변수들이 무엇이며, 이 변수들이 어느 정도까지 의식적으로 통제될 수 있는가에 대한 해답이 무시되는 점

(3) 점증모형(incremental model)

① 특징 : C. E. Lindblom, A. Wildavsky 등이 주장한 이론으로 합리모형을 비판
- 합리모형의 가정인 인간의 지적 능력에 대한 과신과 관료기구의 현실성에 대한 경시 등을 비판하면서 정책의 채택시 그 정책은 과거의 정책과 차이가 적고, 만약 변화가 있다면 오로지 점진적 변화이어야 한다는 이론

② 비판 : 이 모형은 안정된 사회를 위한 모형이며, 쇄신의 저해를 가져오는 보수적 모형이고, 안이한 정책결정을 조장하며 나아가 현상유지적 성격으로 인해 강자의 과대대표 현상을 초래한다는 점에서 비판됨

(4) 혼합주사모형(mixed scanning model)

① A. Etzioni가 주장한 모형으로 정책의 결정을 근본적인 결정과 지엽적인 결정으로 구분하고
- 근본적인 결정에는 합리주의 모형을 적용하고
- 지엽적인 결정에는 점진주의 모형을 적용하자는 이론
② 그러나 이 모형은 근본적인 결정과 지엽적인 결정을 구별하기 위한 적절한 기준을 제시하지 못하고 있다고 비판됨

(5) 최적모형(optimal model)

① Y. Dror(드로어)가 제시한 모형으로 현실주의와 이상주의를 통합한 규범적인 모델
② 점증모형의 안일성을 비판하면서 합리성의 제고를 강조하고, 경제성을 감안한 합리성과 직관, 판단력 같은 초합리적 요소 등의 고려를 그 주된 내용으로 함
③ 이 모형은 '경제성을 감안한 합리성'의 개념이 모호하며, 대안의 예비적 분석을 위한 적절한 기준을 제시하고 있지 못하다고 비판됨
④ 최적모형의 특징(Dror) :
i) 질적모형(양적모형x)
ii) 초합리성의 강조(직관, 판단, 창의 등)
iii) 경제적 합리성의 원칙(최적화에 관심)

iv) 정책결정단계(초기 정책결정 - 정책결정 - 정책결정 이후의 단계 등)
v) 확장된 환류단계(환류되는 정보에 따라 정책내용 수정, 재정책결정 포함)

5. 정책형성 과정

- 정책과정은 크게 정책형성, 집행, 평가의 3과정으로 나뉨
- 정책형성과정은 대중주도 이론과 엘리트 주도 이론으로 양분

(1) 정책형성의 대중주도 이론

- Roger W. Cobb가 개발한 이론으로 대중에 의해 정책이 형성되는 과정을 다음의 4단계로 구분
① 정책의 개시단계 : 문제점이 제기되는 단계
② 문제점의 구체화단계 : 정책수립가들이 막연하게 제시된 문제를 구체화시키는 단계 - 명료화단계
③ 의제의 확산단계 : 정책형성 단계 중 가장 중요한 단계로 정책 요구자들이 요구사항의 확산을 시도하는 단계
④ 의제가 정식으로 채택되는 입장(入場)의 단계

(2) 정책형성의 엘리트 주도이론

- 사회내의 우수한 두뇌의 소유자들을 충원, 이들에게 정책형성을 주도시키는 행정부 우위의 국가, 또는 발전·능률 지향의 국가의 정책형성과정을 이해시키는데 도움이 되는 이론
- 대중주도 이론이 정책형성의 사전단계에 관심을 두는 데 반하여 정책형성의 사후단계에 초점

① 정책의 개시단계 : 정치엘리트가 어떤 정책을 구상하고 정책화 할 것을 공표
② 구체화 단계 : 공표된 정책을 집행자 및 일반시민에게 구체화, 명료화시키는 단계
③ 확산단계 : 결정된 정책을 홍보하거나 지지태도를 널리 창출하는 단계
④ 입장단계 : 정책이 이상의 단계를 거쳐, 시민이 지지하고 승복하는 단계

- 엘리트 주도이론은 확산작업의 정도에 따라 동원형과 내부접근형으로 다시 양분

① 동원형(mobilization model) : 확산의 대상으로 시민 대다수를 상정하는 모델
② 내부접근형(inside access model) : 그 확산이 인지집단 및 일부의 주의집단 등 소수에 국한
- 비공개적 사적 모임, 막후교섭, 물질적 거래 등의 방법을 동원

(3) 정치가 민주화, 성숙화 됨에 따라 내부접근형 → 동원형 → 대중주도형으로 정책형성의 모델이 변화

6. 정책결정자

- 정책결정자를 공식적 정책결정자와 비공식적 정책참여자로 구분(Anderson)

(1) 공식적 정책결정자
① 입법부(Legislatures)

- 의회는 좋은 정책과 법칙을 법으로 성립시키기 위해서 협의, 토론, 표결을 행함으로써 역할 수행(Almond)

② 행정수반(Executive)
- 대통령 역할의 중요성과 그 범위는 정치체제의 특성에 따라서, 국가에 따라서 서로 상이
- 선진국보다는 개발도상국에서 대통령이 정책결정에 강력한 영향력 행사

③ 행정기관(Administrative Agencies)
- 행정의 복잡성과 전문성에 따라 일차적 정책결정자인 국회가 보조적 정책결정자인 행정기관에 광범위한 재량권 위임

④ 사법부(Courts)
- 사법적 심사권을 가지며, 각종 법의 해석하는 과정에서 정책을 결정

(2) 비공식적 정책참여자

① 이익집단(Interest Group)
- 공통적으로 요구를 표현하고 정책대안을 제시하는 이익표출의 기능 수행

② 정당(Political Parties)
- 국민의 지지를 얻기 위해 국민이 바라는 정책 제시
- 이 과정에서 정책결정에 관여

③ 개인으로서 시민(Individual Citizen)
- 정책이나 법안에 대해 투표하거나 개인의 지적활동을 통해

서 정책결정과정에 새로운 아이디어를 투입

7. 정책집행 과정

(1) 정책과정에 대한 기존의 두 명제

① 정책형성은 입법부가 정책집행은 행정부가 행함
- 전통적 견해로 1950년대 행태주의 이론에 의해 수정
② 정책형성은 입법부·행정부가 정책집행은 행정부가 수행
- 최근의 견해

(2) 관료기구의 정치지향성의 문제

① 관료기구와 고객 간의 관계 : 관료기구는 자기 고객으로부터 승복과 지지를 얻어야 하므로 고객의 이익에 배치되는 정책은 회피하고자 함
- 부처 간 갈등 발생

② 관료기구와 정치엘리트 간의 관계 : 관료기구는 입법인들과 원만한 관계를 유지하고자 함
- 행정부서와 의회의 해당 상임위 간에는 일종의 동맹관계도 형성
③ 자기 기구내의 구성원간의 관계 : 관료기구는 자기 조직의 이익을 대변하기 위해 조직 확대를 꾀함

(3) 한국의 권위주의적 행정문화

① 행정문화의 특징 : 유교의 윤리 규범 및 관존민비의 사상에 기반한 권위주의적 행정문화와 학연·혈연 등에 치중한 사인주의(私人主義)가 그 특징

② 한국 행정관료의 특징 : 행정책임의 결여, 사인주의가 개입된 관의 정책집행, 사인주의가 적용되는 인사문제, 정책 형성·집행 과정에 일시적, 급진적 방법의 사용으로 인한 행정의 불연속성과 단절이 발생

8. 정책평가 과정

- 정책이 집행되었을 때 그 결과 또는 효과에 국한시키는 좁은 의미의 정책평가를 뜻함

(1) 정책평가의 종류

① 제도적 평가 : 정부 각 부처의 평가기구 또는 중앙의 특별평가기구가 실시하는 평가
② 체계적 평가 : 정책평가 그 자체를 보다 과학적인 방법으로 수행하는 것 - PPBS 등
③ 공공 평가 : 일반시민에 의한 정책평가로서 언론기구, 소비자 보호 기관 등에 의한 정책평가

▶PPBS(Planning, Programing, Budgeting System, 계획예산제도):
i) 미국 맥라마라 국방장관에 의해 제안된 예산제도, 예산의 계획기능을 강조
  ▶ 계획입안 - 진행계획작성 - 예산편성이라는 3단계로 구성
ii) 어떠한 조직이 어떤 목적을 달성하기 위해, 기본적인 방침을 검토하여, 구체적으로 필요한 자원이나 비용을 계산함으로써, 한정된 자원을 가장 효율적으로 사용할 수 있게 하는 시스템

(2) 정책평가의 문제점

① 평가의 대상인 정책결과 자체의 성격 : 정책의 효과가 광범위한 경우 평가가 곤란
② 원인, 결과의 다양성 : 파급효과 등에 의해 정책결과의 정확한 파악이 곤란한 경우가 많음
③ 정책을 평가하려는 자의 동기 혹은 정치성에 의해 평가가 왜곡될 가능성도 존재
④ 정책당국자들은 현실적인 해결책을 모색하므로 이론성이 강한 정책평가 결과에 회의적

(3) 정책평가의 필요성

- 정책평가가 정책당국자에게 환류(還流)되어 새로운 대응책을 마련하기 위한 것
① 합리주의적 이유 : 궁극적으로 자원배분의 합리화와 관료조직의 합리화 도모
② 정치적 이유 : 정책의 재형성을 통하여 정치체계 전체의 긴장과 불안을 해소

(4) 정책평가의 기준

① 효과성(effectiveness) → 목표의 달성 정도를 의미. 정책이 가치 있는 성과나 효과를 가져 오는 가에 관한 것
② 능률성(efficiency) → 일정한 목표를 달성하는데 있어 투입(input)과 산출(output)의 비율
- 정책목표의 달성과 의도한 정책 결과의 산출에 어느 정도의 노력이 투입되었느냐는 것

③ 적정성(adequacy) → 의도된 문제의 해결 정도를 의미
- 정책의 실시 결과 어느 정도 애초의 문제가 해결되었는가를 뜻하는 개념
④ 형평성(equity) → 사회 내의 상이한 집단 사이에 효과와 인력을 공평하게 공정하게 배분하는 것을 의미
⑤ 대응성(responsiveness) → 정책이 특정집단의 욕구, 선호, 자치를 충족시키는 정도를 의미
⑥ 적절성(appropriateness) → 어떤 정책의 바람직한 성과와 목표가 실제로 유용성과 가치가 있는 것이냐를 평가하는 기준
- 실제로 내포된 가치성의 정도를 의미하는 것.

제2절 관료제론

1. 행정국가

- 국가의 기본적 정책형성과 그 결정이 실질적으로는 행정부 중심으로 행해지고, 입법과 사법과의 상대관계에 있어서도 전체적으로 행정부 우위의 사상에 있는 국가형태를 행정국가라 함
- 정치가 행정화, 행정이 정치화되는 국가를 의미

▶행정국가: 행정활동을 통한 강대한 존재를 국민에게 실감시킴
- 권력의 중심이 입법부에서 행정부로, 정치적 leader에서 행정적 expert로. 地方 → 中央

2. 현대행정의 특징

(1) 행정기능의 확대, 강화

- 현대국가의 행정은 그 중점이 질서유지나 징세(徵稅) 위주의 행정에서 적극적인 복지행정으로 옮겨감
- 현대사회의 복잡성과 다양성으로 행정의 내용과 범위가 더욱 전문화, 확대됨

(2) 행정의 질, 양과 기능의 변화

① 양적 규모의 팽창 : 행정기능의 확대로 행정기구의 증설 및 공무원 수가 급증하는 현상 발생
② 질적 변화 : 행정의 전문화와 분업화, 통합과 조정화 및 통계와 계획이 중시
③ 행정기능변화 : 관리 기능에서 정책결정기능과 변화·발전의 기능까지 담당
④ 新중앙집권화 : 국토개발, 경제개발 등 전국에 걸친 행정업무의 증가에 따라 지방사무가 중앙으로 이관되거나 갈수록 중앙통제를 많이 받게 됨

3. 현대행정의 기능

(1) 안보기능

- 대외적으로는 외교, 국방, 국가안전보장 등을 담당하며
- 대내적으로는 치안, 소방, 경찰 등의 역할을 수행

(2) 원호기능

- 대외적으로는 교민의 원호, 우방제국과 동맹국의 원조 등을 행하며
- 대내적으로는 각종 사회보장정책 등을 수행

(3) 규제기능

- 대외적으로는 이민, 무역, 통화, 밀수 등을 통제하며
- 대내적으로는 기업독점 등 경제통제, 치안, 교통, 공익사업 등의 규제 기능을 수행

(4) 봉사기능

- 대외적으로는 국제기구 및 우편, 전신, 전화 등의 사업에 봉사하며
- 대내적으로는 교육, 공공건물, 체신 등의 기능 수행

4. 관료제

(1) 개념

- 집단 내지 조직 속에서의 직무를 계층적으로 나누어 대규모적인 행정관리활동을 수행하는 조직 유형
- 관료제란 많은 분량의 업무를 법령에 따라 몰인정(沒人情)적으로 처리하기 위해 조직된 대규모의 분업체제
- 이에는 종적인 계층적 분화와 횡적인 기능적 분업을 내포

(2) 관료제의 발달과정

① 절대관료제 : 절대군주제의 관료제로 엄격한 자격요건과 복무규율을 특징으로 하는 관료제 - 프러시아 관료제

② 정당관료제 : 선거에서 승리한 정당이 관직을 전리품(戰利品)화한 미국의 엽관주의와 영국의 정실(情實)주의 시대를 의미

③ 현대관료제 : 행정전문관료의 개념이 등장하고 공무원은 국민 전체의 봉사자로서 공무원의 정치적 중립성과 능률적·실적주의적 행정이 중요시된 관료제

▶전리품(trophy) : 전시(戰時)에, 적으로부터 압수, 억류와 동시에 소유권 취득의 효과가 발생하는 물품
- 교전국으로 탈취한 모든 물자들이 전리품인데 점령한 교전국의 영토 등 부동산도 전리품에 해당.
ex) 대통령제에서 대통령선거 시 대통령을 도와주고 승리 후에 얻는 관직, 특혜

5. 관료제와 민주주의

(1) 관료제와 민주주의의 상관관계

- 두 개념 간의 상호 모순·대립의 관계
i) 부정적 측면에서는 관료제가 민주주의를 위협하지만
ii) 긍정적 측면에서는 능률적인 행정관리와 비약적인 경제적·사회적 발전 가능

(2) 관료제의 민주주의에 대한 공헌

① 공직에 대한 기회균등의 제공 : 관료제는 전문적 지식과 능력에 의거한 관료의 임용을 원칙
② 법 앞의 평등의 실현 : 관료제는 비합리적인 정실주의나 자의에 의한 개별주의를 배제하고, 일반적 법규에 의한 보편주의를 지향
③ 민주적 목표의 수행 : 민주적으로 결정된 조직의 목표는 오늘날 기술적 우수성을 그 특징으로 하는 관료제적 도움 없이 실현되기가 곤란

(3) 관료제의 민주주의에 대한 위협

① 권력의 불균등 : 관료제는 이를 장악하고 있는 소수에게 많은 권력을 집중시켜, 관료의 기술독점, 권력독점 현상을 야기
② 민중의 요구에 부적응 : 관료군(群)이 자기가 형성한 원리에 따라 민중을 지도하려고만 하는 관료제의 비민주적 독선의 경향을 보임
③ 행정의 정책형성권의 과대화 : 행정권의 강화로 입법부 및 행정수반이 행해야 할 정책형성의 권한마저도 담당
- 민중의 자유가 상실될 위험성이 내재
④ 비민주적 보수단체화 : 조직이 시간이 지남에 따라 보수화, 관료제화하고, 과두제의 철칙이 적용되며, 이의 결과로 대중의 요구에 대한 반응성이 저하

(4) 요컨대 관료제와 민주주의는
- 이론상 상호모순·대립 관계에 있는 것처럼 보이나, 관료제

는 민주주의사회에서 무시할 수 없는 중요한 역할을 수행
- 결국 관료제를 발전목표의 수행에 관련시켜 효율적으로 활용하기 위해서는 관료제를 민주적으로 통제할 방안을 강구하여 민주성과 능률성을 모색하는 것이 문제

(5) 개발도상국가 관료제의 특징

i) 행정환경에 대한 대처능력 부족과 저항 발생
ii) 능력보다 귀속성에 바탕을 둔 인사행정과 신분·지위의 영향
iii) 행정의 우월성과 탁월성의 과신
iv) 행정책임의 하급기관이나 하급자에게 회피
v) 전통적·전근대적 사회구조의 영향과 전통적 가치관의 작용
vi) 관료제에 의한 전문적 기술성의 독점
vii) 관리 및 기술 능력을 갖춘 행정가의 부족
viii) 부정부패의 심각 등

(6) 근대관료제의 사회·경제적 조건

- 베버(Max Weber)는 대중국가의 출현과 권력관계의 사회화 현상으로 초래되는 합리적 조직으로서 관료제 파악

i) 화폐경제의 발달
ii) 행정사무의 양적 확대
iii) 행정사무의 질적 발전
iv) 관료제도의 순기술적 우월성
v) 관료제도에서의 물적 경영수단의 집중
vi) 관직을 보유해 가는 요소로서의 경제적 및 사회적 차별의 철폐 등

6. 관료제의 문제점

(1) 현대관료제의 문제점

i) 의회와의 관계에서의 의회의 행정부에 대한 상대적 지위 저하(a. 관료의 기술적 관리로부터 행정적 지배로의 전화(轉化), b. 의회에서의 관료출신자의 발언권 증대로 의회의 지도적 기능이 감퇴)

ii) 국민에 의한 밑으로부터의 정책결정과정의 형식화(a. 관료(官僚)의, 관료에 의한, 관료를 위한 정치에로 轉化, b. 권한의 사유화(私有化)로 사회적 욕구불만의 형성)

iii) 정당과의 관계에서 정당과 관료기구와의 밀착현상 등(정당과 관료기구의 유착현상은 민주적 기능을 저해)

iv) 대인관계(對人關係) - 비합리적, 비능률적
→ 합리화, 능률화가 잘못 운영되면 비합리화, 비능률화 초래

(2) 관료제의 민주주의 폐해 극복요인

i) 의회주의에 의한 관료지배의 배제
ii) 의회에 의한 정치적 지도자의 선출
iii) 정치지도자의 의회에 대한 강력한 책임추궁
iv) 전문직업관료에 의한 지배권력의 극소화 등

(3) 관료제의 민주주의에 대한 비판

i) 권력의 불균등
ii) 민중의 요구에 부적응
iii) 행정의 정책형성권의 과대화
iv) 비민주적 보수단체화
v) 권한의 독점과 과두제의 철칙 등

(4) 관료제를 위협하는 요인

i) 신속하고 예상할 수 없는 변동
ii) 조직규모의 확대
iii) 현대 과학기술의 복잡성
iv) 관리행태의 변동 등

(5) 관료제의 병리현상

- 관료제의 병폐를 의미함. 관료제를 비능률적인 조직으로서 인식하며
- 관료의 행태는 역기능적·병리적 경향을 가진다는 점을 강조

- 그 병리현상(病理現象)으로는 다음과 같음

① 동조과잉 : 규칙의 지나친 적용은 동조과잉의 현상을 초래

② 서면주의 : 사무처리의 지나친 서면주의의 적용으로 번문욕례(繁文縟禮) 초래

③ 전문가의 무능 : 한정된 분야만 알게 되므로 아집화, 할거화 초래

④ 무사안일주의 : 선례에 따르고 상관에 영합할 경우

⑤ 할거주의 : 자기소속 부처의 이해관계에만 매몰

⑥ 행정의 독선화 : 조직제의 계층제로 관료독선과 비밀주의 초래

⑦ 자생적 집단화 : 실정주의(實情主義)의 추구가 불가능해지고, 귀속성이 강조됨

⑧ 인간성의 상실 : 반복된 사무로 인해 인간 소외현상 발생

⑨ 변동에 대한 저항 : 지나친 자기 보존성의 추구로 보수화됨

⑩ 특권의식 : 정치적 중립을 위한 공무원의 신분보장이 특권의식의 기반이 됨

7. Weber의 관료제

(1) 성립배경
- Weber는 관료제의 성립배경으로
① 화폐경제의 발달
② 행정 사무량의 증대
③ 사무의 질적 변화
④ 관료제 조직의 기술적 우수성
⑤ 행정수단의 집중
⑥ 사회의 평등화 등을 지적

(2) 관료제의 유형

- 그는 권위를 그 정당성을 기준으로 i) 전통적 권위, ii) 카리스마적 권위, iii) 합법적 권위로 나누고

- 이에 따라 관료제도 ㉠ 가산(家産) 관료제, ㉡ 카리스마적 관료제, ㉢ 근대적 관료제로 나눔

① 가산 관료제 : 인격적 지배, 권한행사의 자의성과 예측 불가능성, 공사 구분의 결여와 관료의 특권성이 특징

② 카리스마적 관료제 : 카리스마적 지배 하에서의 관료제. 베버(M. Weber)에 의하면 카리스마적 지배는 그 초기 형태는 혁명적인 까닭에 대단히 불안정적인 상황에 놓여짐

- 그러므로 카리스마는 조만간 안정적 형태로 변화되어 제도화되지 않으면 안 됨

③ 근대적 관료제 : 관료의 직무와 권한의 배분, 자격요건 등의 명문화, 문서주의, 공사의 분리, 전문지식의 요구 등을 특징으로 하는 관료제

(3) Weber 관료제의 특징

① 규칙에 얽매인 것으로 제정된 법률에 의한 행정
② 관료의 직무, 권리 등 직무범위가 법규에 의해 규정
③ 계층제로서 관료의 '직무와 권한은 명령, 복종관계에 의함
④ 업무 수행에는 전문지식과 기술이 요구

⑤ 문서주의로 행정행위와 법규 등은 문서로 공식화
⑥ 公, 私의 구별로서 직무는 몰(沒)주관 및 몰인격적으로 수행

8. Marx의 계급국가론적 관료제 이론

(1) Marx는 일반이익을 대표하는 국가와 사적 이익을 대표하는 시민사회를 대치시키고, 양자를 매개하는 것으로서 행정을 위치시키는 Hegel의 3자 구성의 도식을 받아들임

(2) 그러나 국가는 일반적 이익이 아닌 그 자체가 시민사회의 일부를 이루는 자본가계급의 특수이익을 대표한다고 주장

- 그러므로 행정기구인 관료제도 자본가 계급에 봉사하는 계급지배의 도구에 불과하며
- 따라서 그 존립은 계급분화와 계급지배를 전제로 함

9. 관료제와 애드-호크라시

(1) 애드-호크라시(Ad-hocracy)의 의미

- 토플러(Toffler)가 베니스의 유기체적·적응적 모델을 간명하게 표현한 명칭
- 라틴어의 'ad hoc'로부터 만들어진 새로운 술어
- 즉 기간부의 프로젝트(project)마다 인원이 이합집산 하는 조직형태

(2) 애드-호크라시의 조직모델 특징

① 적응성·잠정성
② 문제해결성·유기체성

③ 비사무원적 전문가성
④ 비수직적 수평성
⑤ 비편협적 의사소통성
⑥ 비권력성·비엘리트성
⑦ 법규 및 규정의 감소
⑧ 비보상적·자기성장적 만족성 등이 그

(3) 애드-호크라시의 문제

- 현대사회의 변화로 재래의 관료제는 애드-호크라시(Ad-hocracy)로 대체
- 즉 i)탈공업사회에서는 결정 하나를 내리는 데도 속도가 요구되고 있고
- ii)그 결과 관료제의 적응성이 상실되는 것과 달리 조직의 신속성이 요구됨

제 10 장   정치체제론

제1절 정치체제

1. 정치체제의 개념

(1) 개념

① 체제(system)란 구성요소들이 어떤 근본 원리에 의하여 어떠한 형태로 일정한 질서 있는 연관을 갖게 되어, 상대적으로 통일성과 동태적 균형을 갖는 것을 의미
② 정치체제는 어떤 이념에 근거하는 기존의 정치권력과 지배층을 중심으로 하여 형성된 정치질서를 의미

(2) 정치체제의 구성요소

- 정치체제는 일반적으로 정치제도에 의해서 전개되는 정치기능과 상황이라고 정의할 수 있음
- 그러므로 정치체제는 그 속에 i) 정치이념, ii) 권력구조,

iii) 정치과정 등을 그 구성요소로 함

① 정치이념 : 정치사회에서 대다수 구성원들이 지지하는 일정한 정치적 가치를 의미
② 정치엘리트와 권력구조 : 정치체제는 엘리트와 그들에 의해 구성되는 권력구조를 실제적인 제도로 설정
③ 정치과정 : 정치체제의 구성원들이 그들의 이해와 관심을 정책에 반영하는 제반 과정을 의미

2. 정치제도와 정치체제

(1) 정치제도의 개념

- 제도란 한 사회 내에서 그 구성원들의 행동을 규제하는 법률, 도덕, 관례, 습속 등으로 이루어지는 규범적 양식의 복합체
- 따라서 정치제도란 한 사회 내에서 인간의 정치적 행동양식을 규정하는 헌법을 비롯한 규범들의 복합체를 의미

(2) 정치제도와 정치체제의 차이

① 정치제도는 사회 규범의 정치적 표현인데 반하여, 정치체제는 정치제도를 포함하여 집단, 계급 등의 상호관계에 의하여 만들어지는 정치질서를 의미
② 정치제도는 정치체제를 이루는 하위 구성요소로서 정태적인 성격을 지님, 반면 정치체제는 그 내부에서는 하위체제들의 상호관계가 중심이 되는 동태적인 개념

3. 지배체제와 정치체제

- 지배체제란 그 속에 경제체제와 정치체제의 두 가지를 포함하는 광범위한 의미를 가지는 개념
- 즉 지배세력은 경제체제에서는 경제적 생산수단으로서의 부를 소유, 통제할 수 있으며, 정치체제에서는 권력을 장악해서 영향력을 행사할 수 있는 위치에 있음

제2절 체제에 대한 제 이론

1. 대이론

(1) 자연과학에서 출발한 체제개념을 T. Parsons 등이 사회체제론에 적용하고, 이를 다시 D. Easton이 정치학에 도입

(2) Easton의 정치체제론

① 그는 정치체제를 유기체적 또는 생리학적인 것으로 보고서 정치현상을 거시적으로 파악하려고 함
② 즉, 정치생활을 다양한 주위환경의 압력을 받고 있는 유기체적 내지 생리학적인 개방체제로 보고, 일반체제 이론을 정치학에 적용하고자 함
③ 그는 국가라는 복잡하고 모호한 개념 대신에 체제란 개념을 사용하여, 정치체제가 어떻게 사회의 가치를 권위적으로 배분하는가를 규명하고자 함

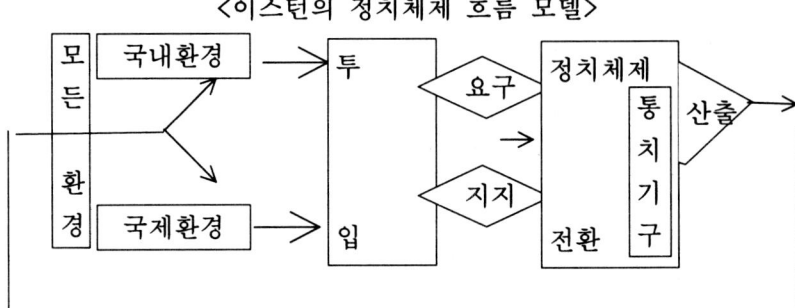

▶유기체: 일정한 목적 아래 통일, 조직되어 각 부분과 전체가 필연적 관계를 가지는 조직체
ex, 한 집안의 족보→ 거대한 유기체
▶생리학: 신체의 조직이나 기능을 연구하는 학문에 관계되는 것

2. 구조기능주의

- 전체적이 되려고 노력하지만, 무역사적이고 중범위(ex, 민족국가를 중심으로 연구 등) 분석지향적인 접근법
- Malinowski의 인류학과 Parsons의 사회학적 업적을 한축으로 하고, Bentley와 Truman의 집단이론을 다른 한축으로 함

(1) 2가지 전통을 Almond가 통합하여 비교정치학에 중대한 영향을 미친 접근법을 제시

(2) Almond의 구조기능론

① Almond의 구조기능론은 체제론을 기능중심으로 수정한

이론으로 그는 Easton의 기능적 과정의 내용을 보다 구체화함
② 정치문화를 반영하는 요구와 지지가 정치체제에 대입되면, 네 단계의 전환과정
- 즉 이익표출 → 이익집약 → 정책작성 → 정책집행 등을 거쳐 추출, 분배, 규제, 상징으로 국내의 환경에 산출되는 과정을 연구

(3) 급진적 견해

① 이상의 두 자유주의적 견해는 그 중심개념이 균형과 안정, 조화이므로 체제의 긴장, 갈등과 변화를 설명할 수가 없음
② Marx의 유물변증법을 적용하여 해결하려고 하는 것이 급진적 견해
- 물질적 생산력의 변화는 계급관계에 영향을 미쳐, 결과적으로 계급갈등을 초래한다고 보는 입장
   ③ 또한 세계를 하나의 체제로 보아 중심부-주변부-준주변부의 갈등구조를 중심으로 저개발문제를 규명할 수 있는 바탕을 마련

▶유물변증법: 세계는 물질로 이루어져 있고, 모든 사물 현상은 서로 연관되어 있으며 끊임없이 변화하고 발전, 소멸한다는 이론

제3절 정치체제의 유형

- 정치체제의 유형분류는 여러 학자가 시도하였으나, 여기에서는 고전적 이론인 Aristotle과 현대이론인 Dahl의 유형분류만을 고찰

1. Aristotle의 분류

- 통치자의 수와 그들이 자기이익 지향적인가 아니면 공동이익 지향적인가의 여부에 따라 다음과 같이 분류

지배자수	순수형	타락형
하나	군주제	폭군제
소수	귀족제	과두제
다수	법치적 민주제	폭민제

- Herodotus, Platon, Aquinas 등의 학자들의 견해도 이와 유사

2. R. Dahl의 분류

- 민주화의 두 가지 차원, 즉 선거와 관직에 대한 참여의 권리(참여)와 공적 논쟁(자유화)의 정도에 따라 다음과 같이 나눔

	고	저
고	경쟁적 과두제	다두제(polyarchies)
저	폐쇄적 패권제	참여적 패권제

표용성(참여)>

▶과두제(寡頭制, Oligarchy):
- 소수의 지배
- 특히 특권적 파벌이 전제권력을 행사하는 정치행태
ex) 모스카의 지배계급, 미헬스의 과두제의 철칙 등
▶다두제(多頭制, Polyarchie):
- 머리가 많은 제도
- 조직에서 한 사람의 최고 의사결정권자가 없는 상태
- 의사결정의 정점이 존재하지 않음
- 공적인 의견개진의 자유 보장, 국민이 정책결정에 포괄적으로 참여하여 반대의사를 자유롭게 개진
▶패권제(覇權制, Hegemony):
- 한 국가 또는 집단이 다른 국가 또는 집단을 지배하는 것

4절 자유민주주의 체제

1. 민주주의의 의미

(1) 민주주의의 의미

- 민주주의란 그리스어 Demos(민중)와 Kratos(지배)라는 두 단어의 결합
- 모든 민중이 자유롭고 평등한 입장에서 정치에 참여하는 민중의 지배·통치 체제를 의미

(2) Dahl의 정의
- 민주주의를 국민들이 정치권력이나 정책결정에 포괄적으로 참여
- 국가에 대해 자신의 의견을 직접 제기하거나 정책결정에 대한 반대의사를 자유롭게 표현
- 공적인 의견개진의 자유가 보장되는 다두체제(poliarchy)라 정의

2. 민주주의의 본질과 조건

(1) 민주주의의 본질

- 민주주의의 본질은 각 개인에게 인격의 자유로운 발전을 위한 조건 보장
- 그 조건을 발견하기 위해서 개인들 사이에 허용되는 자유로운 논쟁과 토론임

(2) 민주주의의 조건

- 토론에 의한 정치를 성공적으로 운영해 나가기 위한 전제 조건을 의미

① 외적·물질적 조건
- 민족적 동질성과 사회경제적인 동질성
- 국민적 일체감의 형성을 위해 필요
② 내적·정신적 조건
i) 서로 다른 의견을 달리 해도 좋다는 점에 동의하는 원칙
ii) 다수결의 원칙
iii) 타협의 원칙

3. 자유주의와 민주주의

(1) 자유주의의 수용

① 자유민주주의 체제는「인간적 개별성」의 의식을 기초로 하는 자유주의와「동질성」을 기초로 하는 민주주의의 결합 위에 성립

② 자유주의란 결국 사람들이 어떤 정체 하에 있는가를 별도로 하고 무엇보다도 먼저 개인에게 허용될 수 있는 이성적인 자유의 공간을 확보하려는 정치이념

③ 실현방도로서 법의 지배, 입헌제도, 삼권분립 등의 법적 제도를 요구

(2) 자유주의와 민주주의 간의 관계

① 자유주의는 누가 정치권력을 장악하는가의 문제와는 별도로 개인의 자유권을 어떻게 확보할 것인가에 초점
- 반면 민주주의는 누가 정치권력을 장악하는가를 문제로 삼고, 민중의 권력 장악을 주장하는 데에 초점
② 즉 자유주의는 개인의 자유권의 옹호에 주력하는 데 반하여 민주주의는 인간의 평등한 권리의 실현에 주력
③ 그러나 양자는 「인격의 발전」이라는 공통목표로 매개됨

(3) 자유민주주의 체제의 여러 유형

① 영미(英美)형의 다원주의적 자유민주주의 체제
② 북유럽의 복지국가적 자유민주주의 체제
③ 네델란드나 스위스 등에서 보여 지는 다극공존형 자유민주주의 체제(consociational democracy)

4. 민주주의의 제도적 장치

(1) 의원 내각제

① 의미
- 행정부의 존재가 입법부로부터 발생하며, 입법부와 연관이 있고, 입법부에 책임을 지는 형태
- 영국이 대표적
- 1840년대 영국에서 확립된 제도로, 입법부과 행정부의 양부를 융합한 것이 특징
- 서구 여러 국가나 일본, 태국, 말레이지아 등에서 채택

- 총선에서 다수 의석을 확보한 정당이 단독 또는 소수당과 연립하여 내각을 구성하는 제도
- 수상은 국정운영의 실권을 장악하며 행정부의 집행기능이 의회를 배경으로 이루어진 정부형태
- 내각은 의결기관으로서 권한 행사

② 특징
ⅰ) 내각은 입법부에 의해 구성되며, 입법부에 책임
ⅱ) 내각은 연대적으로 책임을 짐
ⅲ) 내각은 의회의 임기가 만료하기 전에도 의회를 해산할 권리를 가짐
ⅳ) 일반적으로 각원(閣員)은 의원에 한정됨
ⅴ) 유권자는 수상을 직접 선출하지 않음
ⅵ) 국가 원수직과 정부 수반직은 구분
- 국가원수는 의례적 상징적 존재

③ 유형 : ⅰ) 의회우위형, ⅱ) 내각우위형, ⅲ) 수상주도형 등으로 구분

ⅰ) 의회우위형 내각제
- 입헌군주제 몰락 이후 출현한 입법국가시대의 내각책임제
- 19세기 중반까지의 영국내각제가 그 대표적
- 의원들은 자신의 결정에 아무런 책임도 지지 않는 고도의 자율성과 절대권을 향유

ⅱ) 내각우위형 내각제
- 영국이 대표적으로서, 선거권의 확대와 대중정당 출현이 그 계기
- 내각은 여당을 통해 의회를 주도하는 특징을 지닌 정부형태

- 그러나 선거민과 내각이 직결됨으로써 내각과 의회의 균형이 깨어짐
- 내각은 제도적으로 의회와 분리되어서 의회에 대한 통제권이 약화

iii) 수상주도형 내각제
- 국가기능의 확대, 행정국가화 현상, 정당국가화 현상 등에 기인되어 20세기에 출현한 제도
- 수상의 종합적인 기능 증대를 그 특징으로 함
- 1960년대에 수상정부제가 강화되면서 수상이 내각과 의회에 주도적 기능을 함

(2) 대통령제

① 의미
- 의회와 정부가 국민으로부터 개별적으로 위임을 받아 성립됨
- 양자(의회와 정부)가 국민에게 개별적으로 책임을 지는 것을 특징으로 하는 형태
- 미국이 대표적

② 특징
i) 의례적 권력과 정치적 권력이 융합
ii) 입법부와 행정부는 분리되며, 구성원 간의 상호 겸직이 금지됨
iii) 내각은 연대적으로 책임지지 않음
iv) 행정부의 수반은 일정한 임기를 보장받음

③ 미국식 대통령제의 특징
- 1787년 '필라델피아 제헌의회'가 채택한 헌법규정에서 연유

- 엄격한 삼권분립주의와 정당에 의한 예비선거를 단위로 한 직선제를 가미한 대통령 간선제
- 즉 그 특징으로는, i)국가원수와 행정수반의 일원화, ii)대통령의 대(對)의회우위성, iii)입법부와 행정부의 엄격한 분리, iv)입법권과 행정권의 상호견제와 균형 등

④ 미국 대통령의 지위와 직능
i) 민선대통령으로서의 국민의 최고대표자
- 즉 실질적으로 국가의 원수인 동시에 대외적으로 국가를 대표하는 존재
ii) 자당(自黨)의 수뇌(당수 혹은 총재), 특히 대통령 입후보자로써 그 지위의 획득
iii) 입법권에 대한 거부권과 서명공포(署名公布)
iv) 행정의 최고책임자, 즉 대통령의 내각 조직
v) 군의 최고사령관(commander-in-chief)
vi) 사법부에 대한 임명권
vii) 외교상의 책임과 조약체결권 등

(3) 이원집정부제 : 의회제 정부와 대통령제 정부의 혼합

① 의미
- 대통령제와 내각제가 절충된 정부 형태
- 대통령제와 내각제 요소를 혼합·절충형태
- 행정권의 양분의 정부형태
- 다만, 행정권의 양분이 안 될 경우, 즉 혼합의 경우를 '내각제 가미된 대통령제' 혹은 '대통령제 가미된 내각제'로 불림
- 프랑스 제5공화국이 전형으로 국가원수인 대통령과 행정수반인 수상이 이중집행부를 구성
- 프랑스의 경우 행정부의 권한을 대통령과 총리 및 각료에

대한 불신임권을 인정함으로써 양(兩)제도를 혼용
- 반(半)대통령제라고도 호칭

② 특징
i) 평시에는 대통령이 외교·국방에 집행권을 행사하고 수상이 내정문제를 관장하며
ii) 비상시에는 대통령이 긴급권 행사를 하는 등 대통령 중심제로 전환되는 정부형태

③ 유형

i) 대통령제적 이원집정부제
- 대통령의 권한을 수상과 내각에 일부분 분담시켜 국가의 행정을 관장하는 제도
- 이를테면 대통령은 최고통치권을 가지는 반면, 수상과 내각은 일반통치권을 가지는 형태
- 대통령은 국회에 책임지지 않으며, 국가비상시 긴급권을 발동하는 형태
- 대통령은 수상의 임명에서 단독 결정하거나 국회의 동의를 필요로 함
- 대통령과 수상은 그 권한에서 수직적 분할이 그 특징

ii) 의원내각제적 이원집정부제
- 원칙적으로 내각제적 정부형태
- 수상의 권한인 행정권의 일부를 대통령에도 분담하는 이원구조의 유지
- 대통령은 상당수준의 실권을 행사하여, 이른바 내각제 하의 대통령의 형식적 권한과 다름
- 대통령은 국민의 직선이나 국회의 간선에 의해 선출하되

전쟁 등 비상시 긴급권을 행사하고 집행권을 행사
- 수상과 내각은 의회의 다수당이나 다수연립정당으로 구성
- 국회는 내각불신임권을 가지며, 내각은 국회해산권을 가짐

④ 장·단점

i) 장점으로는
- 권력의 분산과 역할 분담
- 통치권력의 독재화 방지
- 효율성과 안정성 유지
- 대통령 중재로 내각과 의회대립 해소
- 행정권 이원화에 따른 국가비상시의 효율적 대처 등

ii) 단점으로는
- 행정권 이원화에 의한 책임행정 불가능
- 대통령과 수상의 갈등 심화
- 대통령이 긴급권 남발 때 독재화 우려
- 집권당 안정세력 확보 못하면 복합화할 위험
- 대통령이 의회다수파의 지지를 얻을 때 대통령의 수상 각료 지명권을 이용한 내각의 보좌기관으로의 전락
- 대통령이 소수 일 때 내각이 강해지고 수상과 대통령의 갈등 초래 등

(4) 집단합의제 정부

- 스위스의 집행부는 7부를 담당하는 각료로 구성된 연방협의회(federal council)
- 의회는 7명의 각료 중 일인을 윤번제로 연방협의회의 수반으로 선출

대통령제와 의회제의 비교

구분	대통령제(미국, 프랑스)	의원내각제(영국, 일본)
특징	엄격한 3권분립, 루소, 몽테스키외	권력융합형, 의회중심주의, 로크
내용	· 복수대표체제(대통령/의회) · 대통령자문기관으로서 내각 · Check & Balance	· 단일대표체계(의회=내각) · 합의제의결기관으로서 내각 · 의회 - 내각불신임권, 내각 - 의회해산권
장점	대통령 임기중 행정부 안정, 정책의 지속성	내각이 정치적 책임, 국민요구에 민감, 정국대립의 신속한 해소, 독재방지
단점	대통령의 강력한 권한 - 독재우려, 정부, 의회의 부조화 우려	다수당의 횡포, 군소정당 난립 - 정국불안정

cf) 대통령제(Karl Löwenstein)
- 어떤 특수한 입헌적 조치를 통해 행정수반인 대통령이 국가의 다른 모든 기관보다 우월한 정치권력을 갖고 있는 정치체제
- 사이비(似而非) 입헌주의·민주주의임

5. 민주주의의 저해요인

(1) 내적 저해요인

① 선거민의 증가 : 선거민의 증가는 대중의 비이성적인 측면의 부작용을 노출 광고나 정치적 조작에 취약
② 정당의 조직화 문제 : 정당은 국가 기관화되고 있으며, 정

당관계자의 정치직업화 현상 등으로 국민의 이익 표출에 대한 반응성의 저하를 초래
③ 행정권의 우월화 문제 : 행정부 독재의 우려를 유발
④ 정책결정에 도달하는 속도가 '토론에 의한 정치'라는 민주주의 본질과 상충하여 지연되는 경향 발생

(2) 외적 저해요인

① 초인적 지도자의 출현 : 이러한 지도자의 출현은 대중의 맹목적인 추종을 유발하므로 민주주의에 위험
② 집단의 분출현상 발생 : 집단은 개인을 흡수하여 개인을 그 집단의 수단으로 삼는 경향이 발생
③ 경제적 계급의 문제 : 경제적 계급 대립이 격화되면 고전적 의회의 기능은 마비됨

6. 민주주의의 위기와 다양한 민주주의

(1) 현대 민주주의의 위기현상

① 계급지배의 현상 : 지배세력으로서의 부르주아 계급에 의한 권력 점유현상이 점증적으로 나타남
② 통치 효율성의 한계 : 합의와 의사의 조정을 전제로 하는 민주주의 정치과정에서는, 현실적으로 시급한 정책결정이나 돌연한 정치문제에 대한 신속한 대응과 효과의 기대는 곤란. 이러한 현대 민주주의의 위기현상에 대응하여 여러 유형의 민주주의 개념이 등장

(2) 참가민주주의(C. B. Macpherson)

- 대의제의 간접민주주의를 보완하는 개념으로 시민의 직접 참가를 강조하는 모델

① 전제조건
 ⅰ) 민중이 스스로를 자신의 잠재능력의 행사와 개발의행사자, 향수자로 생각하고 능동적으로 행동할 것
 ⅱ) 현재의 사회적, 경제적 불평등을 크게 감소시킬 것

② 이론적 근거
 ⅰ) 참가에 관한 수단이론 : 자기 자신에게 영향을 미치는 결정의 작성에 참가하는 것이야말로 자신의 이해를 수호하기 위한 최선의 방법이라고 보는 이론
 ⅱ) 참가에 관한 발전이론 : 정치에 참가하는 것은 참가자의 능력을 발전시키며, 그 인격을 성숙시킨다는 이론
 ⅲ) 참가에 관한 공동체 이론 : 참가를 통해 시민이 자기가 속한 정치공동체의 성질과 중요성 등을 자각하게 될 것이라는 이론
 ⅳ) 참가에 관한 철학이론 : 철저한 개인주의로부터 출발하는 자유민주주의체제 철학기초의 취약성을 참가를 통해 보완할 수 있다는 이론

(3) 협의민주주의(consociational democracy)

- Arend Lijphart가 주장한 이론으로 스위스 등과 같은 작은 나라에서 나타나는 민주주의의 성격과 특징에 착안
- 그 내부에는 여러 가지 역사적·사회적 분열과 대립이 있음

에도 불구하고 정치적 조정과 협조가 잘되어 있는 체제를 협의민주주의 체제로 규정

① 기본적 특성
ⅰ) 모든 중요한 구획의 정치지도자들이 국가의 통치를 위한 대연합(grand coalition)을 형성
ⅱ) 모든 구획에는 그 자체를 보호할 수 있는 상호 거부권(mutual veto)을 인정
ⅲ) 비례제 원리가 적용
- 소수파의 구획도 배분의 혜택을 받게 되어 결정에 영향력 행사를 담보해 준다는 점에서 중요
ⅳ) 각 구획은 자율성을 가지고 있음

② 체제유지의 조건
ⅰ) 외국으로부터의 압력, 즉 대외적 위협이 존재할 것
ⅱ) 구획 사이에 복합적인 힘의 균형이 존재할 것
ⅲ) 결정작성 기관이 맡아야 할 부담이 비교적 낮을 것

- 이상의 조건이 만족되면 비록 권력이 분산되고 사회적 분열과 대립이 있더라도 안정된 체제의 유지가 가능하다고 봄

(4) 전자민주주의 : 그 의미와 유형

① 의미
- 컴퓨터통신을 이용, 사회문제에 관해 의견을 제시하고, 특히 젊은 층의 여론을 정치에 반영하려는 민주주의(electronics democracy)
- 1993년 초부터 미국을 중심으로 전파되기 시작한 신세대 정치운동

- 정보통신기반을 이용하여 정치과정에 대한 시민의 참여가 이루어지는 정보사회의 민주주의
- 즉 대표자를 통하는 것이 아니라 전자통신기술, 특히 컴퓨터 매개통신을 통해 국민이 직접 자신의 의사를 표현하고 투표할 수 있게 함으로써 대의민주주의를 보완 내지 대체할 수 있는 정치참여제도

② 전자우편민주주의(E-mail democracy)
- 정치인들이 인터넷에 개설한 전자우편(E-mail)을 통한 여론 및 민의를 반영하려는 민주주의
- 주소에 유권자들이 전자우편을 보내 자신의 의견을 정치에 반영시킴으로써 민주주의를 실현한다는 의미

③ 감자칩민주주의(counch-potato democracy)
- 소파에 앉아 감자칩(counch-potato)을 먹으면서 정치에 참여한다는 뜻
- 인터넷 민주주의에서는 컴퓨터를 통해 집에서도 정치참여가 가능하다는 것을 비유한 용어

④ 클리코크라시(clickocracy)
- 전자민주주의를 지칭하는 최신 조어
- 인터넷을 통한 선거캠페인에 영향을 받거나 보다 적극적으로는 자신이 지지하는 후보나 정책 등을 다른 사람들에게 알리는 정치적 행위
- 컴퓨터 마우스로 클릭(click)하는 것이 세상을 바꿀 수 있다는 데서 명명된 것

⑤ 텔레크라시(telecracy)
- 텔레비전(television)과 데모크라시(democracy)의 합성어

- 일명 통신민주주의
- 즉 컴퓨터·통신·미디어를 통해 시민과 정치인들과의 의견 교환이 용이해지고 정치참여의 기회도 커졌으며 의견반영도 쉬워져 새로운 형태의 정치문화가 형성되고 있는 현상
- 텔레비전은 그 특성상 간접적으로 다수의 대중(유권자)과 만날 수 있으므로, 후보자들이 텔레비전을 통해 유권자들의 요구에 부응하는 자신의 이미지와 주장을 만들어 전달 할 수 있다는 것

7. 민주주의의 기능화 요건

- 민주주의 제도의 정상적인 기능화를 이루기 위해서는 다음의 네 가지 요건이 충족되어야 함

(1) 사회 경제의 조건

- 경제의 시장원칙이 성립되어야 하며
- 재화의 배분에 대한 국민적 동의가 이루어져야 함

(2) 정치엘리트의 조건

- 정치엘리트의 정치활동은 기본적으로 국민적 지지를 바탕으로 하여 책임성과 능력을 발휘해야 함

(3) 정치문화의 조건

- 타협과 공존, 그리고 토의에 의한 정책 선택을 추구하는 정치문화가 조성되어야 함

(4) 정치제도의 조건

- 정치적 민주주의를 이룩하기 위해서 현대의 국민정당 제도와 활성적인 이익집단이 등장해야 함

제5절 권위주의 체제

1. 개념

- 권위주의 정치체제는 지배자가 자신의 의지를 국민의 의사와 상관없이 국민들에게 부과시킬 수 있는 전제적 권한을 행사할 수 있는 정치체제를 의미
-「자유」와「전면적 억압」의 중간적 상황을 나타내는「한정된 자유」와「한정된 다원주의」를 특징으로 함

2. 권위주의 체제의 유형

(1) 보수적 권위주의 체제

① 특정 혈통에 기반을 둔 전통적 군주체제로서 특별히 제도화된 구체적 통치구조를 가지지 않는 체제
② 특정 지도자의 개인적 지도성에 의존해서 이루어진 권위주의 체제
③ 보수적 권위주의 체제는 기존의 사회구조나 상황, 특히 지배 계급구조를 유지하기 위해서 전제적인 통치권을 행사

(2) 급진적 권위주의 체제

① 일반 대중의 종교적 열정을 바탕으로 해서 전개되는 신정체제와 같은 체제
② 특정 이데올로기를 강요하는 군사적 권위주의 체제 등
③ 급진적 권위주의 체제에서는 권력을 가진 지배엘리트는 변혁적인 새로운 이념과 제도를 추종하고, 사회변동을 이룩하기 위한 근대화의 논리를 중요시

(3) 복합적 권위주의 체제

- 표면적으로는 민주주의적 선거도 실시하고 복수정당도 인정하고 있지만, 이는 모두 기존 지배엘리트의 권한을 강화하기 위한 것에 불과한 권위주의체제

3. 권위주의 체제와 전체주의 체제의 비교

(1) 한정된 다원성의 인정

- 전체주의 체제는 정당이나 각종 이익단체의 정치활동을 철저하게 억압하려고 함
- 그러나 권위주의 체제에서는 어느 범위 내에서 다원적인 정치집단의 활동을 용인

(2) 대중동원의 여부

- 전체주의 체제는 대내·외적 위기를 극복하고 체제의 유지를 위하여 대중동원을 상시적으로 이용하나

- 권위주의 체제에서는 오히려 일반대중의 정치적 무관심을 조장하여 정치체제의 안정을 도모하고자 함

(3) 이데올로기에의 의존여부

- 권위주의는 공인된 이데올로기를 갖는 경우도 있으나 전체주의의 경우처럼 정밀하게 체계화된 것은 아님
- 전체주의는 예외 없이 관제(官制)이데올로기에 크게 의존

4. 권위주의의 등장

- 권위주의의 등장의 요소로 다음과 같은 3가지가 제시

(1) 사회적인 위기 상황

- 외침이나 심각한 사회적 혼란, 그리고 경제적 파탄 등에 봉착했을 때, 국가와 인민의 안전을 지키는 것이 절대적인 최고의 법이라는 말이 통용됨
- 위기로부터 국가를 구해야 한다는 명분론이 등장

(2) 사회의 정치문화

- 그 사회의 정치문화가 전통적인 종교에 의한 위계적인 지배성향이 강하게 유지되고 있거나, 사회의 다원적인 가치관념이 결여된 사회에서는 권위주의적 획일성이 쉽사리 나타날 수 있음

(3) 근대화와 같은 급격한 사회변동의 복합적 현상

- 근대화와 같은 급격한 사회변동은 사회구성원들의 욕구를 증대시키지만, 만약 이들의 욕구가 좌절된다면, 혼돈과 사회불안이 가중되고 이러한 사회 문제를 일거에 해결할 수 있는 강한 정치체제의 등장을 기대하는 사회분위기가 발생

5. 권위주의의 제도적 특징

(1) 권력의 중앙집중화와 강한 통제성

- 명령과 복종의 사회관계가 정치의 지배적인 현상으로 나타남

(2) 국가기관에 의한 전 국민의 조직화현상

- 전체국민을 일정한 조직 속에 묶어 두고 그 조직을 국가가 통제하려고 함

(3) 조합주의적 성격

- 이익집단을 비롯한 각종의 사회단체를 국가가 규제하여, 이런 단체의 대표자를 국민의 대표로 간주하고, 이들과 함께 중요한 국가문제를 논의·결정하는 형식을 취함

6. 권위주의의 현실적 유형

(1) 전제체제(tyranny)
- 특정의 지배자가 자의적으로 권력을 동원하여 자신의 사적 이익을 추구하기 위해서 신민을 통치하는 것
- 정치란 있을 수 없으며, 오직 전제자에 의한 가혹한 약탈만이 일상화됨

(2) 왕조체제(dynastic regimes)

- 군주나 왕가가 직접 통치권을 행사하는 것으로, 왕조체제에서는 확립된 일정한 법칙에 따라서 권력을 행사
- 그 사회성의 특수성에 기반을 둔 시성한 법이나 관습, 종교적 계율, 세습적 전통 등을 바탕으로 하여 국왕의 통치권이 행사된다는 점에서 전체주의와는 다름

(3) 군부체제(military regimes)

- 기본적으로 군부체제는 국민의 자율성과 참여성을 차단하고, 민주주의적인 국가의 정상적인 기능까지 종식시킴

cf) 군부의 정치개입 이유, 형태 등은 ☞ 11장 정치변동과 제3세계정치론 참조

7. 관료적 권위주의와 연성 권위주의

(1) 관료적 권위주의(Bureaucratic Authoritarianism)

① 실제로는 군부세력이 지배하는 통치체제의 한 양식
- 여기에는 민간인 전문관료(technocrat)도 가담하고 있는 일종의 연합적 지배형태를 의미

② 사회계급적 차원에서는 지주나 대기업가와 같은 상층 부르주아와 군부세력 그리고 행정관료들 간의 3자 결속관계를 의미
- 1960년대 1970년대의 라틴아메리카에서 시작

③ 정치적 특징
ⅰ) 외관상 의회나 다수정당의 존립을 허용하나, 사실상 의회나 정당은 3자 협의에 의해 이루어진 제반결정에 대한 추인기능만을 담당
ⅱ) 일반국민의 자발적인 정치참여가 극도로 제약되는, 이른바 민중의 정치배제가 중요한 특징으로 자리함
ⅲ) 부분적으로 조합주의적 노동자 통제양식을 동원하며, 노동자의 임금은 국가에 의해 결정되는 특징을 보임
ⅳ) 경찰과 군부의 강압적인 통제정책은 공공연하게 행해지며, 비밀경찰의 화롱은 전 국민을 사찰의 대상으로 함
ⅴ) 관료적 권위주의는 그것을 지지해주는 주변 강대국이나 다국적 기업체의 지원을 받음

(2) 연성(軟性) 권위주의(Soft Authoritarianism)

- 동아시아 태평양 연안국가들의 정치상황을 설명하는 논리로 사용
- 활발한 경제성장과 비교적 높은 국민소득을 특징으로 하며
- 지배엘리트의 통치수단도 라틴 아메리카의 '추악한 통치'에 비한다면, 비록 형식적이지만 절차를 중시하고 명분을 전제하는 일면을 보이기도 함

제6절 전체주의

1. 전체주의의 의미

(1) 개념(J. Talmon)
① 전체주의는 정치나 지적 영역 등 사회의 전 부분에 걸쳐

서 통치권력이 획일적으로 편재하여, 권력의 철저한 중앙집중적 통치 양식을 보여주는 독재체제
② 이전의 절대주의적 독재권력을 훨씬 능가할 정도로 통치자의 자의적인 권력행사가 자행되며, 군중동원의 수법으로 그 체제의 지지를 확대함

(2) 전체주의의 특성(Friedrich)

① 관제혁명적 단일 이데올로기
② 철저히 훈련된 단일정당
③ 경찰에 의한 주민의 철저한 통제
④ 지배정당에 의한 매스미디어의 완전한 통제
⑤ 경제의 중앙통제적 규제의 강화
⑥ 공적 영역과 사적 영역의 완전한 철폐

(3) 전체주의와 대중동원

- 전체주의는 지도자와 명령체계에 대한 충성심을 다지고, 정치사회의 목적달성을 앞당기고자 하는 목적으로 강제적인 대중동원을 상시화 함

2. 전체주의의 등장

- 전체주의의 등장은 다음과 같은 계기에서 비롯

(1) 위기의 정치적 산물
- 전체주의도 권위주의와 마찬가지로 전쟁이나 내란, 또는 국내외의 심각한 경제적 불황의 상황을 틈타 등장
- 나찌즘, 파시즘, 구소련의 스탈린주의 등이 대표적

(2) 전쟁의 패배

- 외국과의 전쟁에서 패배하여 외국의 군대에 의해 정복되어 점령자에 의해 전체주의가 강제로 수립되는 경우
- 소련군이 점령했던 구동독이나 폴란드, 루마니아, 알바니아 등

(3) 전체주의와 선택적 친화력을 가지는 정치문화의 존재

- 나찌즘 등장 시기의 독일(獨逸)은 정치문화와 전통에서 전체주의를 선호하는 군국주의적 요소와 프로이센적 국가사상, 그리고 중산층의 인종적 편견 등이 존재

3. 현대 전체주의 체제의 성격

(1) 스탈린식 전체주의

- 1924년 레닌의 사후 권력투쟁에 성공한 스탈린이 수립한 전체주의 체제
i) 생산수단의 완전한 국유화와 국가 통제적 계획경제의 실현
ii) 대중에 대한 철저한 통제와 억압
iii) 비밀경찰의 활용을 통한 체제의 유지라는 전체주의적 특징을 전형적으로 보여줌

(2) 나찌즘

- 급진적인 독일의 국가중심주의와 민족주의의 지향
- 시민 민주주의에 반대했던 반자유주의적 성격
- 근대 의회주의에 대한 배격

- 부르주아 문화양식에 대한 배격
- 순수 아리안족의 추구라는 인종주의적 편견 등을 그 특징으로 함

(3) 파시즘

- 사상적으로는 생디칼리즘과 조합주의의 혼합물로서 강력한 민족주의적 국가통합과 반마르크시즘을 지향함
- 파시스트 당은 국가체제를 대기업과 노동조합주의자 그리고 파시스트당의 지배에 의한 통치구조로 제도화
- 이것이 후일 조합주의 국가체제의 확립으로 나타남

제7절 탈권위주의와 민주화 과정

1. 민주주의 정치체제의 붕괴

(1) 1970년대 민주주의 정치체제가 붕괴되는 현상이 빈번하게 발생
- 일반적으로 정치체제의 수행능력의 결여에서 비롯된 현상

(2) 붕괴단계

① 체제의 효율성 저하
- 당면 정치사회의 문제를 해결하는 데 실패
② 급진적인 지도자나 집단이 등장하여 기존 민주주의 정치

체제의 무능과 비효율을 공박하며, 대치하게 됨
③ 일반 민중들이 기존의 체제를 무력한 정치제도로 인식하게 되며, 적극적 저항을 보임
④ 민주주의는 사회의 기존질서에 대한 침식작용과 급진적 세력과 그들에게 지지를 보내는 일반군중들의 환호에 힘입어 무정부상태로 넘어갔다가 이어 급진세력들이 주도하는 권위주의 체제로 귀결

2. 군부권위주의 체제의 몰락배경

- 권위주의 체제의 붕괴도 역시 체제 자체의 무능과 상황에 대한 대응성의 결여로 발생

(1) 공약으로 내세웠던 경제성장이나 국민생활수준 향상에 실패하여 체제의 무기력을 노정

(2) 강압성에 기초한 통제는 국민의 반감을 점증

(3) 군부세력, 관료들의 부정축재는 체제의 정당성에 회의를 유발

(4) 지배세력 간의 온건파와 강경파 사이의 투쟁은 체제의 통치효율성을 약화

(5) 전 세계의 민주화경향은 체제에 대한 국민적 반감을 증가시킴

(6) 노동자 계급의 정치경제적인 소외현상은 이들에 의한 계급투쟁의 양상을 유발

3. 권위주의의 몰락과정

(1) 권위주의체제에 대한 국민의 저항으로 체제 자체가 부분적으로 자기변혁을 시도

(2) 어느 정도 종교, 문화, 경제 등 사회활동의 자유가 국민들에게 인정되며, 권력에 특별히 도전하지 않는 한 정부는 관용적으로 이를 묵인하기도 함

(3) 외국으로부터 정보가 유입되고 지배집단의 중요결정이 사전에 국민들 속으로 유포되는 현상이 발생
- 국민의 정치참여 욕구가 증대되고 새로운 정치조직체도 등장

(4) 국민들이 정치지도자를 선거할 수 있는 권리를 요구하며, 특히 지방선거나 그 밖의 중요 관직자에 대한 선출권을 강력히 요구함

(5) 지배엘리트와 군부에 저항하기 위하여 전국적 규모의 국민연대 기구가 형성되고
- 이 조직에 의해 저항운동이 구체화되어 일종의 이중정부적 영향력이 행사됨

4. 민주화의 과정과 내용

(1) 민주화의 과정

① 개인이나 집단의 자유의 폭이 확대되고
② 새로운 선거제도에 의해 그들의 대표를 선출하고 일반 민

중들의 요구에 지배엘리트가 반응하며
③ 지배엘리트의 책임과 민중에 의한 견제가 가능해지고 정치권력과 권위가 집권세력으로부터 민주화를 추구하는 도전세력으로 넘어가게 됨

(2) 민주화의 내용

① 경제에서는 국가중심의 통제경제에서 시장체제와 개방적 자본주의 성격이 수용됨
② 정치적으로는 경쟁적 자유민주주의의 발전이 이루어짐
③ 문화적으로는 합리주의의 정착이 이루어짐

5. 민주주의 이행론

(1) 결정론

① 사회결정론 : 사회, 경제적인 여건의 성숙(경제발전과 중산층의 성숙)을 민주화의 기본 동인으로 간주
- S. M. Lipset 등의 발전이론가들
② 문화결정론 : 문화요인(정치문화의 패턴)을 민주화의 전제조건으로 상정
- Almond, Verba, Pye 등의 정치문화론자
③ 세계체제 결정론 : 주변 -중심의 세계체제에서 탈피할 때 민주화의 실현이 가능
- A. Frank, I. Wallerstein 등

(2) 의지론

- 선택론을 의미하는 것으로 민주주의는 종속변수가 아니라 '

인간의 주체적 선택과 결단'의 산물이라고 보는 이론
- G. O'Donnell, P. C. Schmitt

(3) 절충론

- 민주화 추진세력의 의지와 행동이 외생변수와 인과적으로 연계되어 권위주의의 해체를 가져온다고 보는 입장

6. 민주화 이행과정 (학자들의 견해)

① 오도넬과 슈미터(G. O`Donnell & P.C. Schmitter) → 권위주의정권의 변동과 민주화과정을 자유화-민주화-사회화의 연속적인 3단계로 도식화

i) 자유화란 시민사회의 자율성 확대와 인권상황의 개선, 정권의 양보 및 위기대응 조치의 경우
ii) 민주화란 자유화의 연속진행과정 및 정치적 민주화의 경우
iii) 사회화란 정치적 민주화를 넘어 사회·경제적 민주화의 경우 등

② 볼로이라(Enrique A. Baloyra) → 권위주의정권의 악화 또는 위기로부터 민선 민주정부의 출범에 이르는 정권변동과정을 민주적 이행의 5단계로 정의. 즉

i) 권위주의정권의 악화
ii) 권위주의정권의 붕괴
iii) 민주화이행을 추진할 새로운 정부의 수립
iv) 민주화의 수행
v) 민주정부의 출범 등

③ 쇼어(Donald Share) → 권위주의정권 리더십의 민주화 의지와 변동기간에 따라 민주화 이행 방식을 유형화
- 리더십이 동의와 참여하에 이루어지느냐, 아니면 협조나 동의 없이 이루어지느냐에 따라 합의적-非합의적 차원을
- 이행의 기간과 속도에 따라 점진적-속결적 차원 등을 고려하여 4가지 형태로 구분

i) 점증주의적 이행방식(영국, 북구제국의 민주화과정)
ii) 타협에 의한 이행방식(스페인)
iii) 지구적 혁명투쟁에 의한 이행방식(니카라과)
iv) 단절에 의한 이행방식
- 일본, 서독 등과 같은 패전국, 외국의 점령에 따른 권위주의정권 붕괴형
- 아르헨티나, 페루와 같은 권위주의정권의 탈출형
- 포루투칼과 같은 쿠데타형
- 프랑스와 같은 혁명형 등

7. 재민주화 경로

- 스테판(Alfred Stepan)은 정권변동기의 동기가 정권내부에 있느냐 아니면 정권외부에 기인하느냐에 따라
- 그리고 정권변동의 주도세력에 따라 재민주화 경로를 8가지로 분류

① 외국의 정복에 따르는 국내적 재정향
- 네덜란드, 벨기에, 덴마크의 경우
② 국내적 재편
- 1940년대 이래 프랑스, 그리스의 경우
③ 국외의 조종에 의한 민주정부수립

- 제2차 대전 후 일본, 서독, 오스트리아, 이탈리아의 경우
④ 권위주의정권 내부로부터 선도되는 재민주화
- 스페인처럼 민간화 된 리더십의 경우, 브라질, 그리스, 포루투칼 등 군부의 주도의 경우
⑤ 사회주도의 권위주의정권 종식
- 프랑스혁명, 이란혁명, 1969년 아르헨티나의 민중붕기, 1977년 페루의 총파업, 1979년 한국
⑥ 정당협약
- 베네주엘라, 콜롬비아, 스페인
⑦ 민주적 개혁주의 정당에 의해 조종되는 조직적 무장반란
- 코스타리카, 볼리비아
⑧ 마르크스주의자 주도의 혁명전쟁
- 중국, 유고, 소련, 베트남, 쿠바, 니카라과 등

8. 민주화의 전개양식

(1) 점진적 민주화(gradual democratization)

- 권위주의 체제가 경제·정치적으로 위기에 직면하고 민주화를 주도하는 사회세력으로 중간층과 일부 온건 노동자 세력, 상층 지배세력의 일부가 서로 연대했을 때 나타나는 현상
- 선거 등의 방식으로 민주화를 지향하는 새로운 정치세력에게 그 권한을 이양하는 형태를 보이는 특징

(2) 변혁적 민주화(revolutionary democratization)

- 민주화의 주도세력이 중간층에 의해서 이루어지고 있지만, 기존의 권위주의체제에 대해 대결적인 투쟁양식으로 민주화를 추진하는 모습을 보임

- 투쟁과정은 기존의 권의주의체제를 붕괴시키지만, 혁명적 방법이 아닌 민주화의 전반적인 상황 속에서 포섭하는 특징을 띰

(3) 개혁적 민주화(reformistic democratization)

- 주역으로는 노동자 계급과 같은 하층이 중심이 되지만 여기에 진보적 지식인도 가담, 노동자 계급으로 하여금 평화적인 시위나 타협적인 정치개혁으로 나가게 함
- 체코나 폴란드의 민주화가 대표적

(4) 전투적 민주화(militant democratization)

- 주로 노동자 계급이 기존 권위주의체제의 억압에 맞서서 혁명적인 방법으로 그 정권을 붕괴시키고 새로운 민주적인 정치체제를 수립하는 경우
- 혁명적 양상을 보이므로 이전 체제와 연계된 사회세력을 정치 사회적으로 완전하게 배제시키는 특징을 보임

<탈권위주의 체제의 민주화 전개양식>

		전개과정	
		타협적	대결적
주도세력	중간층	(1) 점진적 민주화	(2) 변혁적 민주화
	노동자	(3) 개혁적 민주화	(4) 전투적 민주화

제 11 장   정치변동과 제3세계 정치론

제1절 정치변동론

1. 정치변동의 주요이론

- 변동은 정치체제가 직면하는 정치과정의 피할 수 없는 동태적 현상으로 그 변동의 성격에 따라 체제에 순기능적일 수도 역기능적일 수도 있음
- 변동을 보는 시각은 다음과 같은 4가지 입장으로 정리 가능함

(1) 진화이론(evolutionary theory)

① 초기의 진화론자들은 인류의 역사는 지속적인 진보의 길을 걷는다는 낙관적인 견해에서 변화의 방향성을 사회의 증대하는 복잡성과 구조적 분화로 파악
② 역사의 발전단계를 신학적, 형이상학적, 실증적 단계로 본 A. Comte가 대표적
③ 이후 Darwin의 진화론의 영향을 받아 적자생존의 관념을

사용 사회변동을 설명한 H. Spencer도 진화론에 해당

(2) 마르크스론(Marxist theory)

① 변동은 생산력과 생산관계의 모순에서 비롯되며, 이러한 모순은 경제체제 내부의 구조적이라 주장한 Marxism적 견해를 총칭
② 일종의 진화론으로 볼 수 있으나 변동의 원인을 갈등과 모순의 사회·경제체제의 구조적 요인에 두고 있다는 점에서 차이를 보임

(3) 균형론(equilibrium theory)

① 변동을 갈등과 모순에 의해서 설명한다는 점에서는 Marx와 유사하나 계급관념을 거부하고 집단을 핵심적 개념으로 내세움
- R. Dahrendorf와 Bentley, Truman의 집단이론이 이에 해당
② 집단 간의 갈등은 결국 사회의 균형 상태에 이르게 되고, 이러한 상태의 반복과정은 사회전체의 안정과 발전을 도모한다는 입장

(4) 체계이론(system theory)

① 사회를 체제로 보고, 그 체제를 구성하는 하위체제의 변화로 인하여 체제의 안정과 조화가 파괴되었을 경우
- 하위체계들이 일정한 시간이 경과되어 자신들의 위치를 찾아서 제대로의 역할을 수행한다면 사회체제는 균형과 항상성을 회복한다는 입장
② T. Parsons의 사회학적 이론을 D. Easton이 수용하여 정치학에서의 체제이론을 확립

2. 정치변동의 유형

- 아래의 3유형은 각기 합법적인 절차에 의한 경우와 물리적 폭력에 의존하는 비합법적인 경우로 구분 가능

(1) 지배엘리트의 변동

- 합법적·비합법적 수단에 의거 정부의 핵심기능을 담당하고 있는 지도자들이 교체됨을 의미

(2) 통치조직의 변동

- 통치조직을 구성하는 각 기관의 역학관계에 있어서의 변화를 의미

(3) 체제변동

- 정치의 지배관계에만 한정치 않고, 사회·경제체제의 변화를 가져오는 것으로 기존의 정치·경제 및 사회체제를 개혁하는 것과 새로운 체제를 형성하는 것으로 나뉨

3. 현대 정치변동의 특징

- 현대의 정치변동은 범위와 속도에 있어 특수성을 지님
- 즉 변동은 부분적이기보다는 전체적이고, 변동의 속도는 과거의 변혁보다 급박하다는 특징을 지님
- 또한 항구적이고 지속적인 정치변동은 현대 정치 체제의 또 다른 특징

제2절 정치발전론

1. 정치발전 연구의 배경

(1) 미국은 1950~60년대에 공산주의의 확산을 저지할 의도 하에 제3세계에 대한 막대한 원조를 실시하였으나, 낙관적인 기대와는 달리 민주주의제도의 정착을 통한 정치발전에 실패
- 신생국가들의 발전문제는 서구와는 근본적으로 다른 성질을 갖고 있으므로 다방면적인 연구와 분석이 필요하다는 공감대가 형성

(2) 이러한 목적의식 하에 수행된 연구 업적들은 신생국들의 정치발전문제를 설명할 수 있는 다양한 이론들을 구축
- 발전의 개념과 전망을 근본적으로 미국 및 서구의 시각과 입장에서 파악했다는 한계를 가짐

2. 정치발전의 개념

(1) D. Wood의 견해

① 그는 근대화를 독립변수로, 정치발전을 종속변수로 취급하면서, 정치발전을 근대화과정이 수반하는 총체적 변화의 일부로서 정치적 영역에서 발생하는 변화로 봄
② 정치발전은
- 정치적 영역에서 민족적 일체감의 조성

- 정치참여의 증대, 관료제의 발달
- 정치체제의 능력증대
- 종교적이고 신비적인 가치와 규범의 쇠퇴 등의 발전을 가져온다고 파악

(2) James Coleman의 견해

- 정치발전이란 정치기구의 분화와 정치문화의 세속화의 형태로 나타나며, 정치체제의 효과성과 효율성 즉 능력이 증대되는 것

3. 정치발전 연구의 접근방법

(1) 법률적·제도적 접근법

- 정치발전은 정부의 법적 그리고 공식적 장치의 기능이라는 전제에 기초하여 접근
- Wilson, Burgess의 견해

(2) 경제적 접근법

- 경제발전의 수준이 어느 정도로 달해서 국민의 물질적 욕구와 만족 사이의 조화가 이루어지면 정치발전도 가능하다는 논리
- S. M. Lipset, P. Cutright의 견해

(3) 행정적 접근법

- 정치발전을 법과 질서를 유지시키는 효율적이고 효과적인 집행능력의 기능으로 간주

(4) 정치문화 접근법

- 정치체제의 심리적 특성, 태도 및 신념체계와 정치발전과의 상관관계에 초점
- L. Pye, S. Verba의 견해

(5) 사회체계 접근법

- 정치발전을 행정뿐만 아니라 정치과정에서 국민의 참여를 증대시키고, 지역적, 종교적, 계급적, 인종적 간격을 좁혀주는 사호체계의 기능이라고 봄

4. 정치발전의 위기와 담당세력

(1) 정치발전의 위기

- 다음과 같은 6가지의 위기(危機)를 신생국이 극복할 경우 정치발전은 가능

① 정체성(identity)의 위기 : 공통된 일체성 위기
② 정통성(legitimacy)의 위기 : 권위의 정통성, 정부의 적절한 책임의 동의 확보 문제
③ 침투(penetration)의 위기 : 지배엘리트와 대다수 국민의 커다란 간격
④ 분배(distribution)의 위기 : 재화와 가치의 분배문제
⑤ 통합(integration)의 위기 : 이익집단의 통합보다 정부에 의지로 분열
⑥ 참여(participation)의 위기 : 정부정책의 영향력 행사문제

cf) 침투의 위기 : 통치력 또는 행정력이 사회저변에까지 미치지 못하게 됨으로써 정책의 효과적 수행이 어렵게 된 경우를 의미

(2) 정치발전의 담당세력

① 지식인과 정치발전 : 사회의 조직적 기반이 약한 신생국에서 지식인이 정치발전의 담당세력으로 등장하는 것은 당연
② 관료제와 정치발전 : 경제와 사회발전을 위해 국가의 인적·물적 자원을 효율적으로 동원해야 하는 신생국가에 있어 관료제는 정치발전의 주요한 담당세력
③ 군과 정치발전 : 제3세계와 후진국에서는 한때 군부통치가 보편적인 현상일 정도로 정치과정에서 중요한 변수
- 정치발전에 순기능적인가 역기능적인가는 국가마다 다름

5. 정치발전의 제도화

- 헌팅턴(S.P. Huntington)은 정치발전을 정치조직과 절차의 제도화라고 규정
- 즉 정치발전을 제도화의 과정과 동일시 함
- 제도화는 조직과 절차가 가치와 안정성을 획득하는 과정
- 정치조직과 절차의 강도는 그 지지의 범위와 제도화의 수준에 의해서 결정된다는 것
- 헌팅턴은 제도화의 수준을 4개조의 변수로서 측정
- 즉 i) 적응성-경직성, ii) 복합성-단순성, iii) 자율성-종속성, iv) 일관성-분열성 등이 그것
- 즉 제도화의 수준은 정치체계의 적응성, 복합성, 자율성 및 일관성에 의해서 규정되는 동시에 측정의 대상

6. 정치발전의 여러 단계

- 오간스키(A.F.K. Organski)는 정치발전을 4단계로 구분

① 제1단계 : 초기통일의 정치, 즉 16C까지 서구 국가들의 주요한 기능은 국가통일의 실현. 중앙집권적인 정치체제의 확립에 의해서 정치적 및 경제적 통일체의 확립
② 제2단계 : 공업화의 정치, 즉 새로운 계급이 권력을 장악하고 새로운 경제질서가 수립되어 서민대중이 결정적으로 국가 속에 포섭되는 과도기
- 이 정부의 주요기능은 경제적 근대화를 성취하는 것
③ 제3단계 : 국민복지의 정치, 즉 완전히 공업화된 국가의 정치로 정부와 국민 간의 상호의존도가 높아진다는 것
- 이 때 정부의 주요한 기능은 제2단계와 반대로 공업사회가 가져오는 생활이 빈곤으로부터 국민을 보호하는 일
④ 제4단계 : 풍요의 정치, 즉 산업혁명, 즉 오토메이션 혁명이 활발히 진행되는 단계에서의 정치
- 이 단계의 특징은 경제권력의 거대한 집중과 정치권력의 거대한 집중
- 이 단계의 정부의 주요한 기능은 오토메이션화로부터의 타격을 경감시켜, 이들의 생활보장을 강구하는 것

7. 정치발전의 추진세력

(1) 지식인과 정치발전

- 실즈(E. Shils) → 신생국의 지식인들을 진보적인 근대교육을 받고 지적 관심 및 이와 관련된 기술을 소유하고 있는 사

람들로 정의
- 이들 지식인들은 제국이 식민지지배에서 벗어나 독립을 성취하고 경제·사회발전을 촉진하여 근대국가를 수립하려는 열망을 갖고 형성된 선도적 집단

(2) 관료제와 정치발전

- 관료제는 정당이나 다른 사회·경제 집단에 비하여 근대적인 조직과 절차를 구비하게 되어 근대화의 주요한 추진세력이 됨

① 파이(L. Pye) → 신생국가들의 기능적 미분화에 관심을 두어 관료제가 정당 및 이익단체의 기능을 수행하기도 하고, 정부 내에서도 중첩적인 기능수행이 요청되기도 하며, 심지어 軍이 정부의 역할을 담당하기도 한다고 함
② 리그스(F. Riggs) → 관료제의 급속한 성장은 관료에 대한 통제력을 거의 불가능하게 만들기 때문에, 관료가 특권적인 지위를 차지하게 된다고 하여, 관료제가 정치발전과정에서 장애물이 된다고 지적

(3) 군과 정치발전

- 군은 국가의 핵심적 폭력기구로서 여전히 정치과정에서 고려되어야 하는 중요한 요소의 하나
- 제3세계 및 후진국가에서 군부통치가 보편적 현상일 정도로 정치과정의 중요한 변수
- 군의 위상이나 영향력을 어떻게 규정하고 제도화하느냐가 과제

제3절 혁명론

1. 정치변동과 혁명

(1) 혁명의 개념

- 혁명이란 정치체제, 나아가 전반적인 사회구조를 근본적이고 급격하게 그리고 폭력을 수반하면서 변혁시키는 정치변동현상의 일종
- 혁명은 기존의 정치제도나 법률에 따른 정치변동이 아니라 그 체제 자체를 부인하는 것

① C. Johnson : 혁명을 사회의 정치조직, 권력관계, 계층구조 및 지배이념 등이 근본적이고 급격하게 폭력적으로 변혁되는 과정으로 정의
② S. P. Huntington : 사회의 지배적 가치와 신화, 정치제도, 사회구조, 지도력 그리고 정부의 정책과 행위의 급격하고 폭력적인 국내변혁이라고 정의
③ T. Skocpol : 국가 및 계급구조의 급격하고 근본적인 변화를 사회혁명이라고 칭함
④ K. Marx : 혁명은 급격하고 근본적인 사회혁명을 의미, 나아가 그 내용에서 생산관계를 중심으로 한 사회구조의 변혁을 중시

(2) 기타 유사 개념

① 쿠데타(coup e'tat) → 기존 정치지도부에 속하는 인사들이 정권을 물리적인 폭력을 동원하여 탈취하는 것
- 기존 사회질서나 국가체제를 바꾼다거나 새로운 이념을 창조하는 것이 아니라는 점에서 혁명과 다름
② 개혁(reform) → 정치 및 사회체계의 근본적인 변화가 평화적인 방법으로 이루어진다는 점
- 물리적 폭력과 대규모의 파괴를 수반하는 혁명과는 다름

(3) 혁명의 특징

① 혁명은 사회 및 정치의 구조적인 재편성을 유발
- 국가와 계급체계, 신분 및 계층구조, 지배이념 및 권력체제에 근본적인 변화를 발생시킴
② 혁명은 급격하게 일어나며, 급진적인 변화를 유발
- 변동과 발전의 연속성에 큰 단결점을 초래
③ 혁명은 물리적 폭력과 대규모의 파괴를 수반
- 비정상적, 급진적 방법과 비정규적 전략에 의한 변혁이므로

2. 혁명의 발생배경

- 혁명의 발생배경에 대한 주요 논의 및 이론은 크게 다음의 4가지
- 즉 a. 마르크스주의적 접근, b. 사회심리적 접근, c. 사회체계론적 접근, d. 정치갈등적 접근 등 시각으로 나뉠 수 있으며
- 각 이론은 혁명의 발생에 대해 다른 견해를 제시함

(1) 마르크시즘

- 생산관계에 의해 규정된 계급 간 모순과 대립에 의해 혁명이 초래된다고 봄
- 즉 계급과 생산의 사회적 관계 간의 부정합이 계급갈등으로 나타나고 이러한 계급갈등의 심화가 혁명을 초래한다는 입장

(2) 사회심리적 접근

- 국가체제의 변혁이라는 발생배경뿐만 아니라 전반적인 정치적 폭력 및 반대운동에 참여하는 대중 또는 집단의 사회심리적 배경이라는 차원에서 혁명의 조건을 설명

① T. R. Gurr : 상대적 박탈감이 주원인
- 개인이 받고자 하는 기대치와 실지로 받는 몫 사이의 간격
② J. C. Davies : 변화의 상황에서 생기는 기대상승이 상대적 박탈감의 주원인이라고 봄
- 'J-curve' 이론 제시

(3) 사회체계론적 접근

① 사회체계 및 그 하위체계들의 심각한 불균형상태에서 나타나는 이데올로기운동의 폭력적 표출이라는 관점에서 혁명을 파악
② 기존의 사회체계가 새로운 사회변동의 요인에 부합하지 못할 때 혁명발생(C.A. Johnson)
③ 부적응을 초래하는 요인 → 지배권력의 정체성에서 비롯되는 정치위기, 산업문명의 전파, 제국주의, 새로운 영토발견,

새로운 신념체계의 확산 등이 있음

(4) 정치갈등론적 접근

① 권력투쟁에 참여하는 여러 조직적 집단들과 정부와의 갈등을 집단적 폭력 및 혁명에 대한 핵심적 설명변수로 파악
② 사회적 불만심리가 혁명으로 연결되기 위해서는 최소한 어떤 조직적 집단에 의해 동원화 되어야 함을 강조
③ 혁명의 정치적 요인 → 기존 정치체제의 비효율성, 정통성 상실, 권력으로부터 소외된 반항 elite의 존재, 혁명적 이데올로기의 유무 등을 제시
④ S.M. Lipset : 정부가 정통성(legitimacy)과 효율성(effectiveness)을 모두 잃었을 때 혁명이 발생
⑤ C. Tilly : 정치체를 구성하는 주요 조직집단을 정부세력과, 이에 접근하려는 도전세력으로 구분하여
- 혁명은 이러한 여러 세력이 사회구성원들에 대한 궁극적인 정치주체의 획득을 위해 투쟁하는 일상적 정치과정의 특수한 경우의 하나로서 파악

3. 혁명의 전개과정

(1) 촉진사건

- 개인들의 정치체제에 대한 불만을 혁명적 행위에로 전환할 수 있도록 촉발시키는 사건을 의미
- 예컨대 정부의 폭력에 의한 유혈 사망사건 등

(2) 지식인의 이탈과 이데올로기

- 혁명적 상황에서 지식층은 기존정부의 정통성과 효율성을 공격하고
- 일부는 혁명 이데올로기의 개발을 통해 대중의 기존 신념체계를 흔들어 놓고 새로운 사회에 대한 정당성을 부여하는 역할을 수행

(3) 혁명집단의 형성과 대중동원

- 혁명집단은 지식인을 포함한 사회의 상층부 사람들로 구성되고, 이를 축으로 하여 모든 계층이 수직적으로 연결된 혁명지단의 조직망이 구성됨
- 또한 혁명의 지도자에게는 집단의 결속력을 강화하여 많은 수의 사람들을 동원, 정부로부터 적극적인 결과를 얻어내거나 그것을 전복시킬 수 있는 지도력이 요구됨

(4) 지배엘리트의 분해

- 지배계층 내부는 혁명운동의 세력에 대응하는 방법을 둘러싸고 분열이 생김
- 보수층과 개혁을 주장하는 개혁층으로 나뉘어 지배층 내의 갈등이 초래됨

(5) 신체제의 형성 및 혁명의 제도화

① 혁명에 의해 기존 정부로부터 권력을 획득하는 데 성공한 혁명세력들은 신체제의 타당성을 보장하는 제도적 장치를 구성하여 지배체제를 확립시킴
② 온건파가 지배하든, 급진파가 지배하든, 혁명은 그 최초 목적이 어느 정도 희석되거나 변질된 채로 제도화되는 경향

이 있음
③ 특히 현실적 권력기반을 가진 군사 및 민간관료가 상층계급과 대중을 중립화시킨 채 구(舊)체제의 조직과 상징을 박탈하는 '위로부터의 혁명'은 내재된 국가주의의 성격 때문에 독재정권의 출현으로 귀결되기도 함

4. 혁명의 순환과 순환과정

(1) 혁명의 순환

- 이른바 정치혁명이 일단 성공을 한다고 해도, 사회혁명의 실패와 대내외적인 반작용에 대한 대응의 실패 등에 의해서 혁명정권의 권력수축과 권위상실과 같은 사태가 초래되며
- 또 다시 새로운 혁명 내지 반혁명 발생의 상태로 이행하는 일도 적지 않음

(2) 혁명과정의 순환

- 브린튼(C. Brinton) → 프랑스·영국·미국·러시아 등 4개국의 대혁명을 비교분석한 「혁명의 해부」란 저서에서 혁명과정의 순환에 관하여 다음과 같이 설명

① 혁명의 첫 단계는 으레 온건파가 정권을 장악하지만, 그들은 조만간 급진파의 쿠데타에 의해서 권력의 자리에서 축출당함
② 온건파로부터 권력을 빼앗은 급진파는 반혁명세력에 의한 국제적 간섭과 국내적 반란의 위기에 처하여 강력한 중앙집권화를 통해 이른바 '덕의 공화국'을 수립하고자 공포정치를 단행
③ 그러나 다행히도 국내외의 위기가 사라지자, 이른바 '테르

미도르(thermidorean reaction)의 반동'이 일어남
- 이런 반동에서는 일찍이 반혁명분자로 낙인찍혀 숙청당했던 사람들이 사면을 받아 다시 사회에로 복귀. 그러나 주로 혁명을 합리화시키기 위하여 여전히 개전(改悛)의 정(情)을 좀처럼 보이지 않는 일부 혁명가들은 계속 구속을 당함

제4절 제3세계 정치론

1. 제3세계의 정치

(1) 제3세계의 개념

① 제3세계는 제1세계로 불리는 선진 자본주의국과 제2세계라 불리는 현존 사회주의국을 제외한 절대 다수의 신생국들을 의미 (A. Sauvy가 명명(命名))
② 제3세계는 식민주의, 제국주의라는 서구자본주의의 팽창에 따른 식민지화와 '저개발'의 역사적 산물

(2) 제3세계 종말론

① OPEC과 NICs(신흥공업국)등의 등장으로 탈(脫)저개발과 탈(脫)종속이 가능해졌음
- 제3세계를 논의하는 것은 더 이상 의미가 없다는 논의
② 그러나 세계자본주의 체제 내에서의 종속이라는 불평등한 관계 그 자체는 더 적실성이 커짐

- 탈사회주의의 경향은 구사회주의 국가들을 제3세계화할 것이기 때문

2. 제3세계의 정치경제학

- 크게 주류이론과 급진이론으로 양분됨

(1) 주류이론

- a. 이중경제이론, b. 확산이론, c. 경제성장 단계론, d. 심리문화이론 등이 있음

① 이중경제이론(dual economy theory) : 제3세계가 근대적 생산요소를 갖추고 있어 생산성이 높은 근대부문(도시부문)과 이를 갖추지 못해 낮은 생산성의 전통부문(농촌부문)으로 이중 구조화 되어 있으며, 제3세계의 저개발은 전통부문의 낮은 생산성에 있다는 주장

② 확산이론(diffusion theory) : 확산이론은 이중구조에 연유한 제3세계의 저개발은 선진국으로부터의 자본, 기술, 제도문화 등 근대적 생산요소의 도입 내지 확산을 통해 극복될 수 있다는 주장

③ 경제성장단계론(W. Rostow) : 모든 사회는 (ⅰ) 전통적 단계, (ⅱ) 도약 준비, (ⅲ) 도약, (ⅳ) 성숙, (ⅴ) 풍요한 소비사회의 단계라는 5단계를 거쳐 발달한다는 이론
- 제3세계의 경우도 이러한 단계를 밟아 발전하리라는, 제3세계의 미래를 거시적 역사 속에서 파악한 낙관적 이론

④ 심리문화이론 : 제3세계의 저개발의 원인을 근대적 정신을 가진 '근대인'의 결여로 파악하고
- 교육 등을 통해 서구의 근대적 문화의 확산을 시도
- 이러한 과정 속에서 근대인을 창출해내면 제3세계도 발전할 수 있다는 이론

- 그러나 이상의 이론들은
(ⅰ) 전통과 근대를 이분법적으로 나누어 파악하며
(ⅱ) 분석단위를 일국(一國)에 국한시켜 봄으로써 세계체제적 연관을 등한시하며
(ⅲ) 미래에 대한 낙관에 기초하는 단선적 발전모델이라는 한계를 가짐

(2) 급진이론

① 제3세계 정치경제학의 급진이론은 1960년대 주류이론의 파국과 이에 기여한 종속이론의 대중화 속에서 확산
② 마르크시즘과 레닌의 제국주의론 등에 영향을 받은 종속이론이 대표적
- 이외에도 종속자본주의론, 국가독점 자본주의론, 종속적 국가독점 자본주의론 등이 있음

3. 제3세계의 정치

(1) 주류이론

- 정치근대화론, 정치문화론, 정치질서론 등이 제3세계의 정치현상을 설명하고자 하는 주류이론임

① 정치근대화론
i) 민주주의가 이루어지기 위해서는 일정 조건의 사회, 경제적 근대화가 선행되어야 한다는 일상적 통념을 이론화한 것 (S. M. Lipset)
ii) 제3세계에 있어서 민주주의의 실패원인은 그 전제조건인 사회·경제적 근대화의 결여에 있다는 이론
iii) 세계체제와의 연관관계를 고찰하지 않고 일국(一國)의 분석에 그치고 있다는 비판을 받음

② 정치문화론
i) 서구의 근대적 정치제도가 제3세계에서는 전혀 다른 정치적 행태를 야기시키고 있다는 사실에 주목
- 정치제도와 정치행태를 매개하는 정치문화에 관심을 기울임
ii) 제3세계의 정치문화는 '신민문화'와 '지방형 문화'가 주된 기초를 이루고 있어, 이 같은 정치문화의 낙후성이 정치적 낙후의 원인이 되고 있다는 이론
- 문화결정론이라는 비판을 받음

③ 정치질서론
i) S. P. Huntington의 이론으로 그는 제3세계 연구에서 가치 지향적이고 서구중심적인 정치발전론을 탈피
- 쿠데타 등 정치변동을 가치중립적으로 다루기를 주장
ii) 좋은 정부는 국가의 통치와 질서유지를 성공적으로 수행하는 정부라는 전제
- 관심을 민주주의가 아닌 정치질서에 둠
iii) 그러나 정치질서론은 제3세계 정치에 대한 많은 이론적 적실성에도 불구하고 정치의 선·악의 문제를 단순히 정부의 강·약으로 치환시킨다는 점에서 비판됨

(2) 급진이론

- 대표적인 급진이론은 a. 관료적 권위주의론 b. 과대성장국가론

① 관료적 권위주의론(bureaucratic-authoritarianism)
ⅰ) 종속이론과 같은 맥락에서 제3세계의 억압적인 정치를 설명하려는 대표적인 신좌파이론으로 G. O'Donnell이 주장
ⅱ) 페루 등의 저개발 사회의 전통적인 권위주의와는 달리 근대화의 수준이 높은 브라질 등에서 경제적 위기의 극복을 위하여 등장한 새로운 권위주의를 관료적 권위주의라고 정의

② 과대성장국가론(overdeveloped state)
ⅰ) 신좌파이론 중에서 관료적 권위주의와는 달리 명백한 국가론적 문제의식에서 제3세계 정치를 설명하려고 시도하는 모델
- H. Alavi에 의해 제기된 이론
ⅱ) 통상 토대와 상부구조인 국가는 서로 조응하는 것이 원칙이나, 식민지의 경우 식민지 국가권력이 그 토대를 식민지사회에 두고 있는 것이 아니라 훨씬 발달된 모국의 토대에 뿌리를 두고 있다는 것
- 식민지의 토대에 비해 과대성장 되어 있다는 것
ⅲ) 이상과 같이 과대성장된 국가를 물려받은 제3세계 신생국에서는 국가가 중심적 행위자가 되는 국가 주도형이 된다는 이론

(3) 제3세계 정치발전의 과제

① 국민 정치참여의 제도화
② 민주주의의 확립
③ 포격이나 혁명을 수반하지 않는 안정 속에서의 변화 추구
④ 빈곤 퇴치를 위한 경제성장과 불평등을 해소할 수 있는 정치제제의 능력 증진
⑤ 권력의 정당성 확보

제5절 종속이론

1. 종속이론의 개괄

- 종속이론은 구조기능주의적인 근대화이론과 주류이론의 이중경제, 확산이론, 그리고 정통 좌파의 식민지 반봉건사회론 등을 비판하려는 이론적 대응

(1) 종속의 개념

- T. Dos Santos는 종속이란 특정 국가의 경제가 그 국가를 지배하는 다른 나라 경제의 발전과 팽창에 의해 조건이 지워지는 상황을 의미한다고 정의

(2) 종속이론의 이론적 배경
- Prebisch에 의해 주도된 우파성향을 지닌 ECLA (UN산하

남미경제위원회)의 구조주의적 시각과
- Bukharin, Luxemburg, Lenin 등의 좌파 성향의 고전적 제국주의론을 그 이론적 배경으로 함

(3) 기본적 문제의식

① 자본주의의 발전 법칙에 내재되어 있는 국제적인 차원에서의 서열적이고 착취적인 성격을 분석하는데 중점
② 세계체제 안의 발전과 저발전은 세계체제 안의 상호의존적인 과정으로 중심부 - 반주변부 - 주변부 사이의 잉여(剩餘) 이전에 의한다는 것
③ 종속이란 외부적으로 주변부가 중심부에 의해 통합되는 세계적, 역사적 과정이라고 봄

(4) 종속이론의 실천적 대안

① 좌파 : 혁명이 탈종속과 자력갱생적 발전의 주요 수단
② 우파 : 민족 자본가의 형성, 산업 자본가의 형성 등으로 국민경제의 자립화와 국가권력의 집중화를 억제
- 다양한 방법을 모색

(5) 종속이론과 한국

① 라틴 아메리카는 자본주의의 세계사적 전개에 내포되었으나, 한국(韓國)은 남미(南美)와는 다름
i) 세계자본주의에로의 편입이 정치적, 군사적 이해관계에서 비롯되었으며
ii) 국가의 자본축적도 다국적 기업에 의한 것이 아닌 공공 및 상업차관에 의한 것이며

iii) 다국적 기업에 의한 잉여 이전도 부분적이며
iv) 경제적 위기 극복이 아닌 장기집권을 위해 관료적 권위주의가 등장했다는 점 등

② 종속이론의 이데올로기적 독단성은 경계하면서도 날카로운 문제의식을 살리기 위해서는 이론체계상의 이념적 경직성이 분석적 정밀성에 의해 보충되어야 함

(6) 종속이론의 유파

① 저개발 심화론 : A. G. Frank가 주류이론의 이중구조론을 비판하기 위해 전개
② 신종속론 : T. Dos Santos는 기술, 산업적 종속을 신종속이라 규정
③ 종속적 발전론 : F. H. Cardoso, P. Evans
④ 세계체제론 : I. Wallerstein은 세계체제의 진화와 서구 자본주의의 진화는 상호의존적이라 주장

(7) 종속이론의 이율배반적 문제의식

① 긍정적 측면 → 대내외불평등과 대외의존도를 줄이고 자아준거적(自我準據的) 시각에서 발전문제 해명
② 부정적 측면 →
i) 마르크스주의와 그 분석시각이 유사한 점에서 이데올로기적 거부 반응
ii) 내부적 종속의 구조와 대외 영향에 대한 내부 구조의 극복 (핵심적 분석 대상)
iii) 중심국과 제3세계 간의 비대칭적 관계에 대한 명제 도출

2. 종속이론의 등장배경

▶ 남미에서 등장
- 라티아메리카는 스페인, 포르투칼 식민지
- 19C 말 ~ 20C 초 독립

▶ 남미학자들
- 라틴아메리카에 비판적 측면
i) 대외적으로, 남미는 정치적 독립이지만 경제적으로 아직 독립하지 못했다
- 미국이나 서구의 요구에 제공하는 상태 비판
ii) 대내적으로, 남미의 중심세력은 외국과의 이해세력이 중추적이라고 비판 (외국무역, 외국관리 등)

① 당시 남미의 경제구조
- 1차 상품(구리, 망간, 오일, 커피, 코코아 등 다수)은 충분한데, 이것의 수출은 공산품 수입의 경제구조
- 1차 상품 수출은 싼값으로, 공산품 수입은 비싼 값으로 수입하는 불평등 무역구조
- 1930, 1940년대 세계적인 공항 때문에 1차 상품 수출 타격, 이로 인한 남미 경제의 어려움
- 남미 학자들은 UN산하 ECLA에 '수입대체적 공업화'(ISI) 경제정책으로 건의
- 공산품 수입 자체를 기계수입으로 변경하여 자체 생산하자라는 것으로 환영받음(ISI 시행)

② 수입대체화공업화(ISI) 시행 장단점

▶ 장점
- ISI로 외국의 경제적 종속으로부터 독립된다는 것
- 공산품의 국내생산이 종속에서 탈피
- ISI로 정책결정 주체를 국내로 이전시킬 수 있다는 것
- 정치적 민주화가 가능할 것
- ISI 시행으로 과학, 기술, 문화적 후진성을 극복할 수 있다는 것
● 이러한 4가지 명분으로 각국에서 ISI를 실시할 수 있었다
- 그러나 ISI는 남미에서 실패

▶ 단점(실패 원인)
- 국내 생산을 위한 기계설비의 수입 때문에 막대한 자본이 필요했다
- 기계설비의 가동능력이 시장규모에 비해 높아 자원의 낭비가 심했다
- 부유층의 기호에 맞는 사치성 소비품을 생산해 냈다
- 정책결정의 중심이 국내로 이전될 것으로 믿었으나, 다국적기업이나 수출입법자들의 정책결정으로 효과를 거두지 못했다

▶ 특히 ECLA에 의한 발전정책에 대해서 비판이 제기되었다
- A. 프랭크, T. 산토스에 의함
- "남미가 저발전된 것은 남미 내부에 있는 것이 아니라 해외의 영향력 때문이다 - 남미가 저발전 되었다는 것"
- 이것이 종속이론의 시발
- 남미에서 1959.1.1. 쿠바 혁명(카스트로)은 위 학자에 결정적 영향을 줌
- 쿠바: 1898~1902년 美軍政

- 카스트로의 혁명 → 쿠바의 저발전은 미국 때문이라는 것
- 내적으로 사회주의로 탈바꿈
- 이 견해는 위의 학자 견해와 동일
- 종속의 형성배경
- "카스트로(F. Castro) 없는 프랭크(A. Frank)는 존재할 수 없다는 것"

3. 종속이론의 가설

- 종속이론의 가설은 3개 카테고리
i) 저발전의 원인 규명
ii) 다국적 기업
iii) 국내식민주의)
- 그에 따른 8개 가설로 살펴볼 수 있음

(1) 저발전 원인 규명의 가설

① "저발전은 본원적(本源的)이 아니다"

- '저발전이 본원적이 아니다'라는 것은 19C 이전에는 오늘날 저발전 지역보다 발전되었다는 것
- 당시 화란(和蘭, Holland, 현 네덜란드)이나 영국 상인들의 기행문에 의하면, 인도나 인도네시아가 화란이나 영국보다 더 발전되었다는 것
- ex)
i) 금, 은, 지하자원, 유리, 제지, 철물의 생산수준이 높았다는 것
ii) 농산물, 자연조건, 문화수준의 발달
iii) 상술이 서구보다 앞섰다

② "저발전은 자본주의 팽창에 결과적 소산이다"

- 당시 경제적, 문화적 수준은 남미가 높았지만, 화약이나 대포 등 무기를 만드는 군사력이 뒤떨어졌다는 것이 종속의 원인
- 즉, 무력을 배경으로 자본주의 경제 질서를 남미나 라틴아메리카에 파급함
- 그 결과 이곳에
i) 전통적 구조 파괴
ii) 채취산업의 발전
iii) 해외자본가들이 채취산업을 보장받기 위해 식민국에 매판자본 형성
- 이는 자본주의의 장점이 아닌, i), ii), iii)을 파급시킴

③ "발전과 저발전은 동시적 과정이다"

> Center(중심, 선진국) - Periphery(주변, 후진국)

- 중심과 주변은 동시적 과정
- 동전의 앞과 뒤
- 같은 바퀴 속에서 착취된다는 것

(2) 다국적기업(MNCs)의 가설

① "다국적기업이 투자이익을 불공정하게 분배한다"

- 외국의 투자에서 얻어지는 이익은 다국적기업과 주변의 숙주국 간에 불공정·불평등하게 분배되고 있다는 것
- 주변국은 그가 얻은 몫 만큼에 대한 가치를 너무 지불하고 국내 발전의 재원으로 유용하게 쓰일 수 있는 경제 잉여를

중심의 대기업에 착취당하고 있다는 것

② "다국적기업이 주재국에 경제적 왜곡을 시킨다"

i) 비토착적 경제(외국자본기업)가 국내 경제(국내순수기업)를 선도한다
ex) 과거 브라질과 아르헨티나는 제조업 50%이상을 미국이 장악, 특히 아르헨티나는 국내순수기업이 22%, 다국적기업이 78%를 차지했다

▶ 다국적기업 → 저발전국가들에 실업 및 불완전고용, 그리고 불평등한 소득분배를 조장하는 역할을 함

ii) 부적절한 기술이 실업을 유발시킨다

- 선진국 기술은 자본집약적 기술이다
- 후진국에는 자본집약적 기술이 맞지 않는다. 노동집약적이다

iii) 소득분배체제를 약화시킨다

- 칠레는 부유한 10%가 전체의 40%
- 브라질은 부유한 10%가 전체의 50%
한국은 20대기업이 전체 국민소득의 30%
- 멕시코는 상위 20%가 하위 20%, 소득비는 20 : 1 수준
- 결국 소득분배체제를 악화시키는 것이 다국적기업이다

iv) 소비패턴을 변화시킨다

- 잘 사는 사람이 아닌 일반 서민이나 대중의 소비패턴을 변

화시킨다
ex) 코카콜라, Imperism (제국주의) → 다국적기업의 고도의 상술이자 선전

③ "다국적기업이 정치적 왜곡을 시킨다"

- 미국이 19C 초 ~ 20C 초 남미 진출, 그 때 인수한 것이 광산, 농장(plantation), 운행, 운수업(트럭)
- 대리인제도 → 매판 엘리트(elite) : 미국 자본가를 위해서 일하는 사람 고용

- 종속이론가들은 주변국에서의 다국적기업의 활동은
i) 친중심적이고
ii) 권위주의적 정치체제 또는 군사정권의 등장을 부채질 한다고 파악

▶ 왜곡형태의 분류
- 국내 엘리트와 상호결탁관계 유지함으로써 왜곡을 조장한다는 것
- 숙주국 정부와 이익조화관계 유지로, 압력행사를 모국에 한다는 것
- 국제체제에 다국적기업의 필요를 적절히 대응키 위한 국제체제를 구조화한다는 것

(3) 국내식민주의(國內植民主義)의 가설

① "주변국에도 국내적 중심-주변이 존재한다"
- 국내의 부유층-빈곤층 간의 명백한 양극화 현상이 존재한다
- 일본 제국주의, 한일관계

② "제3세계의 '민족부르주아'(National bourgeoisie)가 취약하여 발전을 주도하지 못한다"
- 주변부는 봉건적·전통적 요인보다는 주변부 중심을 부유하게 만든 점에서 빈곤 됐다는 것
- 국내기업에는 발전 못하고 '매판적 부르주아'(Comprador bourgeoisie) 관계 형성

4. 종속의 다양한 이론

(1) 용어상의 다양성

▶ dependence → 중심-주변 간의 비대칭을 다룸, 양(量)으로 파악 가능한 불평등 관계(정태적 의존)
▶ dependency → 양적으로 측정가능은 별문제가 아니고 제3국의 주변국이 선진 자본주의에 편입된 동태성(dynamic), 선진국의 영향력, 구조적 왜곡을 볼 수 있다(동태적 종속)
ex) 무역과 군사 등 한국이 미국에 dependence 되어 있다

(2) 종속과 성장의 관계(종속 개념의 다양성)

▶ 초기 종속(급진) → 성장이나 발전에 지장

① 종속과 성정(발전) : 종속은 성장의 장애다
- Frank, S. Amin
② 중심 자본주의의 팽창에 어떻게 잘 대처하느냐에 따라 종속적 발전도 가능하다는 것
- P. Evans

▶ dependent development →

i) 큰 영토, 인구밀도가 적은 곳, 부존자원의 혜택
ii) Nationalism, HNC이 긍정적 - 외국적 내셔리즘의 마찰이 있다는 것
iii) 외국자본이 권위주의체제에 영향을 주었다는 것(한국은 예외)

③ 종속과 발전은 비례상태이다
- 발전하기 위해서는 종속되어야 한다

∴ ①은 고전적 종속이론가 입장(Frank, S. Amin),
　②,③은 후기 종속이론가 입장(Cardoso, Peter Evans, Falleto)

(3) 종속원인의 다양성

▶ A. Frank - 종속의 원인을 자본주의의 팽창으로 봄, 외부적 측면을 강조
▶ Brewster - 종속의 내부 측면 강조
▶ Carporaso - 종속을 내부·외부 측면의 결합 주장

(4) 종속이론의 대안(代案)

① 온건적
- 개혁, 국제적 불평등 해소, 지역협력체 구성
- 현 체제를 그대로 유지하면서 개혁(빈부, 농지, 토지 개혁)
- 현 국제체제 유지하면서 국제 불평등 해소하자는 것
- 잘사는 나라와 못사는 나라의 싸움이 아닌, 못사는 나라끼리 모이자는 것

② 급진적
- 사회주의 혁명 - 근본적으로 혁명적이 아니면 안 된다
- 자본주의 파괴
- A. Frank - 폭력혁명
- Stavenhagen - 혁명적 사회주의하면서 폭력 배제
- 왈러스타인 - 국내 혁명이 아닌, 세계체제 개혁에 있다

(5) 종속이론의 평가

- 온건한 종속이론은 다 받아들인다
- 또한 급진적 종속이론도 기여된 바 있다

① 급진적 종속이론가(초기 이론가)의 이론에의 기여

i) 과거에는 저발전을 내부요인으로 말함
- 종속이론이 저발전을 외부 발견에 기여
ii) 발전문제를 제3세계의 주체적 시각에서 파악할 수 있다
- 제3세계의 주체적 입장, 즉 자아준거적(自我準據的) 입장
iii) 해외 자본이나 기술이 양약(良藥)만은 아니다
- 다국적기업이 양약만은 아니다
iv) 제3세계의 성장이 중심자본주의의 경험과는 다른 형태였다는 점
- 즉, 지금까지 근대화론에 의하면, 부(富)가 확대되면 이것이 확산되어 소득이 높아진다는 것
- 정치참여와 민주화도 확대된다는 것
- 그러나 종속이론가들은 이것이 다 틀리다는 것(Lipset 입장)
- 즉, 근대화이론과는 다른 형태다

② 초기 종속이론에 대한 비판

i) 너무 二分法的 分類이다
▶ 중심-주변, 착취-피착취, 지배적-종속적
▶ 구분이 애매하고, 과거 주변이 중심이 되고, 그 반대일수도 있다는 것
▶ 캐나다 경우 → 중심국이라 하나, 파키스탄이나 인도보다 종속도가 높다는 것
ii) 미국과 라틴아메리카와 같은 자본주의 국가 뿐 아니라, 공산국가나 구라파에서도 작용한다는 것
iii) Frank에 의하면, 자본주의에 편입되면 저발전 된다는 것
- 발전된 나라가 자본주의에 편입됐다는 것은 종속이론가의 단편적 주장이라는 것
iv) 다국적기업에 잇다는 것
- 채취산업은 착취적 성격이 강하다는 것, 그러나 제조업이나 용역분야가 반드시 제3세계에 유해로운 것은 아니다
- 자본주의의 속성이 이윤에 있지만 조화와 협력의 측면도 있고, 당사자 모두에게 이익이 되기도 한다
- P. Evans 주장도, 선진국의 팽창에 잘 대응하면 다국적기업도 유리하다는 것
v) 종속이론이 국제적인 힘 또는 선진자본주의에 영향은 너무 과대평가하고, 그 개체 국가의 힘은 너무 과소평가한다는 것
- 즉, 선진과 주변 자본주의 사이에 착취, 영향력은 과대평가하고, 제3세계 국가 자체를 과소평가한다는 것

(6) 탈종속의 대안

- 칠코트와 에델슈탄인은 종속을 극복하려는 사회의 국민들이 해야할 노력으로써 4가지 기본문제 등을 지적

- 즉 i) 소외감의 불식, ii) 소비패턴의 수정, iii) 노동유인의 증대, iv) 집단의식의 함양

① 탈종속이 발전의 선행조건
▶ 중심-주변 간 관계의 수평화, 탈봉건화
② 탈종속의 수단
i) 강경파 - 폭력혁명을 통한 사회주의 노선 지향
ii) 온건파 - 자본주의를 인정하고 민족주의적, 고립적, 국가주의적 개발전략 선택, 자력갱생

제6절 근대화와 제3세계

1. 근대화의 의미

(1) 역사적으로는 근대화는 유럽과 북미 대륙에서 17~19C에 걸쳐 사회·경제·정치체제 등의 제 분야에서 야기된 변화의 과정을 의미

(2) Talcott Parsons

① 전통사회의 행위유형 → 감정적 요소에 영향을 받기 쉽고, 집단적 성격과 귀속적 특징을 갖는데 비하여, 근대적 행위유형은 감정 중립적, 개인적이며, 업적 중심적 특징을 지님
② 근대화 → 사회·경제·정치·문화적인 요소들이 전통적 특징으로부터 근대적인 것으로 대치되거나 바뀌어가는 과정을 의미

2. 근대화의 성격

- 근대화 과정을 거치는 사회가 겪는 보편적 특징을 의미

(1) 지적인 측면에서 인간의 지식이 급증하고, 이것이 빨리 전파되어 환경과 사회에 대한 인간의 이해력과 통제력이 커짐

(2) 사회경제적 측면에서는 기술수준과 교환경제체제가 발달하고, 생산의 많은 부분이 재투자되는 사회로 이행

(3) 문화 및 심리적 측면에서는 가치와 문화의 세속화와 합리적 규범의 확산을 특징으로 함

(4) 개인의 행위형태 및 사회제도의 구조적 측면에서 보면, 근대사회는 고도로 분화되고 전문화된 사회

(5) 정치적 측면에서는 정부의 기능이 확대되고, 국가의 법적·행정적·정치적 기구들의 권한이 점차 커지는 사회로 이행

- 그러나 근대화는 서구(西歐)사회를 이념형으로 설정하기 때문에, 서구사회적 특징을 과도하게 이상적으로 보거나, 오늘날 후진 제국이 안고 있는 사회변동 및 정치발전의 모든 문제를 지나치게 단순하고 낙관적으로 본다고 비판됨

3. 근대화의 양면성

(1) 근대화는 인간과 제도에 일대변혁을 요구하므로 그 결과는 낙관적·성공적으로만 귀착하는 것이 아니라, 고뇌와 충격,

해체와 파괴 등 갖가지 부작용을 수반할 우려가 있음

(2) 서구 여러 선진국은 근대화과정에서 야기되는 여러 가지 부작용을 흡수할 수 있는 체제의 적응력을 기반으로 하여 근대화가 추진
- 비교적 단기간에 근대화를 달성해야 하는 후진국의 경우는 심각한 부작용이 우려됨

4. 제3세계의 근대화

(1) 장기간에 근대화가 이루어진 유럽·북미 국가들은 각계각층의 사회구성원과 집단들이 변화에 적응할 수 있는 시간적 여류를 가짐
- 반면 제3세계의 신생국은 정치 세력의 급격한 교체 등으로 인한 혼란을 경험

(2) 근대화와 공업화가 내생적(內生的)인가? 외생적(外生的)인가?의 여부에 따라 정치세력과 경제적 계급들 간의 갈등 구조에도 차이가 발생
- 외생적 근대화는 사회변동의 충격 및 부작용을 외부에 전가하므로 내부 개형이 지연되는 경향이 노정됨
- 제3세계의 경우 토착적 자본가와 부르주아 계급의 정치적 바탕이 약하므로 사회 각 부문과 계층 간의 갈등을 흡수·조정할 능력이 낮음

(3) 제3세계의 여러 나라들은 선진국에 비해 경제적 기회와 기술 수준에서 커다란 격차를 안은 채 근대화를 도모하므로 자립적 발전계획에 의거한 경제개발이 힘듦

제11장 정치변동과 제3세계 정치론 **367**

(4) 제3세계의 발전은 선진국을 추월하고자 하는 정치적 의지가 앞서므로 정치주도형 내지 중앙집권적 특성을 띰
- 그러므로 행정의 비대화 현상과 중앙집권화 경향 등으로 인한 부작용의 가능성이 농후

(5) 선진국에 의한 전시효과로 인해 기대 수준의 상승이 초래됨
- 그러므로 근대화과정에서 제3세계 정부가 당면하는 과제나 정부에 대한 국민의 요구 등이 체제의 수용능력을 초과할 경우가 많음

(6) 선진국의 근대화경험을 무비판적으로 수용하여 발전 model로 삼는 것은 제3세계 신생국의 실정에 비추어 볼 때 위험성이 큼
- 독자적 발전경로를 국내·외 상황에 맞추어 모색하는 것이 바람직

제7절 제3세계란 무엇인가

① 개요

- 제3세계란 무엇인가?
- Third World
- Tiers Monde(1961)
- 프랑스의 경제학자이자 인구통계학자인 '알프레드 소

비'(Alfred Sauvy)가 제일 먼저 사용
- 비서구 지역의 저개발국 혹은 개발도상국들을 프랑스 혁명 시기의 제3신분(Tiers État, Third Estate)에 비유하여 지칭

② 프랑스 제3신분(Tiers État)

- 당시 망각, 소외, 착취 받는 계급이지만, 프랑스 대혁명을 주도한 것처럼, 앞으로는 그 사회·정치체제의 중심이 될 수 있다는 뉘앙스가 있다
- 프랑스 혁명 시 유명한 사람 시에에스(Abe Sieyes)가 '제3신분이란 무엇인가' 라는 논문을 씀
- 제3신분은 강하고 건강한 인간이지만, 그 한 팔은 아직 쇠사슬에 묶여 있다
- 특정계급을 제거하면 국민은 보다 큰 무엇인가가 되는 것이다
- 그러므로 제3신분은 무엇인가? 모든 것이다, 그러나 억압되고 속박당하는 모든 것이다
- 과거의 제3신분은 nothing, 현재는 all

③ 용어의 뜻과 사용 배경

i) 영국 J.S. Mill의 후진국(後進國)
- 영국이 인도를 지배할 때 동인도회사의 관리역
- 후진국(backward countries)을 발전이 늦은 나라라고 사용
- 남쪽을 가리키는 것은 유일한 것이 후진국 자체뿐

ii) UN보고서의 저발전국(underdevelopment country)
- 1951년 UN보고서에서 사용한 말
- 1인당 국민소득이 미국이나 구라파, 캐나다, 대양주보다 낮

은 국가를 일컬음

iii) 카이로 회의의 발전도상국(developing Country)
- 1963년 카이로에서 개최된 비동맹회의에서 개발도상국의 경제발전에 관한 회의에서 사용
- 1964년 developing Country를 공식 단위로 운크타드(유엔무역개발회의, UNCTAD)에서 사용
- 이 개념들은 후진국 지도자들이 회의 과정에서 거부하는 발언 등으로 정치적 과정하에서 이룩된 것들이다
- 발전이라는 말은 가치협력, 제3세계라는 말은 가치중립적으로 봄

④ 제3세계 구분

i) 산업화(경제적) 척도로서 제3세게 구분의 견해
- 산업화된 자본주의 국가를 제1세계(미국, 서구<영국. 프랑스. 독일>, 일본, 호주, 캐나다 등)
- 산업화된 사회(공산)주의 국가를 제2세계(소련, 동구<폴란드, 동독> 등)
- 산업화 되지 않은 국가를 제3세게(아시아, 아프리카, 라틴아메리카)

ii) Horowitz의 발전의 제3지역들(three worlds)의 견해
- 동맹관계를 척도로 본 것
- 미국의 유럽동맹국, 미국 지배하의 동맹국 → 제1세계
- 소련과 소련의 동맹국과 위성국 → 제2세계
- 미국과 소련 블록에 속하지 않는 국가 → 제3세계

iii) 중국이 제3세계를 어떻게 볼 것이냐에 혼란
- 중간지대론: 중국이 본 입장(모택동)

- 제1중간지대론 → 아시아, 아프리카, 라틴아메리카 중 미국에 반감을 가지고 있는 지역
- 제2중간지대론 → 서구, 오세아니아, 북미들로서 미국의 지배와 간섭을 받는 자본주의국가
- 모택동의 정치철학 → 실천론, 모순론
- 모순론에 의해 제1중간지대는 제3세계 형성의 조건이라고 함
- 모택동의 4가지 모순
· 사회주의와 제국주의 간의 모순
· 프롤레타리아와 부르주아 계급의 모순
· 피압박 민족과 제국주의 간의 모순
· 독점자본집단과 독점자본집단의 모순

iv) 1974년 6차 UN총회, 등소평에서 제3세계 언급
▶제1세계 → 미국과 소련의 초강대국
▶제2세계 → 초강대국 바로 밑의 발전국가들(서구, 일본)
▶제3세계 → 중국을 포함한 아시아, 아프리카, 라틴아메리카의 발전도상국

⑤ 제3세계 구분의 문제점

i) 산업화 척도의 문제점
- 제3세계 간의 국력의 문제가 심하다는 것(쿠웨이트, 베네주엘라 등 GNP는 높은데 저발전국가라는 문제점이 있다는 것
- 제3세계 국가 간에 너무도 차이가 많다는 것
- 1970년 당시 5억 인도, 10억 중국, 모리가니 70만 등의 인구구분에서 볼 때 큰 차이)

ii) 동맹관계의 문제점
- 제3세계 국가가 동맹을 맺고 있는 데에 문제점이 있다는 것

- 비동맹국 100여 개국

⑥ 제3세계의 정의
- 프랑스혁명 시 저항세력에서 찾을 수 있다
- 큰 공통점은 지역, 민족적으로는 다르더라도 역사적으로 구제국주의의 식민통치 내지 반(反)식민통치를 받는 나라
- 제2차 세계대전 이후 오늘날까지 국제경제에 있어 성장국가시대라고 하는데, 이 성장시대가 식민통치의 유산하고 관련되어 있다
- 통치의 유산 때문에 식민통치를 구가하지 못한 지역을 제3세계

제8절 제3세계의 구조적 특성

1. 정치적 특징

① 국가형성과정에서의 문제점

i) 민주주의 이식문제
- 서구 민주주의 발달
· 상황 → 도시화, 문자해득, 커뮤니케이션, 정치참여
· 인간적 요인 → 관용과 교섭의 정신, 민주적 가치
(민중 → 참여의용, 지도자 → 책임)
- 제3세계 → 위와 같은 것에 전제되지 않고 급격하게 이식되었다는 것
- 비동시적(非同時的) 상황요인의 동시적(同時的) 공존

ii) 정치참여의 문제
- 자유롭고 평등한 정치참여는
i) 정당성의 위기
ii) 침투의 위기
iii) 통합의 위기
iv) 일체성의 위기는 어느 정도 해결하나, 발전과 능력의 위기는 해결하지 못한다
- 왜냐하면, 자유롭고 평등한 정치참여는 국민의 요구가 폭주로 발전과 정부 능력에 위기를 가져온다는 것(S. Huntington)

▶ 발전도상국 정치발전 위기
· 일체성 위기(identity crisis) → 국민이 국가와 동일체감 유무
· 정통성 위기(legitimacy crisis) → 권위의 정통성과 정부의 책임 동의 확보 유무
· 침투 위기(penetration crisis) → 통치력, 행정력의 사회저변에 미치는지 유무
· 참여 위기(participation crisis) → 정부 정책에 영향력 행사 위해 광범위한 참여 요구 쇄도가 기존 정부기구에 심각한 긴장초래
· 통합 위기(integration crisis) → 상이한 이익집단의 요구에 따른 전체 정치체계의 통합 유무
· 배분위기(distribution crisis) → 재화나 가치배분에 있어 정치권력 행사 문제

iii) 정치적 리더십의 과도화 현상
- personality 부각

iv) 영토분쟁
- 국가형성과정에서의 문제점

② 권위주의 성격(Juan Linz)

i) 어떤 특정 심리상태는 가져도 체계화된 정치적 지도이념 없다
ii) 제한된 범위의 다원성
iii) 책임감이 없다
iv) 어떤 특정 발전시기를 제외하고는 국민의 참여를 바라지 않고 국민의 묵종을 바란다
v) 정치지도자들의 활동범위가 명확치 않다
- 법과 제도가 지배하는 것이 아닌, 인물에 의해서 지배되는 형태이다

③ 제3세계 정치체제 6분류(E. Shils)

i) 정치적 민주주의
- 정기적인 보통선거를 실시한다
- 3권분립
- 자유로운 여론
- 정부권력 제한(행정부의 영도력이 제도에 의해서 제한을 받는다)
- 시행된 나라 → 인도, 이스라엘

ii) 후견적 민주주의
- 민주제도를 지탱할 수 있는 조건의 미성숙 단계
- 안정된 정부 유지, 근대화 추구
- 행정권이 지배적 영향력
- 입법부나 정당·여론이 제한 받음

iii) 근대화를 추진하는 과도체제

iv) 근대화를 추진하는 군부 과도체제
- 군민관계, 유신체제
- 일종의 개발 독재체제
- 급속한 근대화를 이루는 효율적, 급진적이고 안정된 정부

v) 전체주의적 독재체제
- 전체주의적 이데올로기
- 반제국주의
- 군부의 정치개입 반대

vi) 전통적 과도체제
- 헌법·법률보다 관습에 의한 왕도정치
- 근대적인 대규모의 관료기구가 존재하지 않는다

2. 경제적 특징

① 식민지 경제구조

- 경제적 잠재력(자연자원, 부존자원 풍부, 풍부한 수량, 넓은 경작지)
- 3 : 1로 제3세계가 우위
- 1977년 당시 보크사이트 47%, 주석 85.1%, 원유(생산 51.6, 매장 71.8%), 천연가스 43.2%, 천연고무 98.3%
- 이런 잠재력에 비해 자본과 기술이 부족한 것이 제3세계
- 역사적으로 제3세계 경제는 plantation economy(식림경제) → 자본과 기술은 선진국이 독점, 원료는 제3세계의 필요가 아닌 선진국이 필요해 관리

- 원료는 지하자원, 농산물(커피, 코코아, 설탕 등) → 일종의 식민지 상품
- 1960년대부터 등장한 것이 자원보호
- 제3세계에서 생산하는 석유와 동(銅)의 비율의 70%, 선진국이 장악
- 그래서 이에 대응책으로 OPEC(석유수출국기구), CIPEC(동(銅)수출국 정부간 협의회) 결성

② 전통적인 경제구조(1960년대 기준)

i) 주로 1차 산업 중심
- GDP(국내총생산+ 외국자본 포함) ↔ GNP(국민총생산)
- 쿠웨이트 GDP가 80%, 인도네시아 48.9%, 말레이시아 35.2^, 사우디아라비아 →석유 50%
- 미국은 1차 생산 품량이 세계 5.5%, 프랑스 5.5%, 일본 5.7%
- 1차 상품 중 식량부분을 많이 생산(석유, 동, 우라늄, 커피, 코코아에 의존)

ii) 전통적 인습에 의한 경제운용(가부장적, 상습적)

iii) 식량 부족과 인구과다
- 제3세계 총인구가 70%
- 세계 공물 재고(在庫) → 52%(미국)
- 선진국이 공물에 대한 생산 초과가 94^로 예상
- 제3세계 부족량 73%, 이에 비해 인구증가율 높다
- 선진국 1~1.9%, 제3세계 2.5~3%

iv) 낮은 생활수준

- 1982년 개발도상국 158개국
- 소득분배체제가 낮다

③ S. Amin : 제3세계 경제구조 특성 분류

i) 부문간 생산성의 불균형
→ 전(前)자본주의적, 자본주의적, 또는 전(前)근대적, 근대적 산업부문이 공존하는 이중구조로 봄

ii) 경제체제의 비관련성
▶ 선진국은 산업부문과 유기적 관련 맺음
- 1차산업이나 에너지산업은 기초산업에 원료공급
- 이 기초산업은 경공업이나 농업부문에 공급
- 경공업이나 근대 공업부문은 최종소비자에게 공급
- 이것이 각 부문간 체계적이라는 것
▶ 제3세계는 1차산업을 외국에 수출하고 반제품은 외국으로부터 수입하여 그것을 가공하여 소비자에게 배분
- 수출 → 경공업, 수입 → 중화학제품
- 싼값으로 수출하여 비싸게 사드려 국민에게 배분해 준다는 것
- 대기업이 외국에 나갔거나 외국의 다국적기업과 관련됐다는 것
- 외부로부터 지배를 받을 수밖에 없다는 것

④ D. Senghaas 분류

i) 1차산업 중에서도 원료를 수출하는 특수한 분야만이 실적이 있다는 것
- 제3세계 경제구조는 1차산업이 강하다고 하는데, 그 중 특수한 것만 수출(말레이지아 → 보크사이트)

ii) 대중소비재의 생산이 고급 사치성 생산재의 수입 또는 고급 사치성의 국내 생산에 비하여 훨씬 못 미치는 낙후된 상태

iii) 생산재의 자체생산을 위한 경제영역이 결여되어 있다
- 이것은 기계설비 등을 생산하지 못한다는 것

iv) 중간재 생산의 저조와 부진

v) 교육이나 건강에 필요한 집단적 소비재의 개발이 균형 있게 발전되어 있지 못하다는 것

3. 사회적 특징

① 민족적인 비통합

i) 식민통치로부터 유래
- 통합된 민족주의가 싹틀 수 없다
- 민족 문화, 언어 말살 → 민족적 비통합 원인
- 식민통치 정부에서 그 지역 elite 배제
- 일반 정치 참여도 배제

ii) 이렇게 모든 민족 문화나 언어의 말살 이후 해방은 민족적 동질성 없는 참여 폭발
- 소수민족의 집합문화
- 인종에 따른 혼합문화
- 독선적인 정치체제
- 아프리카의 일당독재
∴ 결론적으로 식민통치와 동질성 없는 해방 등이 민족적인 비통합의 사회구조를 가져왔다

② 가치관의 비통합

i) 이데올로기적으로 민주주의냐 사회주의냐, 군부정치냐 민간정치냐, 도시와 농촌, 엘리트와 Mess, 보수세력과 진보세력 간의 비통합

ii) 근대화가 가치관의 비통합 원인
- 즉 근대화로 인한 도시화, 산업화, 세속화, 사회적 유동성이 나타남

구분	도시화	산업화	세속화	사회적 유동성
내용	-농촌, 가족 유대 및 친족 파괴 -전통적 가치관 및 가족제도 파괴	-전통적 직업의 안정성이 무너짐 -작업관행 파괴 -이농현상 -지나친 빈부격차	-전통적 가치가 파괴 -가치관 파괴	-상대적 빈곤감 -메스콘 발달로 인한 빈곤감 -상류사회 -자본주의사회

③ 행동의 비통합

i) 국민과 지도자의 의사가 다른 점
ex) 미국 → 시민의 참여, 영국 → 이해의 동일
제3세계 → 국민 이익과 지배자 이익이 다른점

ii) 상하구조의 통합성이 결여

iii) 지도자들이 재야(在野)에 있을 경우 국민들과 일체감을 가지나, 정권을 잡으면 국민들과 다른 행동을 가진다

제9절 관료적 권위주의체제 (BA체제)

1. 개요

- 관료적 권위주의(bureaucratic authoritarianism, 官僚的 權威主義)는 1970년대 미국·남미에서 일어난 지식의 산물
- 발단: 아르헨티나 소장학자 G. O'Donnell이 박사학위 논문을 수정·보완하여 1973년 "근대화와 관료적 권위주의"의 저서 발표
- 이 책 출판 이후 BA체제 연구가 시작
- BA체제는 경제적으로 낙후된 곳이 아닌, 주변자본주의의 산업화가 괄목할 만한 진행 중에 일어났다

2. BA의 등장배경

① 3가지 정치체제 유형 경로

i) 과도적 정치체제
- 정치적 경쟁이 제한된 범위 내에서 이루어진다
- 1차 상품 수출 부문의 elite가 국가를 지배한다
- 이들의 요구에 맞게 공공정책이 실시된다
- 민중부문이 활성화되지 않았다

ii) 민중주의적 정치체제
- 정치체제가 경쟁적이고 민주주의다

- 산업elite, 도시의 민중부문을 포함한 도시 산업 부문의 이해를 대변하는 중다계급동맹(multi-class Coalition, 重多階級同盟) 형성
- 경제적 민족주의
- 소비재 지향적인 산업화 단계
- 국가는 직접적으로 국내 산업을 지원하여 간접적으로 민중부문의 소득을 높여서 국내 소비재 시장을 확대한다

iii) 관료적 권위주의체제
- 정치적·경제적 경쟁이 배제적이고 비민주적
- 지배계급은 군인과 민간인을 포함한 고위 기술관료
- 지배계급은 해외자본과 밀접한 관계를 갖고 있다
- 경쟁적인 선거제도 폐지
- 민중부문의 정치참여 통제
- 고도의 산업화 추진에 관심을 가진다
- 이러한 체제는 1964년 이후 브라질, 1970년 이후 아르헨티나, 1973년 칠레, 1980년 이후 멕시코 등이 관료적 권위주의 국가에 해당된다

② 남미(南美)의 사회경제적 변동

i) 산업화
- 소비재 생산으로 이행
- 잇따라서 중간재와 자본재를 포함한 산업화의 '심화'(deepening)
- 이는 산업화를 이룬 여러 자본주의 경제가 국제자본과의 긴밀한 연관 속에서 생산구조에 좀 더 높은 수직적 통합을 성취하는 것
- 초기에는 노동자와 산업자본가의 이해관계가 결합된다
- 나중에는 국제수지 적자, 해외 부채, 인플레 때문에 정부는 민

중부문의 분배에 신경 쓰지 않는다
- 다국적기업과 제휴

ii) 민중부문의 활성화
- 민중부문이 양적으로 팽창
- 정치적 활성화도 증대된다
- 민중부문의 세력이 새로운 정책에 도전한다(strike 확대)

iii) 기술관료의 역할
- 공공 및 민간 관료조직에서 기술관료의 역할 증대
- 민중부문의 높은 수준의 정치화가 경제성장 부문의 장애요인이라고 생각
- 군부가 정치에 개입하게 된다
- 군부 내의 기술관료와 민간부문의 기술관료의 의사소통 증대
- 기존의 정치경제적 욕구불만이 생기면 쿠데타(coup d'État)가 일어난다
- 이로써 관료적 권위주의체제가 수립된다

③ BA의 등장배경

i) 1930년 경제공황을 극복하기 위한 수입대체공업화(ISI) 실시
- 노동집약적 소득 확산
- 인구의 도시 유입
- 농촌에 기반을 둔 토착세력이 약화
- 반면에 노동자들이 자본가와 연합하여 민중세력으로 등장

ii) 수입대체공업화 정책의 실패
- 소비재의 국내생산을 위한 원자재, 생산재 등의 수입증가
- 국제수지의 악화

- 인플레이션 증가

iii) 위기 현상 극복을 위한 생산구조의 질적인 심화
- 소비재 산업뿐만 아니라 중간재, 생산재의 육성
- 생산구조의 질적 심화

iv) 민중부문과 지배세력의 갈등
- 민중부문은 내수 시장의 육성을 통한 내부지향적 발전(농업개혁 등)
- 지배계급은 외자도입에 의존하는 외부지향적 갈등
- 민중부문의 소비억제 등 긴축정책

v) 생산 구조의 심화를 위한 막대한 자본과 기술 필요

vi) 국제자본과 기술의 유입을 위한 체제의 안정화 모색
- 노사분규 등 사회갈등 억제
- 국제자본의 이익을 존중하겠다는 정부의 의사

vii) 그러나 민중부문이 공업화 과정에 따라 정치적으로 활성화 되어 있는 상황에서는 정치과정이 이와는 반대로 전개된다

viii) 정치구조와 경제구조의 기능적 상반성

ix) 이런 딜레마 상황에서 군부와 관료집단들의 쿠데타 연합

∴ 이런 것들이 민중부문의 종지부를 설정케 해주는 요인

3. BA체제의 특징

① 일반적 특징

i) 중요한 사회적 기반은 대중자본
- 따라서 사회의 경극화 현상 초래
- 소득이 중상층 이상에 집중

ii) 조직운영 방식이나 정책결정 방식은 관료중심의 기술합리성 추구
- 능률적이고 효과적인 목표설정
- 정치사회의 모든 것이 관료집단에서 기술적으로 유도
- 사회가 탈정치화 된다

iii) 민중의 정치적 자율성 배제
- 민중이 정치에 영향을 미칠 수 있는 자율적인 사회조직의 철폐
- 정치적인 잠재집단의 조직기반이 해체되거나 무기력해진다
- 선거제도와 같은 민중정치 과정이 왜곡되거나 철폐
- 대중이 정책결정에 참여하는 접근 통로가 차단

iv) 민중의 경제적 참여 배제
- 민중부문에 대한 경제적 배제와 경제의 정상화를 통한 경제성장과 산업구조의 심화촉구
- 계획적인 경제성장 정책
- 생산구조와 국가의 획일화
- 사회안정과 경제성장이 생산관계에 있다고 강조

v) 정당성(정통성) 결핍
- 국민의 지지기반 약화
- 권력이 국민위에 존재
- 관료집단이 국민을 지배한다는 생각을 가지고 있다
- 성장의 과실이 선별적으로 분배

vi) 억압의 사용
- 사회는 폭력집단이 굉장한 힘을 가진다
- 폭력전문가 → 정부기구

② 다른 특징

BA체제는 포괄적이고, 동태적, 침투적, 관료적, 기술적이다

i) 포괄적 → 국가가 통제하거나 직접 조성하는 범위가 넓다
ii) 동태적 → 사회전체의 성장률에 비해 국가의 성장률이 크다
iii) 침투적 → 다양한 민간영역을 국가에 종속시키는 것
iv) 관료적 → 국가 자체의 구조들에 불화(전문화)가 크다
v) 기술적 → 형식적 합리성을 위해 효율적인 기술을 적용하기 때문에 전문가 힘의 비중이 크다

4. BA 모델의 비판

i) 개념의 모호성
- 변수들의 인과관계가 모호
- 정치행동의 비활성화, 경제정책의 실적, 정치세력의 연합, 엘리트들의 단합 등의 변수가 어떠한 비교자료에 의해서 분석되지 않았다

- 즉 브라질의 경우를 일반화시켰다

ii) 남미의 어떠한 권위주의체제도 성장전략을 추구하기 위해서 수립된 것은 아니다
- 이러한 종류의 전략이 권위주의체제를 주도하지만, 군 장성이나 관료들이 이런 의도로서 BA를 만들어낸 것이 아니다

iii) 자동차 같은 내구성 상품의 붐은 BA체제가 들어서기 이전에도 이 체제와 아무 관련이 없는 곳도 있기 때문이다
- 이것은 BA 특징과 관계없다

iv) 심화가설의 문제점
- 산업은 수직적으로 통합
- 심화과정은 민주과정으로서도 적극 추진
- 따라서 심화는 BA만 있는 것이 아니다
- 심화는 BA체제의 주된 관심사는 아니다

v) 기술관료가 BA체제의 필수적인 조건은 아니다
- ex) 우루과이는 대규모의 기술관료가 없어도 기술관료적 정책지향이 가능했다

vi) 정치체제의 유형과 산업화의 국면 사이에 일률적인 관계가 있는 것은 아니다
- 즉 민중주의 체제가 초기산업과의 단계에서 나타났고 후에 BA가 나타났다
- 그런데 민중부문의 억압은 고도의 정치질서 속에서도 나타난다
- 따라서 이는 잘못이다

vii) BA체제의 형성과 생존이 다국적기업과 같은 해외투자가들의 차원에만 의존했던 것이 아니다

5. BA체제의 한국에 대한 적용성

- 유신체제와 BA체제의 특징과 항시한다 → 같은점
- 남미와 한국의 다른점

i) 남미는 BA체제가 등장하기 이전에 경제적 위기가 있었다
- 한국은 경제적으로 가장 성장일로에 있을 때 BA가 등장
ii) 남미는 수입전환적 공업화정책
- 한국은 수출위주의 공업화정책
iii) 민중부문의 활성화면에서 남미는 활성화되어 있었다
- 한국은 제2공화국 외는 대부분 활성화되지 않았다
iv) 남미의 BA체제는 쿠데타와 동시에 출발
- 한국은 쿠데타와 같은 과격한 방법이 아니라 유신체제와 같은 제도적 개혁으로 BA체제 출발시켰다

제10절 군(軍)

1. 군의 분류

(1) 직업적 군(professional military)

- 군으로서의 집단정신과 공리적 가치에 기반한 합리적 직업으로서의 세속성

- 폭력관리자로서의 전문적 기술 등을 가지고 있으며
- 군에로의 충원과 승진은 오로지 전문적 기술에만 의존하는 군

(2) 집행관적 군(praetorian military)

- 군으로서의 집단정신은 있으나 그 내부는 응집성이 약하고
- 폭력관리자로서의 전문적 기술은 직업적 군에 미치지 못하며
- 사회와 국가에 대한 정치적 중립성도 약한

2. 집정관적 군의 정치개입 형태

(1) 조정형(moderators)

- 정부정책의 광범위한 분야에 걸쳐 거부권을 행사하나, 직접 정부를 통제하지는 않는 군
- 현상유지를 지지하고 안정과 질서를 강조

(2) 지배형(rulers)

- 민간인 정부를 전복시키고 직접 정부를 통제하는 군
- 혁명(革命)위원회나 정당(政黨)을 만들어서 통치

3. 군이 정치에 관여하는 이유

(1) 사회적 요인(객관적 요인)

① 국가적 통일의 결여 : 권력계승 절차 등 주요문제에 대해 사회적 합의가 결여된 경우
② 대중정당의 미발달과 정치가의 무능

③ 낮은 수준의 정치문화

(2) 군 내부의 요인(주관적 요인)

① 군의 정권장악 능력 : 중앙집권적 명령체계, 엄격한 위계질서와 기강, 광범위한 통신수단 등
② 군 개입 동기 : 사명의식이나 한 계층, 종족, 또는 군 자체의 이익보호를 위해 개입

4. 군부의 정치화 과정

(1) 정치장악과정

▶ 노드링거(E. A. Nordlinger)는 권력을 장악한 후에 군인들의 행동이 권력장악 그 자체보다 더욱 중요하다고 생각

i) 중재자형(moderators) : 정치과정에서 거부권을 행사하지만 직접 정부를 통제하지는 않는다
- 주도세력은 군이 아니라 민간인이므로 군부의 강제력이 저하되며 현상유지적인 정치 및 경제목표를 설정
ii) 후견인형(guardians) : 군이 직접 정부를 장악·통제하나 군과 민의 연립정부 형태를 띠며 民에 대한 軍의 統制가 앞선다
- 민간정치의 문제를 해결하는 과정은 현상유지의 차원에서 정치경제적 목표를 수정하며 통치하되 2~4년의 단기간에 그침
iii) 통치자형(rulers) : 직접적으로 정치권력을 장악하며 그들의 뜻대로 정치구조를 개조하며 때로는 사회경제적 변동까지 시도한다
- 여기서는 군의 실제 지배가 이루어져 군부주도의 정치 및 사회적 변화를 추진한다

<군부통치의 유형과 특성>

내 용	중재자형	후견인형	통치자형
권력행사	간접통제(비토권)	정부통제	정권지배
정치 및 경제목표	현상유지	현상유지 또는 오류와 결함의 시정	정치 및 사회경제적 변화추구
주도세력	민간주도	군·민 연립	군부주도
체제의 권위주의적 성격 (강제력)	하	중	상

- 무엇보다도 중요한 점은 정치체제하에서 정권의 하수기관으로 종속적인 위치에서 정치화되고 정치에 개입하게 되었던 군부세력이 이제는 직접적인 정치세력으로 등장하게 되었다는 사실이다
- 군부의 정치화 그 자체는 이미 정치체제하에서부터 군의 정치도구화라는 형태로 이루어지고 있었던 현상이었으나 이제는 그 성격이 본질적으로 바뀌었던 것이다.

(2) 군부정권의 등장

- 군부정권의 등장은 정치사회적 유인조건과 군부의 권력충동에 의한 신직업주의가 승수작용한 결과
= 군부 쿠데타는 치밀한 사전계획과 포섭공작에 의해 추진되었다고 볼 때 주모자들의 권력동기가 주요 동인이었다
- 따라서 한국에서 군부의 정권장악과 집권과정은 전통적인 구(舊)직업주의의 윤리를 박탈한 신(新)직업주의로서의 권력동기에 있었다

- 이런 비교적인 관점에서 그것이 헌팅턴이 강조하는 구(舊)모델이건 스테판이 강조하는 신(新)모델이건 간에, 제도로서 혹은 파벌로서 군부의 일치된 연대감을 기초로 하고 있음

〈구직업주의와 신직업주의비교〉

내 용	구직업주의	신직업주의
군의 기능	대외적 방위	국내안보
정부에 대한 민간인의 자세	민간인이 정부의 정당성 인정	사회의 일부분이 정부의 정당성에 도전
요구되는 군부의 기술	정치적 기술과 양립할 수 없는 고도의 전문화된 기술	고도로 상호연관된 정치적·군사적 기술
직업군인의 행위 영역	제한적	무제한적
군사문화의 사회화 되었을 때의 영향	군의 정치적 중립	군부의 정치세력화
민군관계에 대한 영향	비정치적 군부와 민간인의 통제에 공헌	군사-정치적 관리자주의와 역할의 팽창

제 12 장 국제정치론

제1절 국제정치의 이해

1. 정치변동의 본질

(1) 국제정치

① 국제정치(international politics)란 국가 밖에서 국가 사이나 국가와 다른 단체 사이에 일어나는 정치를 말함
② 국제정치학은 정치학의 한 분야로서 주권국가간에 파생되는 전쟁과 평화, 갈등과 협력의 원인·과정·결과에 관한 연구와 분석, 나아가 문제의 해결책을 처방하려는 학문

(2) 국제관계와 국제정치

① 국제관계(international relations)는 정부의 관련여부를 불문하고 여러 구성원들 간의 모든 형태의 상호작용을 의미
② 국제정치란 국제관계 중에서도 공적인 상호관계, 즉 각국

의 사적 기관과 개인 간의 교류나 관계가 아닌 국가 간의 상호작용을 말하는 것으로 국제관계의 가장 중요한 영역임

2. 국제정치 연구방법 및 이론

(1) 이상주의(idealism)

- 국제정치현상을 이해하려는 시도는 제1차 세계대전의 발발을 계기로 이상주의(idealism)학파에 의해 최초로 이루어짐

① 이상주의학파는 국제연맹의 창설에 자극받아 국제기구 및 국제법에 대한 연구를 중심으로 하는 법적·제도적 접근방법을 취함
② 인간의 본성을 본질적으로 선한 것으로 파악하여, 상호협력과 협조를 통한 전쟁의 방지가 가능하다고 여김
③ 나아가 국제관계는 평화적 방법으로 해결되어야 하며, 해결될 수 있다는 낙관적 견해를 가짐

(2) 현실주의(realism)

- 현실주의 는 1930년대 말과 1940년대에 등장하여 '권력과 안보의 정치'에 명확한 초점을 둠
① 현실주의는 세계정치체제의 준무정부주의적(準無政府主義的)인 본질과 국가안보에 대한 국가들의 필연적인 관심을 강조
② 현실주의의 인간관은 인간행태가 이기적이며 사악한 것이라는 불변의 전제에 있음
③ 국가가 주된, 혹은 가장 중요한 국제정치의 단일한 행위자이고, 또 본질적으로 합리적인 행위자이며, 국가안보는 늘 우

선시 되어야한다는 입장을 견지
④ 1960년대 말 상호의존론에 의하여 강하게 비판되었으나, 1970년대 말과 1980년대 초 신현실주의(neorealism)라는 이름으로 재등장함
- K. N. Waltz, R. Gilpin등이 대표적 신현실주의 이론가

(3) 다원주의(pluralism)

- '상호의존과 초국가적 관계에 관한 정치'에 기초를 두고 세계체제에 있어 다수의 정치적인 활동 집단들의 공존과 상호작용에 초점을 맞추는 이론으로 현실주의 시각을 비판하며 등장
① 자유주의와 동의어로 사용되기도 하는데, 자유주의 이론은 지역통합이론에서 상호의존론으로, 그리고 신자유주의 이론으로 발전
② 다원주의 시각은 민족국가가 세계정치체제에서 유일하게 중요한 행위자라는 현실주의 시각에 도전하면서 초(超)국가적 관계를 강조함
③ 또한 국가안보의 쟁점이 민족국가의 의사결정 의제를 지배해야한다는 데에 의문을 제기하며, 국제정치의 의제도 군사·안보의 쟁점에서 벗어나 확대되어야 함을 주장

(4) 글로벌리즘(globalism)

- 구조주의라고도 불리는 연구방법으로 현실주의나 다원주의와는 근본적으로 다른 철학
- 즉 '지배와 종속의 정치'라는 시각에 기초함
- Marx나 Lenin 등의 이론에 지적 기반을 두고 A. G. Frank와 S. Amin의 종속이론을 거쳐 1970년대 중반부터는 I. Wallerstein의 세계체제론으로 발전함

① 국제관계분석의 출발점은 국가들과 여타 실체들이 상호작용하는 범세계적 맥락이라는 것을 가정
② 국제체제를 이해하는 데 있어 역사적 분석의 중요성을 강조
③ 제3세계의 발전을 정체시키고 세계적 불평등발전에 기여하는 독특한 '지배 메커니즘'의 존재를 가정
④ 경제적 요인들이 세계자본주의 체제의 기능과 진화, 그리고 제3세계의 종속 등을 설명하는 데 중요한 변수라고 지적

(5) 국제관계의 세 가지 패러다임의 비교

<국제관계의 세 가지 패러다임>

구분 패러다임	현실주의	다원주의	글로벌리즘
분석단위 (행위자)	국가 (statecentric)	국가와 비국가 조직 (multicentric)	세계자본주의 체제의 부분인 계급·국가·사회·비국가행위자 (globalcentric)
행위자에 대한 인식	국가는 단일한 행위자	국가는 다양한 요소들로 구성되며, 그것의 일부는 초국가적으로 작용	국제관계는 역사적 시각을 통해 관찰되며, 특히 세계자본주의의 계속적인 발전을 관찰
행태적 동인	국익과 국가목표를 극대화하는 합리적 행위자	외교정책수행과 초국가적 과정은 갈등·협상·연합·타협을 통해 이루어지며, 반드시 최적의 결과를 초래하지는 않음	사회들 간의, 사회내에서의 지배와 유형 분석이 초점

중요 쟁점	국가안보문제	사회·복지·경제 등 다양한 의제	경제적 요인
과 정	국가이익의 경쟁적 추구	범세계적 문제의 관리	착취와 종속
결 과	무정부적 사회 내의 제한된 질서	다두정치적 사회내의 규칙지배적인 행위	중심·주변구조 내에서의 투쟁
국제관계의 본질	세력균형	상호의존	지배와 종속
이미지(image)	당구공 이미지 (billiard ball)	거미집이미지 (cobweb image)	-
게임(game)	제로섬 게임 (zero-sum game)	포지티브섬 게임 (variale or positive-sum game)	제로섬 게임

<국제관계에서 패러다임들의 주요 강조점>

	동·서 (제1·제2세계)	남·북 (제1·제3세계)	서·서 (제1·제1세계)
경제적 차원		글로벌리즘	
정치·이데올로기적 차원	현실주의		다원주의

제2절 국제관계의 변화

1. 국내정치와 국제정치

- 오늘날에는 다음과 같은 이유로 인해 국내정치와 국제정치 간에 연쇄현상이 등장함

- 기본적으로 국내정치와 국제정치 간의 '상호의존성'과 '상호침투성'이 증대

(1) 전략, 자원, 기술, 무역 등을 둘러싸고 여러 국가들 사이에 상호의존의 관계가 깊어짐으로써, 국제관계가 긴밀한 이해관계의 중첩상황을 보이게 됨

(2) 국가 이외의 주체(non-state actor)가 국제관계에 등장하게 됨
- 대표적인 것이 비정부조직(non-governmental organization)
- 이러한 NGO에 의한 국경을 초월한 초국가적인 운동이 활발해짐

(3) 냉전체제의 와해로 군사력에 의한 위협의 룰(rule)이 기능마비를 보이게 되고, 그 결과 국제정치가 타협의 룰을 더 필요로 하게 되었다는 점

2. 국제정치체제의 변화

(1) 세력균형체제(balance of power system)

- 1815년 비엔나 회의 이후 유럽에서 나타났던 체제로 현상유지를 위해 특정 국가가 패권을 장악하는 것을 방지하려던 특성을 보이던 체제

(2) 양극체제(bipolar system)

- 국제정치의 각 행위자들이 우월한 힘을 가진 「두개의 지배적인 행위자를 중심으로 나뉘어 대립하는 국제적인 힘의

질서를 의미
- 즉 제2차 대전 후의 미·소를 중심으로 하는 양극체제가 그것

(3) 다극체제(multipolar system)

① 지배적인 행위자가 셋 이상이 되어 이들 셋 이상의 국제 행위자들에 의해 힘이 분산되어 있는 상황을 의미
② 오늘날에는 경제 분야에서의 다극화현상이 두드러짐
- 탈냉전, 동서화합의 구조 아래서는 군사력의 한계효용 감소와 상호의존성의 증가 때문에 경제 분야에서의 경쟁이 치열해짐

제3절 국제정치의 주체

1. 국제정치의 행위자

- 전통적으로는 민족국가가 주체였으나 오늘날에는 많은 변화가 초래됨

(1) 국가

① 여전히 가장 중요한 국제정치의 행위자
- 국제 사회는 통일적인 권력이 존재하지 않으며, 독립된 주권국가들의 상호관계 속에서 운영된다는 점에서 국가는 그 중요성이 큼

② 국제법상 국가는 정부의 통제 하에 있는 일정한 영토와 인구를 가지며, 외교관계에 종사할 수 있는 실체(entity)를 의미

(2) 정부 간 국제기구

- 국제기구는 구성 국가들의 안보, 경제, 문화 등 각 분야에서 상호협력을 촉진하기 위한 제도적 장치로서 국가의 범주를 넘어서는 조직체를 의미
- 대표적인 것이 국제연맹과 국제연합이며 이외에도 집단안보기구와 각종 경제기구들이 이에 속함

(3) 비정부 간 국제기구(NGO)

- 구성원이 국가를 대표하는 정부가 아니며 국경을 초월한 기구로서 정부를 대표하지 않는 개인이나 집단들로 구성
- 국제적십자, 국제노동기구(ILO) 등이 대표적

2. 국제정치와 외교

(1) 외교의 개념

① 외교(diplomacy)란 한 국가가 다른 국가나 조직과의 관계에서 자기 나라의 국가이익을 추구하는 활동을 의미
② 국제관계에 있어서 각 국가들의 이견이나 분쟁을 조정, 해결하여 자국의 이익을 증진시키는 평화적 방법이 외교
③ 외교는 국가 간의 정치적 관계뿐만 아니라 경제적, 사회적, 문화적인 모든 영역에서 국제관계를 대상으로 하는 넓은 영역에 걸쳐서 성립

(2) 외교의 방법
- 외교는 협상(negotiation)이라는 평화적 방법으로 이루어지는 데, 협상에는 설득, 타협, 위협 등 3가지 방법이 이용

① 설득이란 서로 이해관계가 다른 경우 자국의 입장을 설명하는 것
- 상대국이 그것을 이해하고 나아가 자국의 요구를 수용하도록 하는 것을 의미
② 타협이란 서로가 당초에 갖고 있는 대상이나 조건에 대한 요구를 변경케 하기 위함
- 서로 양보를 하여 협상을 성사시키는 것을 의미
③ 위협이란 경제적, 군사적, 정치적 형태의 실력행사를 가하는 것
- 엄포로 자국의 입장을 관철시키는 것을 의미

(3) 외교정책의 결정요소
- 한 나라의 외교정책을 결정하는 요소로는 대개 ① 그 나라의 지정학적 조건 ② 역사 ③ 국내정치의 안정성 여부 ④ 정부형태 ⑤ 당시의 국제적 환경 등이 있음

제4절 국력

1. 국력의 의미
- 국력이란 국가의 힘(power)또는 국가능력(capabilities)의 총합
- 한 국가가 국제사회에서 자국의 독립과 안전을 유지하기 위해, 또는 여타의 국가적 이익을 추구하기 위해 타국이 취하

고 있는 정책에 영향을 미치거나 타국의 행동을 지배할 수 있는 능력을 의미

2. 국력의 구성요소

(1) 국력은 어떤 단일한 요소로 구성되는 것이 아니라, 한 국가가 가지고 있는, 또는 동원할 수 있는 인적·물적 자원과 그 자원을 실제로 행동에 옮길 수 있는 기능과 같은 종합적 요소
- 즉 경제력 군사력, 천연자원, 국민의 의욕과 능력, 정부의 질과 지도력, 외교 기술 등을 종합한 요소로서 구성됨

(2) 국력의 구성요소(Hans J. Morgenthau)

① 지세(地勢)
② 식량과 원료와 같은 천연자원
③ 공업능력
④ 군비(軍備)
⑤ 인구
⑥ 국민성
⑦ 국민의 사기(士氣)
⑧ 외교의 질
⑨ 정치의 질

- 이중 지세와 천연자원은 물적 요소이며, 공업능력과 군비는 물적 요소와 인적 요소가 결합된 것이며, 나머지는 모두 인적요소에 해당

3. 국력 평가의 난점

(1) 국력구성 요소의 다양성 및 국력의 개념과 요소에 대한 학자들 간의 견해 차이

(2) 계획화할 수 없는 국력의 질적 요소로 인해 구체적 평가가 어려움

(3) 국력구성 요소의 비공개성으로 인한 측정의 곤란

(4) 국력은 상대적으로 평가할 때 의의가 있다는 측면

(5) 국력구성요소의 복합적 작용으로 국력은 가변적이기 때문

제5절 국제정치의 주요 쟁점

1. 국제정치와 안보

- 전통적으로 국가안보의 문제는 현실주의적 시각에서 다루어져옴. 무정부적인 국제환경에서 국가가 생존을 보장받기 위해서는 군사력을 주축으로 한 국력을 신장하고, 신축성 있는 국방·외교정책을 펼쳐나가야 한다는 것

- 최근 들어 이상과 같은 현실주의적 안보관에 대해 비판적 시각이 대두되고 있음

(1) '국가안보 = 군사안보'라는 등식에 대한 반발
- 국가안보의 개념은 각 나라마다의 특수성에 비추어 맥락적으로 이해해야 함
- 더욱이 냉전구조의 청산이라는 새로운 국제질서는 군사전략 우선주의에 근거한 현실주의 안보관의 설득력을 약화시킨다는 것

(2) 군사전략적 안보에 대한 과도한 집착과 맹목적 군사력의 증강은 경제적 탈진을 가속화시키고 국민적 합의를 저해하여, 궁극적으로는 총체적 국가안보에 해를 끼칠 수도 있음

(3) 앞으로의 안보논의는 국내정치구조, 사회구조, 그리고 정책능력 등 국가안보의 효과적·체계적 운용을 가능케 하는 관리변수 중심으로 논의되어야 함

2. 국제정치와 경제

- 1970년대 이후 데탕트가 진행되고 경제문제를 둘러싸고 분쟁이나 마찰이 일어나자 경제문제는 국제정치상의 주요 관심사가 되어, 이른바 '경제의 정치화'가 이루어짐
- 다음은 경제의 정치화 현상의 내용이 되는 구체적인 지표임

(1) 경제의 고차원화 혹은 고위 정치화 현상발생

- 경제의 고차원화란 높은 정치수준에서 경제문제가 의제가 되고 교섭된다는 것
- 서방선진 7개국 정상회담이 대표적인 예

(2) 국내문제와 국제문제의 상호침투의 정치현상 발생

- 경제의 정치화는 국가와 국가 간의 마찰·긴장인데, 그것은 국내문제의 반영이라는 의미가 함축
- 오늘날과 같은 국가 간의 상호의존관계의 심화현상이 두드러진 때에는 국내정치와 대외정책의 구별을 짓기가 더욱 힘들어짐

(3) 연계정치(linkage politics) 현상의 발생

- 경제문제가 그것과는 아무런 연관이 없는 별개의 문제와 결합되고 교섭과 논의의 대상이 되어 가는 현상을 의미
- 예컨대 안보문제와 통상문제의 결합이 대표적인 경우
- 북핵문제에 대한 미국의 반응 등

3. 남북문제

(1) 남북문제의 의미

- 남북문제란 일반적으로 주로 남반구에 위치하는 발전도상국과 주로 북반구에 위치하는 선진공업국간의 현격한 경제격차의 존재로 인해 야기되는 제반 국제문제를 의미함

(2) 남북문제의 주요이슈

- 후진국의 입장을 대표하는 UNCTAD와 선진국의 입장을 대변하는 OECD를 통해서 논의되어 온 중심과제는
① 외채누적 문제

② 경제원조의 확대 문제
③ 일차생산품 문제
④ 특혜관세 문제 등

(3) 남북문제가 별다른 진전 없이 공전을 되풀이 하는 것은 국제정치가 궁극적으로 힘에 의한 권력투쟁의 양상을 벗어나기가 어렵다는 것을 의미
- 오늘날 남북문제는 정치와 경제의 연계현상, 즉 경제문제의 정치화가 현저함에 다라 세계경제체제의 안정을 위해서도 그 중요성을 더해가고 있음

제6절 통합의 국제정치

1. 통합이론

(1) 통합의 개념 - 통합(integration)이란 부분들로써 전체를 형성하는 것이라고 정의(K. Deutsch)됨

(2) 통합이론이란 나뉘어 있거나 흩어져 있는 인간집단이 하나의 공동체를 만들어 가는 과정과 공동체가 된 후 그것을 유지하는 방법을 모색하는 것에 초점

(3) 즉 통합이란 용어는 무력이나 폭력과 같은 강압적인 수단이 배제된 상황에서 사용되는 것으로 이해되어야 함

2. 통합이론의 유형

(1) 기능주의적 접근방법

① 서로 상호작용을 하고 있는 사회 간에 발생하는 기능적인 상호관계는 공통의 통합이익을 창출하고, 이 공동이익은 두 사회를 불가분의 관계로 만들기 때문에 통합촉진의 가장 큰 요인이 됨
② 이처럼 한 차원에서 이루어진 기능적 협조관계는 다른 차원에서의 협조관계를 유발하여 궁극에 가서는 하나의 공동체가 된다는 발상
③ 현재 대부분의 통합노력은 이러한 기능주의적 접근방법에 기초
④ 어느 분야의 확산효과(spill-over)가 가장 큰가에 대해서는 학자마다 다름
- Mitrany는 기술협력분야, Hass는 경제적 통합, Kissinger는 군사동맹이 가장 유효한 출발점이 된다고 여김

(2) 신기능주의적 접근방법

① 기능적 수단을 통해서 연방적 목적을 추구하기 때문에 기능주의의 탈을 쓴 연방주의자들이라 불림
② 신기능주의는 기능적인 통합방법으로 접근한다는 점에서는 기능주의적이나, 단순한 기능주의와는 달리 의도적으로 정치성이 다분하고 정치적으로 중요시되는 영역을 택하여 훨씬 더 제도화된 통합목적을 추구한다는 점에서 연방주의에 더 가까움

(3) 연방주의적 접근방법

① 연방주의는 공동의 목적을 가진 집단(또는 국가)들이 각각 독립성을 갖고 있으면서 정치적 공동체를 형성하는 과정에 초점
② 통합의 촉진을 위해 권력수단의 사용과 같은 정치적 해결과 정치기구를 강좌며, 의사결정을 행하는 초국가적 중심부 형성을 통합의 목적으로 간주함
③ 이 방법은 제도적, 법률적 분석에 중점을 두는 것으로 국제적인 기구나 연방제도만 구축되면, 이로 인하여 지역의 통합이 급속하게 추진된다는 발상임
- Etzioni와 Friedrich가 대표적

(4) 다원주의적 접근방법

① 다원주의 이론에 의하면 정치통합은 국가 간의 평화와 안전을 유지하는 것을 목표로 하며, 반드시 상이한 국민과 정부를 하나의 단위로 합병해야 함을 목표로 삼지는 않음
② 주창자인 K. Deutsch는 비폭력적인 갈등해결, 평화적인 사회변화를 기대할 수 있는 다원주의적 사회가 정치적으로 통합된 사회이며, 이처럼 통합된 사람들의 집단을 '안전공동체(security community)'라 정의함
③ 통합에 있어 정치논리가 경제논리보다 큰 비중을 차지하므로 다원주의 이론에 있어서는 경제적 토압이 그리 큰 의미를 지니지 못함

3. 통합이론과 남북통일

(1) EC 등의 통합사례나 독일의 통일이 시사하듯 남·북한의 통합도 실현가능한 경제 영역부터 점진적인 통합을 추진하고, 상호신뢰가 구축되면 정치적 통합을 시도하는 것이 바람직

(2) 그러나 남북한의 경우에는 시장경제체제와 사회주의경제체제간의 통합이므로, 정치적 요인의 역할이 유럽보다는 훨씬 큰 비중을 차지할 것임

(3) 76년 이상의 분단으로 야기된 남북한 주민들 간의 심각한 가치간의 차이와 문화적 이질성 등을 고려할 때, 심리적·문화적 통합이 경제적·정치적 통합에 못지않게 중요한 의미를 지님

4. 독일의 통일방법

- 1969년 10월에 집권한 브란트(Willy Brandt)는 이른바 '동방정책'(Ostpolitik)을 통하여 1972년 12월 '동·서독 기본조약'을 체결함으로써 공존의 기틀을 마련
- 서독은 동·서독기본조약으로 그 때까지 인정하지 않던 동독을 국내법적으로 인정하여 '1민족 2국가'라는 특별한 관계를 설정.

- 이러한 상황에서 고르바초프(Gorbachev)는 개혁·개방정책을 구(舊)소련에서 몸소 실천하며 동구의 개혁·개방을 이끌어 냄
- 결국 동독의 주변국들인 헝가리, 체코슬로바키아, 폴란드 등이 개혁을 단행하게 되었고, 동독도 그 영향을 받게 되어 결국 평화적인 혁명으로 이어짐.

- 1990년 11월 9일에는 전후사의 최대사건으로 평가되는 베를린장벽의 철거
- 그로부터 동독공산당 중앙위원회는 자유선거의 실시, 모든 여행규제의 영구철폐, 경제정책의 전환, 보안대에 대한 의회의 감시 등 대대적인 개혁계획을 발표
- 결국 1990년 3월 18일에는 '동독 자유총선거'가 실시될 수 있었고, 총선결과 조기통일 이라는 동독인들의 염원이 집약되어 표현

- 독일인들이 취한 통일방법은 서독기본법 제23조와 제146조에 근거한 동독을 서독연방에 귀속시키는 방식
- 동독의 집권당이 적당한 시기에 의회의 결의를 통하여 서독연방에 귀속하는 결정을 내리고, 독일 국민들의 총선에 의해서 새 정부가 구성되면 독일의 통일은 완전히 끝난다는 것

- 또한 독일통일의 가장 큰 걸림돌이었던 미·영·불·소 4연합국들도 1990년 9월 12일 모스크바에서 이른바 '2+4회담'을 통해 독일의 통일을 승인
- 독일은 1990년 10월 3일 평화적이고 자주적인 방법으로 그들의 숙원인 통일을 달성

5. 베트남의 통일방법

- 베트남이 공산화로 통일된 배경을 설명하기란 간단하지 않음
- 그 이유는
i) 베트남은 이미 프랑스의 식민통치를 받았고, 그 식민통치는 일본군에 의해 붕괴되었으며
ii) 포츠담회담의 협약에 따라 북부 베트남에 중국군이, 남부 베트남에는 영국군이 진주하였고, 일본군은 다시 연합군 측에 항복하였으며

- 결국에는 미국의 참전과 미군의 철수로 끝나는 등 매우 복잡한 국제관계에 얽혀 있었기 때문.

- 베트남인들은 프랑스의 오랜 수탈과 착취 위주의 식민통치를 받았던 경험에 의해 '반자본주의·반식민주의·반외세'의 성향이 뿌리 깊음
- 베트남의 독립과 투쟁을 주장하며 反프랑스 식민주의투쟁에 앞장선 공산주의 세력인 호지명(胡志明, Ho Chi Minh)의 베트민(越盟, Viet Minh)세력이 쉽게 베트남민족 대다수의 지지를 확보할 수 있었음
- 남부 베트남의 지도자들이었던 '바오 다이'(保大, Bao Dai)와 '고딘 디엠'(吳廷琰, Ngo Dinh Diem) 등 이른바 민족주의자들은 프랑스 식민세력과의 연계 아래 수립된 정부로 인식되어 대다수 베트남 국민들로부터 지지를 받지 못함

- 여기에 오랜 식민주의 통치체제와 지겨운 전쟁을 경험하면서 비롯된 베트남인들의 이기적이고 기회주의적인 성향은 각종 비리와 분열의 요소가 되었음
- 불교도와 카톨릭교들 간의 갈등, 또 그들 종교로부터 지원을 받은 군 지도자들의 반목과 갈등, 민간지도자들과 군 지도자들 간의 알력, 월남 민족과 소수 타민족간의 마찰과 같은 전쟁과 분열은 베트남 인민들로 하여금 국가안보에 대하여 무관심하고 방관자적인 태도를 보임
- 오랜 전쟁과 협상으로 점철되었던 인도차이나사태는 1975년 4월 월남의 수도 사이공이 월맹군과 베트공에 의해 함락됨
- 베트남은 결국 공산화로 통일
- 월남의 패망은 국내정치의 혼란에 편승한 베트공의 게릴라 활동과 월맹의 군사적 위협이 엮어낸 전형적인 내우외환의 사례로 평가

6. 예멘의 통일방법

- 예멘은 1517년 아라비아반도가 오스만 터키(Osman Turkey)의 지배아래 들어가자, 그 영향 아래 있다가 1839년 영국이 남예멘지역을 점령함으로써 남·북으로 분단

- 북예멘지역은 왕정체제가 계속되다가 1962년 군부세력에 의한 쿠데타로 예멘아랍공화국이 수립되어, 1990년 통일이 될 때까지 군부독재통치가 이루어짐
- 남예멘의 경우는 남(南)아라비아연방을 결성했었으나, 1967년 독립 세력이 대영(對英)투쟁을 벌여 예멘민주인민공화국을 세움
- 남예멘은 독립 후 영국지배에 대한 반발과 빈곤으로 사회주의체제를 표방하면서 친(親)소련세력과 친(親)중국세력이 교대로 집권

- 남·북예멘 정부차원의 통일노력은 이미 1973년 남예멘 최고지도자가 북예멘을 방문하였고, 1981년에는 북예멘 최고지도자가 남예멘을 방문함
- 양측은 1982년에는 통일헌법초안에 합의하였고, 1988년에는 양국 지도자의 상호방문과 통행자유화협정을 체결하는 등 상호신뢰구축에 진력

- 1989년 11월에는 남·북예멘의 최고지도자가 만나 합의된 통일헌법안에 서명
- 1990년 5월 통일을 이루었으며, 30개월의 과도기를 거쳐 1992년 11월 총선거를 통해 새 정부를 수립

[참고문헌]

김성수. 2015.『새로운 패러다임의 비교정치』(서울: 글로벌콘텐츠).
민병태 외. 1968.『정치학사전』(서울: 문영각).
바라다트 L. P., 1984. 신복룡 외 역,『현대정치사상』(서울: 평민사).
서울대 정치학과. 2005.『정치학의 이해』(서울: 박영사).
성해영·윤순희. 1995.『정치학 요점』(서울: 고시계).
신기하. 1991.『변혁의 시대』(서울: 일원서각).
신명순. 2000.『비교정치』(서울: 박영사).
신정현. 1993.『정치학』(서울: 법문사).
안순철. 1998.『선거체제비교』(법문사).
이극찬.『정치학』(법문사, 2004).
이정식 외.『정치학』(박영사, 1997).
이철형.『고시 정치학』(법지사, 1985).
정주신. 2011.『한국의 정당정치1: 군부·체제·집권당』(대전: 프리마북스).
정주신. 2008.『정치학사전』(대전: 프리마북스).
편집부. 1975.『정치학대사전』(서울: 박영사).
편집부. 2002.『정치학대사전』(아카데미아리서치).
Rod Hague 외. 김계동 외 역. 2017.『비교정부와 정치』(명인문화사).